Christian Wagenknecht

Programmierparadigmen

D1942840

Christian Wagenknecht

Programmierparadigmen

Eine Einführung auf der Grundlage von Scheme

Teubner

B. G. Teubner Stuttgart · Leipzig · Wiesbaden

Bibliografische Information der Deutschen Bibliothek
Die Deutsche Bibliothek verzeichnet diese Publikation in der Deutschen Nationalbibliographie; detaillierte bibliografische Daten sind im Internet über <http://dnb.ddb.de> abrufbar.

Prof. Dr. rer. nat. Christian Wagenknecht
Geboren 1959 in Löbau/Sachsen. Studium der Mathematik und Physik (Lehramt) an der PH Dresden (heute in TU Dresden), Diplom 1981. Lehrtätigkeit an Mittelschule und Gymnasium. Ab 1983 Aspirantur an der PH Dresden, Promotion in Informatik 1987. Wissenschaftlicher Mitarbeiter an der PH Dresden bis 1991 und anschließend an der PH Ludwigsburg. Seit 1993 Professor für Informatik an der Hochschule Zittau/Görlitz (FH).
Arbeitsgebiete: Theoretische Informatik und Programmierparadigmen, einschl. fach- und mediendidaktischer Aspekte, Entwicklung von Web-Applikationen, -Publishing und -Contentmanagement.

1. Auflage Oktober 2004

Alle Rechte vorbehalten
© B. G. Teubner Verlag / GWV Fachverlage GmbH, Wiesbaden 2004

Lektorat: Jürgen Weiß

Der B. G. Teubner Verlag ist ein Unternehmen von Springer Science+Business Media.
www.teubner.de

Das Werk einschließlich aller seiner Teile ist urheberrechtlich geschützt. Jede Verwertung außerhalb der engen Grenzen des Urheberrechtsgesetzes ist ohne Zustimmung des Verlags unzulässig und strafbar. Das gilt insbesondere für Vervielfältigungen, Übersetzungen, Mikroverfilmungen und die Einspeicherung und Verarbeitung in elektronischen Systemen.

Die Wiedergabe von Gebrauchsnamen, Handelsnamen, Warenbezeichnungen usw. in diesem Werk berechtigt auch ohne besondere Kennzeichnung nicht zu der Annahme, dass solche Namen im Sinne der Warenzeichen- und Markenschutz-Gesetzgebung als frei zu betrachten wären und daher von jedermann benutzt werden dürften.

Umschlaggestaltung: Ulrike Weigel, www.CorporateDesignGroup.de

Gedruckt auf säurefreiem und chlorfrei gebleichtem Papier.

ISBN-13:978-3-519-00512-4 e-ISBN-13:978-3-322-80082-4
DOI: 10.1007/978-3-322-80082-4

Vorwort

Eine Wesenseigenschaft von Computern ist deren Programmierbarkeit. Was bedeuten eigentlich die Begriffe „Programmieren“ und „Programm“? Wofür gibt es „Programmiersprachen“ und warum gibt es mehrere?

Programmieren bezeichnet den systematischen Prozess der Entwicklung eines Textes (im weitesten Sinne), mit dem ein Computersystem selbstständig in der Lage ist, ein bestimmtes Ziel zu erreichen.

Programmieren und Denken stehen in enger Verbindung und finden ihren Ausdruck in sog. *Paradigmen.* Das aus dem Griechischen stammende Wort Paradigma bezeichnet eine *fundamentale Denkungsart*[1], einen *Denkstil* oder ein *Denkmuster.*

Ein zum Programmierstil passender/unpassender Denkstil kann die Arbeit eines Informatikers[2] wesentlich befördern/behindern. Insofern ist es heute keineswegs ausreichend, Programmiersprachen lediglich als *Codierungsmedium*, d. h. zur Repräsentation von Algorithmen in maschinenlesbarer Form, zu verstehen. Von einem eher ingenieurmäßigen Standpunkt ist es manchmal schwer einzusehen, dass eine Programmiersprache neben diesem Codierungsaspekt noch eine andere bedeutende Funktion hat.

Software Engineering beschäftigt sich mit dem „Programmieren im Großen“, d. h. mit Methoden für den systematischen Entwurf mehr oder weniger komplexer Softwaresysteme. Diese Entwurfstechniken zielen auf eine höhere Dimension der Anforderungsstruktur an ein Informatikprodukt als dies durch „Babybeispiele mit Laborcharakter“ ausgedrückt werden kann.

Auf der anderen Seite ist es so, dass sich grundlegende Paradigmen des „Programmierens im Kleinen“ auch im Großen wiederfinden. Dabei geht es vor allem um eine *mentale Qualifikation*, etwa der in *Abstraktionstechniken*, die für den systematischen Programmentwurf von besonderer Bedeutung sind.

Hieraus leiten wir den Anspruch dieses Buches ab, eine eher auf handwerkliche Aspekte gerichtete Behandlung diverser Programmiersprachen zugunsten der Vermittlung von Paradigmen zu verdrängen. Da während eines Informatikstudiums und erst recht im

[1] Zu meiner Überraschung zeigt ein Blick in den Duden, dass es dieses Wort tatsächlich gibt.

[2] Hier und im Folg. schließt die genannte männliche Form die weibliche ein. Leider ist die Informatikwelt immer noch maskulin dominiert. Der Autor hofft mit diesem Buch auch beim weiblichen Geschlecht Interesse an der Informatik zu wecken.

Laufe des Berufslebens zahlreiche neue Programmiersprachen[3], inkl. Fachsprachen[4], hinzutreten, wird gerade Wissen für deren Klassifikation benötigt. Die Einordnung einer neu zu erlernenden Programmiersprache in eines[5] der Paradigmen stellt das für deren Aneignung erforderliche mentale Modell bereit.

Diese vollmundige Formulierung wird durch folgendes (Gedanken?)Experiment illustriert: Man setze sich hinter das Steuer eines PKW mit der festen Vorstellung, in einem Reisezug Platz genommen zu haben. Anstelle die notwendigen technischen Manipulationen zum Fahrtbeginn einzuleiten und den Sicherheitsgurt anzulegen, wird man es sich auf dem Sitz gemütlich machen, den Zugbegleiter erwarten und die Fahrkarte bereithalten. Das gewünschte Reiseergebnis bleibt aus.

In einer ganz ähnlichen Situation befindet sich ein Programmierer, der eine Sprache, die mehrheitlich dem Paradigma X zuzurechnen ist, gedanklich Paradigma Y, mit $X \neq Y$, anwendet, oder über gar kein Paradigmenwissen verfügt. Letzteres trifft auf viele Studienanfänger zu, die entweder überhaupt keine Programmiersprache kennen, oder genau eine, von der sie dann geprägt wurden und glauben, dass genau dies DIE Programmierung sei. Häufig hört man in Erfahrungsberichten von Informatiklehrkräften, dass es leichter sei, einem Vorkenntnislosen etwa die Grundkonzepte der objektorientierten Programmierung beizubringen als Personen, die durch eine imperative Programmiersprache „verdorben“ sind.

Damit lautet die entscheidende Frage: *Wie vermittelt man Paradigmenwissen, ohne dabei durch handwerkliche Aspekte abgelenkt zu werden?*

Um sich dieser didaktischen Herausforderung zu stellen, benötigen wir eine Programmiersprache, die sich wie ein Chamäleon verhält: Je nach Lehrwunsch gestattet sie die Programmierung in dem jeweils thematisierten Paradigma. Sprachen mit dieser Eigenschaft nennt man *multiparadigmatisch.*

Die Aneignung von Paradigmenwissen geschieht *handlungsorientiert*, indem man Ideen multiparadigmatisch kommuniziert. Anstelle einer Codierungsaufgabe steht also das Kommunikationsbedürfnis im Vordergrund. Deshalb muss die verwendete Sprache, die in obigem Sinne die Rolle eines didaktischen Mediums oder Vehikels spielt, syntaktisch sehr einfach, semantisch jedoch sehr leistungsfähig sein. Semantisch Anspruchsvolles muss sich mit möglichst wenig Syntax ausdrücken lassen. Der Lernaufwand ist damit auf hohe kognitive Qualität gerichtet und garantiert für einfache Probleme sehr schnellen Programmiererfolg. So populäre Sprachen, wie Java, haben eine ganz andere Lernkurve und erfüllen diese Kriterien nicht.

Eine Programmiersprache, die die genannten Eigenschaften besitzt, ist *Scheme*, sprich: Skiem. Dabei handelt es sich um eine Sprache aus der LISP-Familie, die 1975 am

[3] Hier meinen wir höhere universelle Programmiersprachen.

[4] Programmiersprachen für spezielle Anwendungsgebiete.

[5] Oftmals sind mehrere Paradigmen notwendig, um alle Aspekte oder Komponenten moderner Programmiersysteme adäquat abzubilden.

Massachusetts Institute of Technology (MIT) in Cambridge (USA, nahe Boston) vorwiegend für didaktische Zwecke entwickelt wurde. Inzwischen gibt es viele ausgereifte Scheme-Materialien. Außerdem stehen mehrere (einem Standard folgende) Scheme-Programmiersysteme zur Verfügung. Besonders hervorzuheben sind DrScheme und Chez Scheme. Diese und andere Systeme werden weltweit für Ausbildungszwecke eingesetzt und aktiv weiterentwickelt. Sie stehen unter den populären Betriebssystemen MS Windows (z. B. Windows XP) und Linux kostenlos zur Verfügung. Wir verwenden vorherrschend DrScheme und profitieren von einer für didaktische Zwecke entworfenen Arbeitsumgebung.

Zum Studium dieses Buches sind *keine* Vorkenntnisse in Scheme erforderlich. Notwendiges Wissen wird in den ersten Kapiteln bereitgestellt.

Die Kapitel dieses Buches bauen aufeinander auf. Es wird daher dringend empfohlen, mit dem Studium des ersten Kapitels zu beginnen und danach die folgenden in der angegebenen Reihenfolge durchzuarbeiten. Der Text eignet sich auch zum Selbststudium.

Der akademische Streit darüber, welche Denkstile des Programmierens als Paradigma anzusehen sind und welche nicht, ist nicht Gegenstand dieses Buches. Vielmehr wurden nach heutigem Verständnis tragende Konzepte, s. Inhaltsverzeichnis, thematisiert, die in speziellen Vorlesungen eines Informatikstudiums üblicherweise behandelt werden. Insofern ist es wichtig, eine Lehrveranstaltung über Programmierparadigmen im ersten Studienjahr zu platzieren. Selbstverständlich werden Folgeveranstaltungen im praktischen Teil die zum jeweilen Zeitpunkt aktuellen bzw. aus didaktischen Gründen bevorzugten Programmiersysteme einsetzen. Wenn dies geschieht, soll der Studierende auf entsprechende Grundkenntnissen zurückgreifen und dadurch für den Aneignungsprozess profitieren können.

Das Manuskript zu diesem Buch ist aus einer gleichnamigen Vorlesung entstanden, die der Autor seit vielen Jahren im ersten Semester des Informatikdiplomstudienganges im Fachbereich Informatik an der Hochschule Zittau/Görlitz (FH) hält. Im Wintersemester 2002/2003 hat Herr Veit Berger vom Geschwister-Scholl-Gymnasium in Löbau die Vorlesung vertretungsweise übernommen und eigene Ideen hinzugefügt. Außerdem hat er einen angepassten Kurs für einen Informatik-Oberstufenkurs an seinem Gymnasium erprobt.

Der Text dieses Buches wurde periodisch überarbeitet und mit Rücksicht auf die fachdidaktischen Erfahrungen qualifiziert. Dabei halfen auch (ehemalige) Studierende, darunter die Herren René Döring, Michael Howitz, Marko Lauke, Ronald Schaffhirt, Jan Wielgus und Mathias Williger. Für die kritischen Anmerkungen zu Manuskriptteilen danke ich meinen Kollegen Ralph Großmann (Dresden) und Sigwart Thürmer (Görlitz). Herr Veit Berger (Löbau) hat den gesamten Text durchgesehen, korrigiert und Verbesserungen vorgeschlagen. Herrn Jürgen Weiß (Leipzig) vom Teubner-Verlag danke ich für die gesamte verlagsseitige Betreuung.

Viele Systemkomponenten wurden durch die Scheme-Entwickler ergänzt, verbessert oder neu hinzugefügt. Dadurch haben mich vor allem Kent Dybvig (Bloomington), Matthias

Felleisen (Boston), Dorai Sitaram (Waltham), Francisco Solsona (Mexico), Matt Jadud (Kent) und Jens Axel Søgaard maßgeblich unterstützt. Hilfe erhielt ich auch von Enthusiasten der weltweiten Scheme community via E-mail und Newsgroups.

Die Rückkopplungen der Studierenden haben schließlich auch dazu geführt, dass der Text in einer Diktion abgefasst wurde, die man vielleicht als „freshman oriented“ bezeichnen könnte. Dem „*Spiralprinzip* der Wissensvermittlung“ folgend werden einzelne Inhalte auf höherem Niveau wieder aufgegriffen und in neue Zusammenhänge gestellt – also bewusst nicht redundanzfrei abgehandelt. Weniger abstrakte Formulierungen und Elemente in der Art eines Tutorials sollen inbesondere die Hürden der Anfangsphase des Informatikstudiums niedrig halten und *selbstgesteuertes Lernen* ermöglichen. Trotzdem sollte man den Text genau lesen und alle Computerübung gewissenhaft durchführen!

Im praktischen Teil des Kurses haben wir uns vor allem auf DrScheme unter Windows XP konzentriert. Dies schlägt sich auch in den entsprechenden Textstellen nieder. Alternativ haben wir auch mit Linux sehr gute Erfahrungen gemacht und können – ja nach Gegebenheit und Vorkenntnisstand der Studierenden oder der Schüler – auch eine solche Arbeitsumgebung empfehlen.

In Computerkabinetten erhalten Standardnutzer im Allg. eingeschränkte Zugriffsrechte auf Dateien, die zu Anwendungssystemen gehören. Da beispielsweise das Hilfesystem von DrScheme Schreibzugriffe auslöst, empfiehlt es sich, das dafür verwendete Verzeichnis gegenüber der Voreinstellung abzuändern. Dies erledigt der Administrator mit den Umgebungsvariablen HOMEDRIVE und HOMEPATH, s. DrScheme-Systemdokumentation.

Zur Installation der Manuals, die nicht zum Standard-DrScheme-Paket gehören, sollte man bei Bedarf das Web-Angebot zur online-Installation nutzen. Dies stellt sicher, dass das Installationsprogramm für die plt-Dateien zur aktuellen DrScheme-Version passt.

Zum Buch gibt es eine Web-Site

`http://www.inf.hs-zigr.de/~wagenkn/PP-Buch`

welche die verwendete Software (kostenlose Scheme-Programmiersysteme, angepasste Erweiterungen usw.) bereithält. Dort findet man auch weiterführende Hinweise zu Scheme und wichtige, aktuelle Links.

Bei der Arbeit mit diesem Buch wünsche ich Ihnen Freude an der Mühe des Studierens und an tiefgehenden Erfolgserlebnissen – jedoch wenig oberflächlichen Spaß, wie er heute so oft propagiert wird.

This book is dedicated to Dr. George Springer (Professor of computer science, Indiana University, Bloomington, USA) who is such a wonderful person.

Görlitz, August 2004

Christian Wagenknecht
`http://www.inf.hs-zigr.de/~wagenkn`

Inhalt

1 Kommunikation mit Scheme

1.1 Deskriptives Arbeiten

Unsere ersten Schritte auf dem Weg zu den Grundkonzepten der Programmierung führen uns zunächst an die Berührungslinie zwischen Mensch und Computer. Der Mensch hat das Ziel, bestimmte Berechnungsaufgaben zu delegieren und möchte deshalb mit dem Computer kommunizieren. Dass diese Kommunikation *menschenfreundlich* und *problemadäquat* sein sollte, versteht sich von selbst.

Dies erfordert auf der Computerseite beachtliches Entgegenkommen. Der Computer selbst ist ein digitales Gerät und versteht von daher nur sehr einfache Sätze, die aus Nullen und Einsen bestehen. Solche Sätze möchten die menschlichen Nutzer nicht bilden, deshalb ist vermittelnde Software nötig.

Tatsächlich gibt es unterschiedliche Techniken des sprachlichen Ausdrucks. Dies gilt auch für die Mensch-Computer-Kommunikation. Wir haben *Scheme*, sprich: Skiem, gewählt, um die wichtigsten dieser sprachlichen Techniken ausdrücken zu können. Damit haben wir die Möglichkeit, in *einer einzigen* Arbeitsumgebung *diverse* Ausdrucksstile erproben zu können. Obwohl Scheme eine funktionsorientierte Computer- oder besser *Programmiersprache* ist, unterstützt sie *multiparadigmatisches* Arbeiten. Die unterschiedlichen Sprachstile entspringen also diversen Denkstilen und Grundmustern der Programmierung, die wir *Paradigmen* nennen.

Natürlich kann man Software ebenso wie Menschen mit Kommandos oder Befehlen dazu bringen, bestimmte Prozesse auszuführen. Dafür ist es nötig, vorher die Bedeutung solcher Anweisungen zu vereinbaren. Eine höhere Form der Kommunikation geht davon aus, dass der Gesprächspartner selbst „einen Kopf zum Denken hat". Dies soll bedeuten, dass bestimmte Prozessabläufe Sache des Computers sind. Wir wollen ihm also *nicht* vorschreiben, was im Einzelnen getan werden soll, sondern *wir beschreiben das gewünschte Resultat* und geben ihm die Freiheit, den Berechnungsprozess selbst zu organisieren.

Dieses *deskriptive Arbeiten* ist dem befehlsorientierten überlegen. Diese Beschreibungen finden auf einem hohen sprachlichen Niveau statt und sind daher wesentlich menschenfreundlicher als Kommandos. Natürlich erfordert es Beschreibungstechniken, mit denen der Computer umgehen kann. In den folgenden Abschnitten werden wir uns deshalb mit dem *Symbolisieren*, *Abstrahieren* und dem *rekursiven Beschreiben* beschäftigen.

1.2 Einführung

1.2.1 Lesen-auswerten-ausgeben

Man stelle sich Folgendes vor: Zwei Personen unterhalten sich. Dabei benutzen sie eine gemeinsame Sprache, z.B. Deutsch. Damit sie sich wechselseitig verstehen, müssen sie über entsprechende Sprachkenntnisse verfügen.

Die Gesprächsteilnehmer kennen die Bedeutung – die *Semantik* – jedes verwendeten Wortes und wissen, wie man mit *Wörtern Sätze* aufbaut. Bei der Satzkonstruktion sind wiederum *grammatikalische Regeln* – die *Syntax* – zu berücksichtigen.

Dies gilt für Computersprachen, wie *Scheme*, ebenso. Für einen Dialog in dieser Sprache müssen die Dialogpartner die Semantik und Syntax von Scheme beherrschen. Ansonsten kann es zu erheblichen „Missverständnissen" kommen.

Unser Dialogpartner ist also ein *Scheme-Interpreter*. Dieser ist auf einem Computer installiert. Deshalb spricht man auch gern vom Dialog eines Menschen mit einem Computer, obwohl uns die Computerseite stets über die Software entgegen tritt.

Zum Start[1] des Scheme-Interpreters wählen wir über [Start]→[Alle Programme]→ →[PLT Scheme] die Option [MzScheme]. Daraufhin erscheint ein Eingabefenster, wie es Abb. 1.1 zeigt. Wir nennen es *Kommunikationsfenster*. Für den Computer ist Scheme ab sofort die Muttersprache. Wir können also davon ausgehen, dass der Scheme-Interpreter unsere Diskussionsbeiträge (Eingaben über die Tastatur) entweder versteht und dementsprechend reagiert oder feststellt, dass unsere Eingabe fehlerhaft war. Letzteres wird er uns per Bildschirmausschrift mitteilen, damit wir unsere Sprachkenntnisse verbessern können.

Aus der Sicht des Scheme-Interpreters wird folgender Zyklus solange ausgeführt, bis die Unterhaltung (zwangsweise), mit `(exit)`, beendet wird:

1. Einlesen der Eingabe (read)
2. Auswerten der Eingabe (eval)
3. Ausgeben einer Antwort (print)
4. Setze fort bei 1. (loop)

Die Anfangsbuchstaben der in Klammern geschriebenen englischen Worte ergeben den dafür gängigen Begriff, nämlich *REPL* – Read-Eval-Print-Loop.

---

[1] Die Erläuterungen beziehen sich hier auf MS Windows, können aber oftmals sinngemäß auf andere Betriebssysteme übertragen werden.

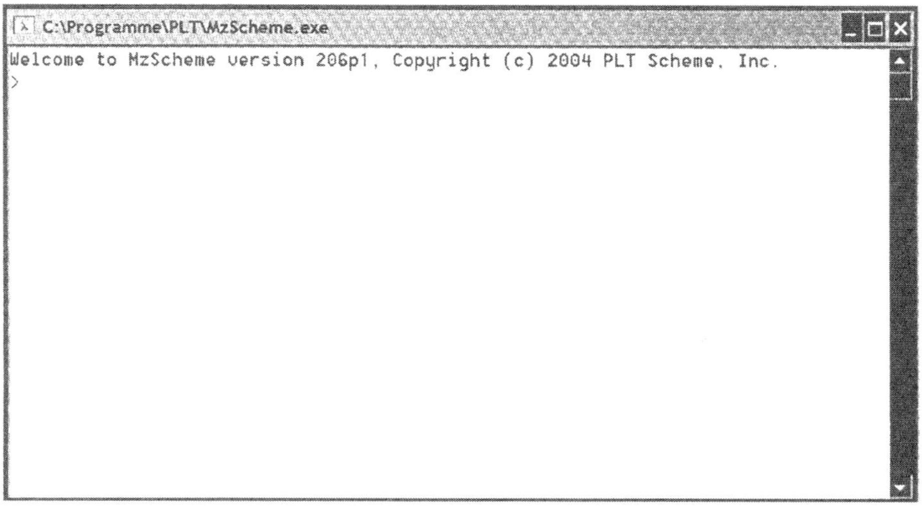

Abbildung 1.1: Kommunikationsfenster: „Wir sprechen Scheme“.

1.2.2 Zahlen

Wir beginnen unsere Unterhaltung mit dem Scheme-Interpreter auf einer relativ niedrigen Stufe, nämlich mit Zahlen. Natürlich erwarten wir, dass Computer rechnen können. Also sollte auch Scheme mit Zahlen umgehen können.

```
> 123
123
>
```

Wie in diesem Beispiel geben wir immer den vollständigen Dialog an. Unsere Eingabe folgt einem sog. Prompt-Zeichen, hier >, die Systemantwort steht direkt darunter. Das danach zum Zeichen der Eingabebereitschaft angegebene Prompt lassen wir im Folgenden aus Platzgründen weg.

Eine Eingabe kann solange verändert werden, bis sie mit der ENTER-Taste abgeschlossen und an den Interpreter übergeben wird. Danach beginnt das Scheme-System mit der Evaluation (Auswertung, Bewertung, Berechnung).

Aufgabe 1.1:
Wiederholen Sie den Dialog mit den Zahlen −1737, 25.142, 0.2622, $\frac{3}{4}$ und .2633.

Wir beobachten, dass Scheme die jeweils eingegebene Zahl einfach „nachplappert“. Man sagt: *Zahlen evaluieren zu sich selbst.* Zahlen sind selbst-evaluierend. Grundsätzlich hat man bei Zahlen die folgenden drei Aspekte zu unterscheiden:

die Zahl als ein mentales Objekt, also ein Produkt unseres Geistes,

die externe Repräsentation einer Zahl auf dem Bildschirm (bei der Eingabe und bei der Scheme-Antwort),

die interne Repräsentation einer Zahl, die wir nicht zu Gesicht bekommen.

Offensichtlich kommt das Scheme-System mit *Zahlen verschiedener Grundbereiche*, wie integer, rational und real, zurecht. Aber wie sieht es mit *Konstanten* aus? Ein gutes Testbeispiel ist

```
> pi
reference to undefined identifier: pi
```

Offenbar ist `pi` für den Scheme-Interpreter ein bedeutungsloses *Symbol.* Auch `e` (EULERsche Zahl) und `g` (Fallbeschleunigung) versteht er nicht. Vorerst können wir daran nichts ändern.

Als Nächstes versuchen wir einfache Rechenoperationen mit Zahlen auszuführen. Dabei denken wir zunächst nur an die vier Grundrechenarten, wie beispielsweise in $123 + 77$.

```
> (+ 123 77)
200
```

Man beachte die von Scheme vorgeschriebene Syntax:

(Operator Zahl Zahl ... Zahl)

Nach der öffnenden Klammer *muss* ein Operator stehen. Genau: Das erste Listenelement ist ein Scheme-Objekt, das zu einem Operator evaluiert. Wir sprechen von *Operatorposition.* In unserem Falle steht hier das Symbol `+`, dessen Wert offenbar die Operation $+$ zur Zahlenaddition ist, s. Abschn. 1.2.3.

Der Operator erwartet eine bestimmte Anzahl von Operatoren (Argumenten) passenden Typs. Scheme-Ausdrücke dieser Form werden grundsätzlich geklammert.

Aufgabe 1.2:

Experimentieren Sie mit selbstgewählten Ausdrücken. Arbeiten Sie ausschließlich mit den zweistelligen Grundrechenoperationen und natürlichen bzw. rationalen Zahlen. Verwenden Sie auch Verschachtelungen wie `(/ (+ 2 3)(- 7 19))`.

Aufgabe 1.3:

Geben Sie den $\sqrt{1 + 4\sin(0.739)}$ beschreibenden Scheme-Ausdruck ein und ermitteln Sie den Zahlenwert dieses Ausdrucks. Hinweis: Verwenden Sie `sqrt` für $\sqrt{\ }$ und `sin` für sin.

1.2.3 Prozeduren

Was ist bei der Evaluation von `(+ 123 77)` eigentlich abgelaufen?

Um diesen Scheme-Ausdruck auswerten zu können, muss der Interpreter zunächst jedes darin enthaltene Symbol auswerten. Im Beispiel kommen drei Symbole, nämlich `+`, `123` und `77`, vor.

Während `123` und `77` zu den gleichnamigen Zahlen evaluieren, hat das Symbol `+` die Bedeutung einer *Prozedur*, nämlich der Addition von Zahlen. Davon wollen wir uns überzeugen.

```
> +
#<primitive:+>
```

Der Wert des Symbols `+` ist die (intern irgendwie repräsentierte) Additionsprozedur. Die Bezeichnung `primitive` assoziiert, dass es sich um ein ins System eingebautes Sprachelement handelt. `primitives` stehen unmittelbar nach dem Start des Scheme-Systems zur Verfügung.

Im Gegensatz zu der aus der Mathematik bekannten zweistelligen Additionsoperation kann `+` in Scheme beliebig viele Summanden verarbeiten. Das Ende der Operandenfolge wird durch die schließende runde Klammer festgelegt.

```
> (+ 1 12 62 3)
78
```

Aufgabe 1.4:
Geben Sie weitere Operationssymbole ein und bewerten Sie die Schemeantwort.

In Scheme sprechen wir grundsätzlich von *Prozeduren*, um auf den Unterschied zu den mathematischen *Funktionen* aufmerksam zu machen. Es handelt sich also um in Scheme eingebaute oder implementierte (mathematische) Funktionen. (In der Theoretischen Informatik lernt man, dass es *nicht für alle* mathematischen Funktionen eine Implementation gibt. Dies braucht uns hier aber nicht zu beunruhigen.)

1.2.4 Symbole und Variablen

Scheme-Symbole sind (nahezu) beliebige Folgen von Zeichen. Hierbei bedeuten „Zeichen" nicht etwa Scheme-Zeichen, wie in Abschn. 1.3.1 beschrieben, sondern solche, die über die Tastatur eingegeben werden können, jedoch keine Zahlen, Wahrheitswerte (s. Abschn. 1.3.2), Listen (s. Abschn. 1.3.4) und Scheme-Zeichen sind. Hierzu gehören: `i18n`, `wurz`, `44iw`, `8-3` und `the-only-way`.

Benennt ein *Symbol* einen bestimmten Wert, so spricht man von einer *Variablen*, deren *Name* durch eben dieses Symbol gegeben ist. Der *Wert* der Variablen wird durch dessen (aktuelle) *Bindung* bestimmt.

Nehmen wir das äquivalente Umformen von Gleichungen, wie es in der Mathematik praktiziert wird. Eine Gleichung enthält Variablen, wie beispielsweise x. Erst ganz zum Schluss des Umformprozesses interessieren wir uns für den Wert der Variablen, nach der die Gleichung aufzulösen war. Während des Umformens rechnet man mit Symbolen und nennt das auch so.

$$\begin{aligned} 3x^2 - 8x &= 19 \\ 3x^2 - 8x - 19 &= 0 \\ x^2 - \frac{8}{3} - \frac{19}{3} &= 0 \\ x_{1,2} &= \frac{4}{3} \pm \sqrt{\frac{16}{9} + \frac{19}{3}} \end{aligned}$$

Damit wird die Fehlermeldung `reference to undefined identifier: pi`, die wir weiter oben bei der Eingabe von `pi` erhalten haben, verständlich. `pi` ist zwar ein Scheme-Symbol, aber es hat (nach dem Start des Scheme-Interpreters) keine Bedeutung, d.h. es ist keine Variable (erkennbar an der Wertbindung).

Aufgabe 1.5:
Schauen Sie sich das folgende Beispiel, `sin`, an. Tippen Sie weitere Scheme-Symbole ein und stellen Sie fest, welche davon Variablen sind. Ermitteln Sie ggf. die entsprechende Wertart (Zahl oder Prozedur).

```
> sin
#<primitive:sin>
```

Algebraische Terme (Ausdrücke), wie `(* 3 2)`, also „das Produkt aus 3 und 2" sind die „Sätze" der Sprache Scheme. Sie werden als *Listen*, erkennbar an den *runden* Klammern, dargestellt und beschreiben einen Wert. Im Beispiel ist das 6.

Um eine neue Variable einzuführen, muss es möglich sein, einen Wert an ein Symbol zu binden. Dies geschieht mit `define`, in folgendem Beispiel für `xyz` und dem Evaluationsresultat 6.

```
> (define xyz (* 3 2))
```

Wir sehen, dass `define` keine Rückgabe liefert. Mit anderen Worten: Der *Wert des Definitionsausdrucks* ist leer, genauer: unbestimmt (unspecified). Man kann ihn nicht weiterverwenden oder gar in einen anderen Schemeausdruck einbetten.

Wichtig ist aber die *Nebenwirkung* (side effect), die nach Verarbeitung dieses Ausdrucks entsteht, nämlich die Wertbindung von 6 an `xyz`. Diese ist ab sofort *global* gültig, d.h. der Wert von `xyz` steht bei Evaluationen weiterer Ausdrücke grundsätzlich zur Verfügung. Wir wollen uns gleich davon überzeugen.

```
> (+ xyz 4)
10
```

Da Nebenwirkungen in funktionsorientierten Sprachen eher die Ausnahme sein sollten, sind derartige Definitionen mit globaler Gültigkeit möglichst sparsam einzusetzen.

Bezüglich der Auswertung eines Schemeausdrucks, dessen erstes Listenelement `define` ist, stellen wir eine Abweichung gegenüber dem oben beschriebenen Evaluationsverfahren fest: Die zu definierende Variable, hier `xyz`, die zum Definitionszeitpunkt nur ein Symbol (ohne Wertbindung) ist, wird nicht evaluiert. Weiter oben wurde festgelegt, dass in Operatorposition ein Prozedur-wertiger Scheme-Ausdruck zu stehen hat. Eine Prozedur würde aber alle übergebenen Parameter (Argumente) evaluieren, was für `xyz` zu diesem Zeitpunkt einen Fehler ergäbe.

`define` kann also keine Prozedur sein, sondern ist eher ein *Sonderfall*, und wird deshalb auch *Sonderform* (special form) genannt. Solche Sonderformen, die ebenfalls in Operatorposition (erstes Element eines Scheme-Ausdrucks) stehen dürfen, weichen vom *Scheme-Standardauswertungsverfahren* ab und verlangen von uns die Kenntnis der zugehörigen Ausnahmeregelung. Die besondere Eigenschaft von `define` besteht in der Unterdrückung der Evaluation des ersten Parameters.

Aufgabe 1.6:
Führen Sie die globale Variable `pi` ein. Ihr Wert soll 3.14 sein.

Der von `pi` nun global beschriebene Wert ist 3.14.

Manchmal ist es nötig, den Wert einer Variablen zu verändern. Hierzu verwendet man das Sprachelement `set!`. Das angehängte Ausrufezeichen, englisch gelesen als: *bang*, macht auf die Nebenwirkung dieser Zuweisung warnend aufmerksam.

```
> (set! pi 3.1415)
```

Auch `set!` gibt keine Antwort. Sollten Sie versucht haben, diese auch als *Mutation* bezeichnete Aktion vor der Definition von `pi` auszuführen, wird die folgende Fehlermeldung sichtbar.

```
set!: cannot set undefined identifier: pi
```

Wir überprüfen die Wirkung dieser Wertveränderung für den Fall der korrekten Ausführung von `set!` nach einem vorausgegangenen `define`.

```
> pi
3.1415
```

Der Wert von `pi` ist ab sofort 3.1415.

Die Sprachelemente `define` und `set!` sollten aufgrund der angezeigten Nebenwirkung recht sparsam eingesetzt werden. Der mit Scheme verbundene Programmierstil macht derartige *Zuweisungen*, wie sie in Sprachen wie Pascal oder Java gang und gäbe sind, nahezu verzichtbar.

1.3 Weitere Datentypen in Scheme

1.3.1 Zeichen und Zeichenketten

Wie wir gesehen haben, können mathematische Ausdrücke in Scheme recht einfach mit Präfix-Listenausdrücken beschrieben werden. „Präfix“ deshalb, weil der Operator an erster Stelle in der Liste steht und den Operanden *vorangestellt* wird.

Die Umstellung der uns aus der Mathematik geläufigen Infix-Ausdrücke erfordert anfangs etwas Übung. Dennoch handelt es sich um eine sehr einfache Darstellungsform, die die einzelnen Teilausdrücke in Listen verwandelt, die ihrerseits in komplexere Listen eingefügt werden können. Die Schachtelungstiefe ist unbegrenzt. Spezielle Editoren helfen uns, die jeweils zusammengehörigen Klammerpaare zu erkennen.

Natürlich wäre es unzureichend, wenn uns nur Zahlen zur Verfügung stünden. Viele Problembereiche erfordern vor allem nichtnumerische Datentypen zur Modellierung des betrachteten Sachkontextes.

Um aus Zeichen Wörter und aus diesen wiederum Sätze bilden zu können und syntaktisch der natürlichen Sprache möglichst nahe zu sein, stellt Scheme die Datentypen *Zeichen*, *Zeichenkette (Wort)* und *Liste* bereit. Es kommen noch weitere hinzu.

Scheme-Zeichen (character) sehen etwas kryptisch aus: `#\a`, `#\3`, `#\space` und `#\newline` stehen für a, 3, Zwischenraum und Zeilenwechsel.

Analog zu den Operatoren für das Rechnen mit Zahlen, gibt es eine Reihe von Prozeduren für Zeichen und Zeichenketten. Es ist sogar so, dass mit der Entscheidung für einen bestimmten Datentyp eine Menge der auf Werte dieses Typs anwendbaren Operationen bereitsteht. So kann man beispielsweise zwei Zeichen zu einer Zeichenkette verbinden. Die Operation heißt *Verkettung* oder *Konkatenation*. Diese Operation kann auf Zeichen und Zeichenketten, jedoch nicht auf Zahlen angewandt werden.

Aufgabe 1.7:
Schlagen Sie die Bedeutungen der Prozeduren `char?`, `char=?`, `string`, `string-append` und `string->list` nach. Experimentieren Sie mit selbstgewählten Ausdrücken.

```
> (string #\H #\a #\l #\l #\o #\tab #\O #\t #\t #\o #\!)
"Hallo\tOtto!"
> (display (string #\H #\a #\l #\l #\o #\tab #\O #\t #\t #\o #\!))
Hallo   Otto!
```

Natürlich muss es möglich sein, einen bestimmten Datentyp in einen anderen (passenden) zu überführen. Man nennt das *Typkonvertierung*, engl. cast[2]. In dem folgenden Beispiel wird eine Zahl in die zugehörige Zeichenkette konvertiert.

```
> (number->string 123)
"123"
```

Aus einer Zeichenkette kann man auch die zugehörige Zeichenliste erzeugen.

```
> (string->list "Informatik")
(#\I #\n #\f #\o #\r #\m #\a #\t #\i #\k)
```

Aufgabe 1.8:
Geben Sie einen Ausdruck ein, der das fünfte Zeichen der Zeichenkette `"Hallo_Otto"` zurückgibt. Hierfür müssen Sie sich mit dem Sprachelement `substring` beschäftigen und beachten, dass die Zählung der Zeichenpositionen in einer Zeichenkette bei 0 beginnt.

1.3.2 Wahrheitswerte

In Scheme gibt es die Wahrheitswerte *true* und *false*, die mit `#t` bzw. `#f` symbolisiert werden.

Da `"Hallo_Otto"` eine Zeichenkette jedoch kein Zeichen ist, gibt `(char? "Hallo_Otto")` den Wert `#f` zurück.

Sinnvolle Anwendungen entstehen für *bedingte Ausdrücke*, s. Abschn. 1.5 deren Gesamtwert sich in Abhängigkeit vom Wahrheitswert je eines betrachteten Teilausdrucks ergibt. Das folgende Beispiel zeigt einen solchen `if`-Ausdruck, dessen Wert entweder `"Ja"` oder `"Nein"` ist. Da `(< 4 1)` zu `#f` evaluiert, lautet das Ergebnis `"Nein"`.

```
> (if (< 4 1) "Ja" "Nein")
"Nein"
```

Eine Besonderheit besteht in folgender Verabredung: Ein nach `if` folgender Wert wird als `#t` (*true*) gedeutet, wenn er nicht `#f` (*false*) ist.

Aufgabe 1.9:
Ersetzen Sie `(< 4 1)` in obigem `if`-Ausdruck durch `"otto"` bzw. durch 272 und interpretieren Sie das Ergebnis mit Bezug auf diese Vereinbarung.

[2] cast hat – vor allem im Kontext – so viele verschiedene Bedeutungen, dass sich ein Blick ins Wörterbuch lohnt.

1.3.3 Vektoren

Vektoren sind aus der Mathematik bekannt. Bezüglich eines gegebenen Koordinatensystems kann man einen Vektor in *Komponenten* zerlegen. Beispielsweise können die Koordinaten von Punkten im 3-dimensionalen Raum mit Vektoren beschrieben werden. In Scheme spielt es prinzipiell keine Rolle, von welchem Typ die Vektorkomponenten sind. Man beachte auch die externe Darstellung von Vektoren in Scheme:

```
> (vector 234 (string #\H #\a #\l #\l #\o) "Otto!")
#3(234 "Hallo" "Otto!")
```

Mit dem Prädikat[3] `vector?` können wir feststellen, ob der angegebene Ausdruck vom Typ Vektor ist.

```
> (vector? #3(234 "Hallo" "Otto!"))
#t
```

Erwartungsgemäß gibt es Operationen, mit denen man auf Vektoren zugreifen kann. Die Komponenten werden mit 0 beginnend durchnummeriert.

```
> (vector-ref #3(234 "Hallo" "Otto!") 1)
"Hallo"
```

Vektoren selbst können Komponenten von Vektoren sein. Auf diese Art und Weise kann man *Matrizen*, allgemein: *mehrdimensionale Felder*, aufbauen.

```
> (vector (vector 11 12 13 14) (vector 21 22 23 24) (vector 31 32 33 34))
#3(#4(11 12 13 14) #4(21 22 23 24) #4(31 32 33 34))
```

In diesem Beispiel erhält man das Matrixelement `(2,4)` mittels

```
(vector-ref
  (vector-ref
    (vector
      (vector 11 12 13 14)
      (vector 21 22 23 24)
      (vector 31 32 33 34))
  1)
3)
24
```

Aufgabe 1.10:
Erschließen Sie weitere Sprachelemente für Vektoren aus dem Manual und erproben Sie sie an einfachen Beispielen.

[3]Unter einem Prädikat verstehen wir hier eine Scheme-Prozedur, die genau einen Wahrheitswert zurückgibt. In den vorangehenden Abschnitten haben wir bereits Prädikate verwendet, ohne diesen Begriff dafür zu benutzen.

1.3.4 Listen und Paare

Listen haben wir bereits kennengelernt. Sie wurden zur Darstellung einfacher oder geschachtelter Ausdrücke verwendet. Darüber hinaus werden Listen zur Repräsentation strukturierter *Daten* verwendet. Wunsch- oder Einkaufszettel werden beispielsweise gern in Form von Listen ausgeführt.

Doch wie kann das sein, wo wir doch gefordert haben, dass das erste Element einer Liste zu einer Prozedur, die als Operator dient, evaluiert?

Des Rätsels Lösung besteht darin, diese standardmäßige Evaluation zu unterdrücken. Dafür gibt es ein Vorbild in der natürlichen Sprache und zwar in Gestalt der *wörtlichen Rede.* Die zitierten Teile werden in Hochkommata eingeschlossen. Ein Beispiel, das immer wieder für Verwirrung sorgt, wenn es nur mündlich übermittelt wird, ist:
„Sagen Sie 'Ihren Namen'".

In Scheme reicht ein *einfaches Hochkomma* unmittelbar vor der gesamten Liste aus, denn das Ende der „wörtlichen Rede" wird durch die zugehörige schließende Klammer bestimmt. Die Auswertung eines so markierten Ausdrucks wird vollständig unterdrückt. Alternativ dazu kann man (quote <liste>) verwenden.

```
> (list '(11 12 13 14) (quote (21 22 23 24)) '(31 32 33 34))
((11 12 13 14) (21 22 23 24) (31 32 33 34))
```

Setzt man ein Hochkomma vor ein Symbol, so wird dessen Interpretation als Variable unterdrückt.

```
> wagenknecht
reference to undefined identifier: wagenknecht
> 'wagenknecht
wagenknecht
> (symbol? 'wagenknecht)
#t
```

Um auf einzelne Listenelemente zuzugreifen, verwendet man die Prozeduren `car`, für das erste Listenelement, und `cdr`, sprich: „kudder", für die Restliste ohne das erste Element. Im Manual finden sich noch weitere Sprachelemente[4] für Listen: Mit `cons`, wie „construct", wird eine Liste aus einem beliebigen Wert und einer Liste, ggf. auch der *leeren Liste* `()`, erzeugt.

Ist das zweite Argument von `cons` keine Liste, so wird ein sog. *Paar* gebildet. Da zwischen das car und das cdr eines Paares ein Punkt gesetzt wird, spricht man auch von gepunkteten Paaren (engl. dotted pairs).

[4]Die genannten Sprachelemente `car` und `cdr` machen es uns nicht leicht, eine Bedeutung zu assoziieren. Sie entstammen dem Vokabular von Lisp-Gurus und erinnern an Contents of Address part of Register und Contents of Decrement part of Register, was sich auf eine frühe Lisp-Implementierung auf einer IBM 704 bezieht.

```
> (cons 1 2)
(1 . 2)
> (cons 1 (cons 2 '()))
(1 2)
```

Auf Paare sind `car` und `cdr` ebenso anwendbar.

```
> (car (cons 1 2))
1
> (cdr (cons 1 2))
2
> (cdr (list 1 2))
(2)
```

Man beachte den Unterschied zwischen `cdr` für Paare und `cdr` für Listen. Während bei Paaren die zweite Komponente (gleich welchen Typs sie auch ist) zurückgegeben wird, ist es bei Listen die Restliste ohne das erste Element.

```
> (car (cdr (cons 123 (cons 'pi (cons "Hallo" (cons #\! '()))))))
pi
```

`append` benutzt man zum Verketten zweier (oder mehrerer) Listen.

```
> (append '(+) '(1 2 3 4))
(+ 1 2 3 4)
> (append '(a (b c) d) '(e f))
(a (b c) d e f)
```

Das folgende Beispiel zeigt, dass `car`-`cdr`-Verschachtelungen keinesfalls selten vorkommen. Wir wollen auf das erste Element der dritten Teilliste einer vierelementigen Liste zugreifen.

```
> (car (car (cdr (cdr '(1 2 (a b c d e f g) 4)))))
a
```

Dies kann man verkürzen, indem man nur die Folge der charakterisierenden Buchstaben „a“ für `car` und „d“ für `cdr` unter Beachtung der Reihenfolge ihres Auftretens von links nach rechts aneinander reiht.

```
> (caaddr '(1 2 (a b c d e f g) 4))
a
```

Für viele, allerdings nicht für beliebig tiefe Verschachtelungen, gibt es solch' abkürzende Sprachelemente.

Wichtige Prädikate sind `null?` und `list?`, um festzustellen, ob es sich bei dem gegebenen Argument um die leere bzw. überhaupt um eine Liste handelt.

Sollen in Teilen „gequoteter“ Listen Teilausdrücke evaluiert werden, so verwendet man `quasiquote` anstelle von `quote`. Das Symbol für `quasiquote` ist `` ` ``, wobei zu beachten ist, dass das Hochkomma auf der Tastatur von links oben nach rechts unten zeigt. Die zu evaluierenden Teilausdrücke werden durch ein direkt vorangestelltes Komma gekennzeichnet.

```
> `(1 2 3 ,(+ 1 3) 5 ,(* 2 3))
(1 2 3 4 5 6)
```

Die oben beschriebene Maßnahme zur Unterdrückung der Evaluation ist natürlich nicht auf Listen beschränkt. `quote` kann auf Daten beliebigen Typs angewandt werden.

1.4 Prozeduren

1.4.1 Namensabstraktion

Aus unserem täglichen Leben ist uns der Umgang mit *Namen* für Personen, Städte, Bauwerke oder auch technische Geräte geläufig. Selbst einfache Gegenstände, wie Stühle und Tische, werden mit eben diesem Namen angesprochen. Ohne *Begriffe* und Namen für konkrete Objekte, die Kinder schon ganz frühzeitig erlernen, wäre Kommunikation auf höherem Niveau unmöglich.

In den einzelnen Berufsgruppen findet das ebenso statt: So verwenden beispielsweise Ärzte, Informatiker und Bäcker jeweils ihr eigenes Begriffssystem, das anderen Personen nur dann eine Chance zur Mitsprache einräumt, wenn sie sich die jeweiligen begrifflichen Kenntnisse aneignen.

Diese Beobachtungen haben etwas gemeinsam: die *Abstraktion* – das Herausheben gemeinsamer Eigenschaften (z. B. der Struktur) von Objekten (Werten, Ausdrücken usw.) zu Lasten unwesentlicher Information, etwa detaillierte Beschreibungen, von denen man schließlich absieht.

Die Abstraktion mit Namen ist nicht auf Objekte o. g. Art beschränkt, sondern kann ebenso auf Prozesse angewandt werden. Jemand sagt beispielsweise: „Ich werfe den Stuhl um.“ Dann abstrahiert das Verb „umwerfen“ von der Art und Weise des Umwerfvorgangs. Für den Empfänger dieser Information ist es also lediglich von Interesse, dass die gewohnte Stellung des Stuhls verändert wird. Ob dies sehr zögerlich und schonend oder per Fußtritt geschieht, spielt dabei keine Rolle.

Variablen, also Symbole oder Namen für bestimmte Objekte, abstrahieren von dem Objekt selbst und lassen uns stellvertretend mit eben diesem Symbol arbeiten. Während einer Symbolmanipulation denken wir nicht an das durch das Symbol bezeichnete Objekt, sondern an die Regeln, die bei der Arbeit mit den Symbolen zu befolgen sind, s. Abschn. 1.2.4. Hier findet also eine *Namensabstraktion* statt.

1.4.2 Prozedurabstraktion

Wir kehren zunächst noch einmal zu dem Beispiel des Umwerfens eines Stuhls aus Abschn. 1.4.1 zurück. Bevor wir – wie dort dargelegt wurde – von den Details des mit „Umwerfen“ benannten Prozesses durch Namensgebung (Benennung, Definition) abstrahieren können, müssen wir diesen Prozess zunächst erst einmal beschreiben. Dabei muss die gesuchte Prozessbeschreibung allgemeingültig sein, d. h. unabhängig von einem bestimmten Stuhl stattfinden.

Genau dies geschieht mit Hilfe von Prozeduren, genauer: durch *prozedurale Abstraktion.* Eine Prozedur beschreibt einen Prozess ohne Verwendung der konkreten Daten, mit denen er arbeitet.

Nehmen wir beispielsweise den Rechenprozess, der zur Ermittlung des Flächeninhalts eines Kreises bei gegebenem Radius erforderlich ist. Zunächst erinnern wir uns an die Formel $A = \pi r^2$. Um für $r = 10$, $r = 20$ und $r = 30$ die jeweils zugehörige Kreisfläche zu ermitteln, definieren wir zuerst $\pi = 3.14$. (Lassen Sie sich auch dann nicht von diesem Definitionsvorhaben abbringen, wenn Sie feststellen, dass DrScheme in der von uns gewählten Konfiguration die Variable `pi` mit dem Wert `3.141592653589793` bereits kennt.)

```
(define pi 3.14)
```

Es ist zu beachten, dass vor `(define pi 3.14)` kein Promptzeichen > zur Signalisierung der Kommunikationsbereitschaft im Interaktionsfenster steht. Damit machen wir deutlich, dass diese und alle folgenden Definitionen im *Definitionsfenster* geschrieben werden. Hierfür verwenden wir DrScheme. Das nach dessen Start obere Fenster ist das schon erwähnte Definitionsfenster, das untere ist das Interaktionsfenster, s. Abb. 1.2.

Die Evaluation von Definitionen wird erst nach [Execute] ausgeführt. Auf ein eventuelles Versäumnis wird man bei jeder Interaktion hingewiesen.

Nun können wir die Flächeninhalte für die o. g. Radien berechnen lassen.

```
> (* pi (* 10 10))
314.0
> (* pi (* 20 20))
1256.0
> (* pi (* 30 30))
2826.0
```

In obigem Beispiel fällt auf, dass wir bei jeder Rechnung – bis auf die verschiedenen Zahlen für die Radien – ein und denselben Scheme-Ausdruck verwenden. Wir erkennen also eine strukturelle Übereinstimmung der betrachteten Ausdrücke. Dies ist (immer) ein Anlass für Abstraktion! Wenn wir anstelle des Zahlenwerts für den jeweiligen Radius den „Platzhalter“ `radius` verwenden, dann ergibt sich der folgende Ausdruck:

```
> (* pi (* radius radius))
```

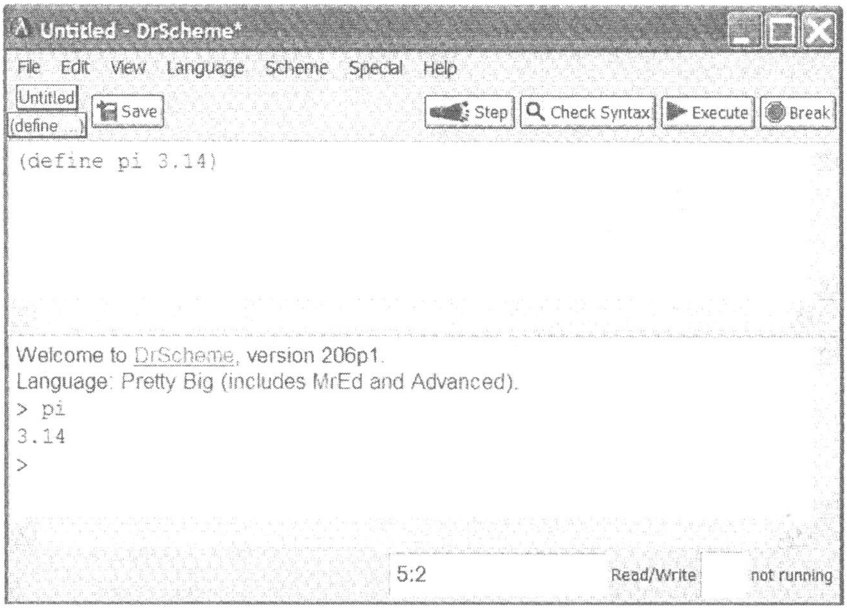

Abbildung 1.2: Definitionsfenster (oben) und Interaktionsfenster (unten) in DrScheme

Auf einen Evaluationsversuch können wir verzichten, denn **radius** ist keine Variable, so dass ein Fehler signalisiert werden würde. Analog zur Definition der Variablen **pi** *erwägen* wir

```
> (define radius 10)
> (* pi (* radius radius))
314.0
> (set! radius 20)
> (* pi (* radius radius))
1256.0
```

Jede Neuberechnung würde also das vorherige Umdefinieren von **radius** erfordern. Das ist zwar eine typische Arbeit mit Termen, aber nicht das, was wir wollen.

Wir brauchen so etwas wie eine mathematische *Funktion.* In der Mathematik sind dafür folgende Notationen üblich:

$$\begin{aligned} y = f(r) \quad &= \quad \pi r^2 \\ f: \quad & \quad r \mapsto \pi r^2 \end{aligned}$$

Darin ist r ein „Platzhalter“, der beim *Aufruf* der Funktion f durch den zum Aufruf gehörenden *aktuellen Parameter* (das Argument) substituiert wird.

Wie sieht ein Aufruf von f in der Mathematik aus? Klar, wir schreiben $f(10)$, $f(20)$

bzw. $f(30)$ für die genannten Radien und erhalten als Funktionswerte die gesuchten Flächeninhalte.

Aufgrund der bisherigen Diskussion wissen wir, dass

```
(define f (* pi (* r r)))
```

nicht richtig ist. `r` ist darin – genau wie `pi` und `*` – eine *globale Variable* und für `f` gilt dies ebenso.

Wir stellen also fest, dass dieser Scheme-*Ausdruck* aus mathematischer Sicht ein *Term*, aber eben keine *Funktion* ist. In Scheme gibt es zur *Definition einer Funktion/Prozedur* eine *Sonderform*, die *λ-Ausdruck*[5] heißt. Der Aufbau eines λ-Ausdrucks sieht grundsätzlich wie folgt aus:

```
(lambda (PARAMETER) BODY)
```

`PARAMETER` steht für eine Folge paarweise verschiedener Platzhalter `p1,p2, ..., pn`, die man *formale Parameter* oder (die in dem BODY des λ-Ausdrucks) *gebundenen Variablen* nennt. Beim Aufruf der Funktion werden die aktuellen Parameter `a1, a2,..., an` in der gegebenen Reihenfolge an die formalen gebunden.

`BODY` ist der die Funktion/Prozedur definierende Scheme-Ausdruck, also die Beschreibung eines konkreten Rechenprozesses.

Das *Ergebnis der Evaluation* eines λ-Ausdrucks – nicht etwa der λ-Ausdruck selbst – ist eine *Scheme-Prozedur*[6].

```
> (lambda (r) (* pi (* r r)))
#<procedure>
```

Mit diesem λ-Ausdruck ist es gelungen, den Rechenprozess zur Ermittlung des Kreisflächeninhaltes für einen beliebigen Radius (Scheme-verständlich) zu beschreiben.

```
> ((lambda (r) (* pi (* r r))) 10)
314.0
```

Die *Anwendung* der oben entwickelten Prozedur auf $r = 10$ liefert 314.

Unsere Kreisflächeninhaltsprozedur wird genauso wie eingebaute Prozeduren angewandt. Neu war nur die *Konstruktion* der Prozedur, was für eingebaute naturgemäß nicht mehr

[5]Natürlich fragt man sich, weshalb Scheme hierfür λ verwendet, wo sich doch eher so etwas wie fkt anbieten würde. Eine Teilantwort folgt aus der Tatsache, dass der sog. λ-Kalkül (von A. CHURCH) die wichtigste theoretische Basis der funktionalen Programmierung ist. Hier kommt λ vor, aber warum? Anstelle des Wortes λ verwendete CHURCH an entsprechender Stelle das Dach, also etwa $\hat{n}$. Dies verursachte jedoch um 1941 einige drucktechnische Probleme, so dass sich die Setzer entschieden, das Dach vor das Symbol zu stellen: $\hat{\ }n$ und noch deutlicher Λn. Um daraus nun ein Scheme-Sprachelement zu machen, versprachlichte man dies zu `lambda`, denn das vorangestellte Dach und der Großbuchstabe Λ sind optisch verwandt. Hoffentlich stimmt diese Geschichte.

[6]Weshalb wir in Scheme lieber von Prozeduren sprechen, wenn wir Funktionen meinen, wird weiter unten erläutert.

ansteht. Bei der Prozedurkonstruktion werden – wie im Beispiel – (andere) Prozeduren zusammengefügt.

Nun hätte man unsere Beispielprozedur auch anders konstruieren können. Unter der Annahme, eine Prozedur `square` (quadriere) zur Verfügung zu haben, würde

```
> (lambda (r) (* pi (square r)))
#<procedure>
```

das Gleiche bewirken, wie `(lambda (r) (* pi (* r r)))`, wenn man die zugehörige Prozedur auf eine konkrete Zahl mit der Bedeutung eines Radius' anwendet.

Hier kommt ein zweiter Aspekt im Zusammenhang mit der *Prozedurabstraktion* ins Spiel: das Absehen von den Details des verwendeten Berechnungsprozesses. Der (im Körper des betrachteten λ-Ausdrucks beschriebene) Prozess wird quasi „eingeschweißt" oder „gekapselt" und wie eine *black box* behandelt. Bei dieser Betrachtung sind alle Prozeduren, die einen bestimmten Wert berechnen, gleich gut. Uns interessiert also lediglich das *Ein-Ausgabeverhalten* einer Prozedur, das man gerne in Form eines Trichterbildes mit n Eingabetrichtern (für Parameter) und genau einem Ausgabetrichter für das Resultat veranschaulicht, s. Abb. 1.3.

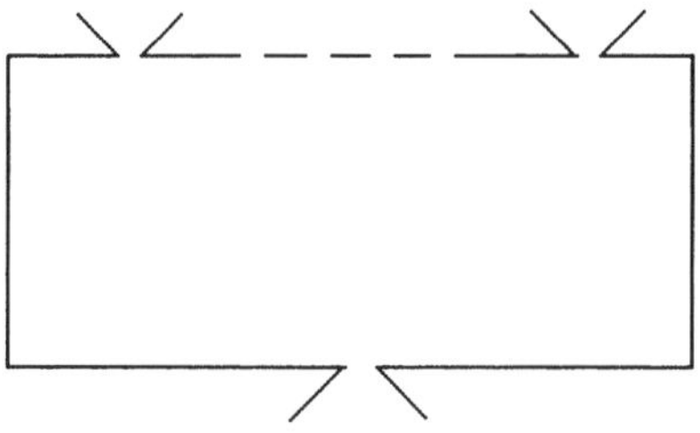

Abbildung 1.3: Trichterbild einer Scheme-Prozedur

Natürlich ist es im Allg. zweckmäßig, eine nutzerdefinierte Prozedur zu benennen. Gerade dadurch wird ja der black-box-Charakter unterstrichen. Damit befasst sich der nächste Abschnitt. Eine benannte Prozedur wird genauso angewandt, wie eine „eingebaute", d. h. eine Prozedur, die unmittelbar nach dem Start des Scheme-Systems zur Verfügung steht.

Im Allg. ist es wünschenswert, dass sich eine Scheme-Prozedur bei jeder Wiederholung eines Aufrufs gleichermaßen verhält und keine *Nebenwirkungen* (auf andere Scheme-Objekte) ausübt.

Im Unterschied zum Funktionsbegriff aus der Mathematik sprechen wir in Scheme von Prozeduren[7]. Ein fundamentales Ergebnis aus der Berechenbarkeitstheorie besagt, dass

[7] In manchen Programmiersprachen, wie etwa Pascal, unterscheidet man Funktionen und Prozeduren. Während Funktionen sog. Unterprogramme (Subroutinen) *mit* Wertrückgabe sind, fehlt bei Prozeduren eine solche Rückgabe; sie hinterlassen eine Wirkung im Speicher.

es mathematisch definierte Funktionen gibt, für die man keine (Scheme-)Prozedur kreieren kann.

1.4.3 Benannte Prozeduren

Die Anwendung des oben entwickelten Ausdrucks

```
(lambda (radius)(* pi (* radius radius)))
```

zur Berechnung des Kreisflächeninhalts ist zwar korrekt, aber nicht sehr bequem. Üblicherweise wünscht man eine Kurzbezeichnung für die zugehörige Prozedur. Wir definieren also eine Variable `area`, die diesen Wunsch befriedigt.

```
(define area
  (lambda (r)
    (* pi (* r r))))
```

Ein nun bequemerer Aufruf lautet

```
> (area 10)
314.0
```

Bei der Evaluation des Symbols `area` in der Anwendung `(area 10)` wird das zugehörige Prozedurobjekt eingesetzt. Diese Prozedur wird ihrerseits auf den Wert von 10, also die Zahl 10, angewandt.

Neben den eingebauten Prozeduren gibt es also auch solche, die vom Nutzer definiert werden, wie eben unsere Kreisflächeninhaltsprozedur.

Die Namen gebundener Variablen sollten an deren Bedeutung erinnern. In unserem Beispiel haben wir `r` für Radius gewählt. Langformen erfordern zwar etwas mehr Schreibaufwand, erhöhen aber die Lesbarkeit. Wir hätten also ebenso gut `radius` schreiben können. Am Verhalten der Prozedur beim Aufruf ändert dies nichts. Die in dem betrachteten λ-Ausdruck gebundenen Variablen können also beliebig umbenannt werden. Namen von ungebundenen, sog. *freien Variablen* dieses Ausdrucks, dürfen für Umbenennungen dieser Art jedoch nicht verwendet werden.

Wir haben also (beinahe[8]) freie Wahl bei der Benennung formaler Parameter.

Aufgabe 1.11:
Stellen Sie den Cursor in der Prozedurdefinition auf `radius` und drücken Sie die rechte Maustaste. Nun können Sie den Namen des Parameters überall in der Definition bequem umbenennen.

---

[8] Der Parametername darf nicht mit dem Namen einer anderen Variablen in diesem Gültigkeitsbereich übereinstimmen und sollte sich auch vom Namen der Prozedur unterscheiden.

Aufgabe 1.12:
Wie lautet das Ergebnis, wenn man im Ausdruck `(* pi (* radius radius))` genau eine der beiden Variablen `radius` durch `r` ersetzt? Überprüfen Sie Ihre Vorhersage.

Eine Definition der Form `(define f (lambda (...) ...))` kann auf mehrere Arten korrekt interpretiert werden:

- Die (globale) Variable `f` wird an einen Wert, nämlich an eine Prozedur, gebunden.
- Die mit dem λ-Ausdruck definierte Prozedur wird mit `f` bezeichnet (Namensabstraktion).

Eine benannte Prozedur kann sehr bequem angewendet werden. Man setzt *ihren Namen* an die erste Stelle (Operatorposition) in einer Liste und ergänzt so viele Argumente, wie die betrachtete Prozedur erwartet. Dabei ist die entsprechende Typverträglichkeit der Argumente mit den formalen Parametern zu garantieren.

Bei aller Sympathie für benannte Prozeduren ist es möglich und in bestimmten Zusammenhängen durchaus sinnvoll, *unbenannte Prozeduren* anzuwenden. Es ist auch zu bedenken, dass jede nutzerdefinierte Prozedur dem gesamten System zur Verfügung steht. Das zu deren Benennung verwendete Symbol ist also eine globale Variable. Die Verwendung globaler Variablen ist nicht ungefährlich, da eine Veränderung ihres Werts Auswirkungen auf die Werte anderer Ausdrücke haben kann.

1.4.4 Gültigkeitsbereiche von Variablen und unbestimmte Werte

Wir betonen nochmals den Unterschied zwischen einem λ-Ausdruck und einer Scheme-Prozedur. Das ist nicht das Gleiche! Richtig ist: Ein λ-Ausdruck evaluiert zu einer Scheme-Prozedur. D.h. in obigem Beispiel, dass der Wert der *globalen* (ab sofort überall gültigen) Variablen `area` eine Scheme-Prozedur ist, die nach Empfang eines *aktuellen Parameters* für den Radius eines Kreises dessen Flächeninhalt zurückgibt.

```
> (area 10)
314.0
```

Die Variablen `pi` und `*` kommen in der mit `area` benannten Prozedur *frei* vor. Man nennt sie deshalb so, da sie weder im λ-Ausdruck noch durch andere (weiter unten betrachtete) Maßnahmen gebunden wurden.

Über den Wert freier Variablen muss man sehr genau wachen, um keine unliebsamen Überraschungen zu erleben. Es entsteht beispielsweise ein völlig falsches Ergebnis für `(area 10)`, wenn wir den Wert von `pi` zu 12.928 verändern. Dies ist in diesem einfachen Beispiel leicht zu erkennen, bei großen Programmen, an denen mehrere Entwickler arbeiten, sieht das ganz anders aus.

Es gibt eine oft verwendete Möglichkeit, den Gültigkeitsbereich von Variablen einzuschränken. Das hierfür verwendete Sprachelement heißt `let`.

```
> (let ([mult *][pi 3.14])
    (mult pi (mult 10 10)))
314.0
```

`let` sorgt im Beispiel dafür, dass die in dem eingeschlossenen Ausdruck ehemals freien Variablen `mult` und `pi`, gebunden werden. Nach Evaluation des gesamten `let`-Ausdrucks gehen diese lokalen Bindungen verloren.

Prozeduraufrufe in funktionsorientierten Sprachen, wie Scheme, geben stets einen Wert zurück. Dieser Wert kann in anderen Prozeduren als Argument weiterverwendet werden. Manche (wenige) Sprachelemente sind dafür gemacht, Nebenwirkungen herbeizuführen. Deren Rückgabewert ist im Allgemeinen ohne Interesse und wird implementationsbedingt irgendwie festgelegt. Man spricht von einem *unbestimmten Wert* (engl.: *unspecified value*). Einen solchen Wert darf man keineswegs weiterverarbeiten. Da folglich auch die Ansicht eines solchen Wertes keinen Sinn macht, wird dessen Bildschirmdarstellung unterdrückt.

```
> (set! pi 3.1415)
> (display (set! pi 3.14))
#<void>
```

Scheme-Implementationen, wie DrScheme und Chez Scheme, geben `#<void>` zurück. In DrScheme (MzScheme ohne Einschränkungen) gibt es sogar ein Prädikat, mit dem man fragen kann, ob der Rückgabewert `#<void>` ist.

```
> (void? (set! pi 3.14))
#t
```

Aufgabe 1.13:
Geben Sie eine Prozedurdefinition für `area` an, in der der Wert von `pi` 3.1415 beträgt. Dieser Wert soll aber nur lokal für den auszuwerten Formelausdruck und nicht etwa außerhalb der Prozedurdefinition gelten.

1.5 Bedingte Ausdrücke

1.5.1 Die Grundform

Praktisches Programmieren mit funktionsorientierten Sprachen kann man als *Konstruktionsaufgabe* verstehen. Man konstruiert komplexere Datenstrukturen aus einfacheren und man bildet zusammengesetzte Ausdrücke aus Basisausdrücken. Dabei kommen auch *bedingte Ausdrücke*, oder Konditionale, vor. Der Wert eines solchen Ausdrucks hängt von der Gültigkeit einer Bedingung ab. Wir erläutern dies an folgendem Beispiel.

```
(define weightwatcher
  (lambda (masse)
    (cond
      [(< masse 50) 'fliegengewicht]
      [(< masse 80) 'normalgewicht]
      [else
        "Watch your weight!"])))
```

Eckige Klammern heben die drei Fälle hervor. Die Verwendung solcher Klammern hat Vor- und Nachteile. Man kann sie bedenkenlos durch runde ersetzen, nur ein beliebiger Mix, wie öffnende runde und schließende eckige, ist nicht möglich.

Wir betrachten den folgenden Aufruf.

```
> (weightwatcher 67)
normalgewicht
```

Beim Aufruf wird die Zahl 67 an den formalen Parameter `masse` gebunden. Für die Auswertung des Prozedurrumpfes, der den an `cond` erkennbaren bedingten Ausdruck enthält, werden die angegebenen Bedingungen *in der gegebenen Reihenfolge* evaluiert. Sobald sich dabei *erstmals* der Wahrheitswert `true` ergibt, wird keine weitere Bedingung untersucht. Der Wert des (gesamten) `cond`-Ausdrucks ist der zur ersten `true`-liefernden Bedingung gehörende Wert. Dies ist in unserem Falle `'normalgewicht`. Das `normalgewicht` unmittelbar vorangestellte Hochkomma kennen wir bereits von der Arbeit mit Listen. Es verhindert die Evaluation, so dass nicht der Wert von `normalgewicht` ermittelt, sondern das Symbol selbst zurückgegeben wird.

Im Beispiel kann man die Bedingung-Wert-Paare gut erkennen. Wichtig ist, dass die Evaluation von oben nach unten verläuft und die erste beste Bedingung „feuert“, wie man im Jargon gerne sagt. Selbst wenn danach ein Ausdruck steht, der einen fehlerhaften Wert beschreibt, wie etwa `(/ 4 0)`, ergäbe dies keinen Fehler, denn dessen Evaluation findet schlichtweg nicht statt, wenn eine weiter oben stehende Bedingung zutrifft.

Gilt keine der angegebenen Bedingungen, so wird der zu `else` gehörende Wert zurückgegeben. Hinter `else` steht also nichts weiter als `#t`, d.h. eine „Bedingung“, die stets erfüllt ist.

Aufgabe 1.14:
Testen Sie den Aufruf `(weightwatcher 103)`.

Der Wert-Teil eines Bedingung-Wert-Paares darf *eine Folge von Scheme-Ausdrücken* sein. Diese werden dann in der angegebenen Reihenfolge evaluiert. Der Wert des zuletzt behandelten Ausdrucks bestimmt den Wert des gesamten `cond`-Ausdrucks.

1.5.2 Alternative

Obwohl uns mit `cond` ein sehr mächtiges Sprachelement zur Verfügung steht, wird in vielen Anwendungsfällen nur eine einzige Bedingung benötigt. `cond` ist dafür einfach zu mächtig und – obwohl prinzipiell möglich – nicht angemessen. Wir verwenden deshalb das `if`-Sprachelement. In imperativen Sprachen nennt man dies if-then-else-Konstrukt.

Wir zeigen eine sinnvolle Verwendung von `if` bei der Definition der Betragsfunktion.

```
(define my-abs
  (lambda (n)
    (if (>= n 0)
        n
        (- n))))
```

Der absolute Betrag von -837 ist 837.

```
> (my-abs -837)
837
```

Wenn die Bedingung `(>= n 0)` erfüllt ist, wird `n` zurückgegeben (then-Zweig), ansonsten der Wert von `(- n)` (else-Zweig). Der else-Teil kann grundsätzlich entfallen, was in diesem Beispiel aus inhaltlichen Gründen natürlich nicht zu akzeptieren wäre.

Es ist zu beachten, dass in jedem der beiden Zweige nur genau je *ein* Ausdruck stehen darf. Reicht dies im konkreten Anwendungsfall nicht aus, so wird mit

```
(begin AUSDRUCK ... AUSDRUCK)
```

aus der entsprechenden Sequenz von Ausdrücken ein (zusammengesetzter) Ausdruck gebildet, der dort stehen darf. Aus strukturellen Gründen ist in solchen Fällen die Verwendung eines `cond`-Ausdrucks vorzuziehen.

Das `if`-Sprachelement ist im Zusammenhang mit rekursiven Prozedurdefinitionen, s. Abschn. 1.6, besonders wichtig.

1.5.3 Fallauswahl

Sog. *syntaktischen Zucker* stellt das Sprachelement `case` dar. Wir sprechen dann von einer syntaktischen Zuckerung, wenn eine Prozedur- oder Sonderformdefinition *redundant* ist: Eigentlich gibt es schon ein Sprachelement mit der gewünschten Semantik, allerdings ist der Aufruf etwas umständlich. Das folgende Beispiel zeigt dies für `cond`. `case` bietet syntaktischen Zucker, nicht mehr und nicht weniger.

```
(define vowel?
  (lambda (letter)
    (cond
      [(or (eq? letter 'a)
           (eq? letter 'e)
           (eq? letter 'i)
           (eq? letter 'o)
           (eq? letter 'u))
       #t]
      [else #f])))
```

Ein hierin verwendetes Sprachelement ist `eq?`, das wir zum Test auf Gleichheit einsetzten. Es gibt verschiedene Arten von Gleichheit und folglich auch unterschiedliche Operationen, womit wir uns an dieser Stelle nicht befassen.

```
> (vowel? 'b)
#f
```

Unter Verwendung des für eine *Fallauswahl* zuständigen Sprachelements `case` erhält man die folgende, semantisch gleichwertige Definition.

```
(define vowel?
  (lambda (letter)
    (case letter
      [(a e i o u) #t]
      [else #f])))
```

Zuerst wird der unmittelbar nach `case` angegebene Ausdruck evaluiert und anschließend festgestellt, in welcher der angegebenen Auswahlmengen dieser Wert vorkommt. Diese Suche geschieht von oben nach unten, d.h. unter Berücksichtigung der vorgegebenen Reihenfolge. Der zu der betreffenden Menge gehörende Ausdruck wird evaluiert und als Wert des gesamten `case`-Ausdrucks zurückgegeben. Falls der Wert in keiner dieser Mengen enthalten ist, bildet der Wert nach `else` das Resultat.

1.6 Rekursive Prozeduren

1.6.1 Zahlenfolgen und Rekursion

In der Mathematik werden Zahlenfolgen behandelt. Deren Definition kann explizit und implizit erfolgen. „Explizit" bedeutet, dass die für natürlichzahlige Argumente definierte einstellige Funktion f, mit $a_i = f(i)$, etwa durch einen analytischen Ausdruck in i festgelegt wird. Einen „impliziten" Zusammenhang drückt man durch einen Ausdruck der Form $a_i = h(a_{i-1})$ aus. Hierzu gehört eine Angabe für a_0 bzw. a_1, die unabhängig von irgendeinem a_k erfolgt.

Unser erstes Beispiel ist die Fakultätsfunktion $f : n \mapsto n!$

- Explizit: n! = n·(n-1)·(n-2)·...·2 · 1
- Implizit: 0! = 1, n! = n·(n-1)!

Derart implizite Definitionen nennt man auch *rekursiv.* Die Berechnung von a_i erfordert die Kenntnis von a_{i-1}.

Die rekursive Scheme-Prozedur kann aus der impliziten Definition direkt, d.h. ohne Zusatzüberlegung, gewonnen werden. Es ist eigentlich eher ein Umschreiben unter Verwendung der Scheme-Syntax.

```
(define fak
  (lambda (n)
    (if (= n 0)
        1
        (* n (fak (- n 1))))))
```

```
> (fak 64)
126886932185884164103433389335161480802865516174545192198801894375214704230400000000000000
```

Die sehr schnelle Ganzzahlarithmetik ist eine besondere Leistungsstärke von Scheme.

Aufgabe 1.15:
Der rekursive Charakter der Prozedur **fak** geht auch aus der Trichterdarstellung in Abb. 1.4 für den allgemeinen Fall, also $n > 0$, hervor. Verwenden Sie einen Farbstift und zeichnen Sie die *beiden* Trichterbilder für **fak** deutlich nach.

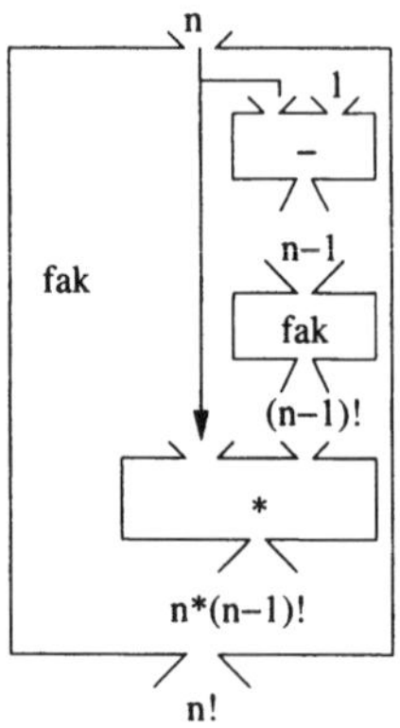

Abbildung 1.4: Trichterbild für den allgemeinen Fall in **fak**

1.6.2 Deskriptiv vs. prozedural

Eine rekursive Vorschrift kann man auf zweierlei Art interpretieren:

1. Die Berechnung von a_i wird auf die Berechnung von a_{i-1} zurückgeführt.
2. Der Wert von a_i wird mit a_{i-1} beschrieben.

Die erste Fassung ist prozedural, die zweite deskriptiv. „Prozedural" weist darauf hin, *wie* die Rechnung zu organisieren ist, um das Ergebnis nach endlich vielen Schritten zu erhalten. Wenn a_{i-1} innerhalb von $h(a_{i-1})$ benötigt wird, findet eine Art Nebenrechnung statt. Die eigentliche Rechnung, d. h. die Anwendung von h auf a_{i-1}, muss aufgeschoben werden, bis a_{i-1} vorliegt.

Die „deskriptive" Fassung kümmert sich nicht um den Berechnungsprozess: Wenn man a_i ermitteln möchte, dann muss man a_{i-1} eben zur Verfügung haben, egal woher.

Obwohl die prozedurale Fassung wesentlich griffiger und konkreter erscheinen mag, ist die Einnahme des *deskriptiven* Standpunkts eine notwendige Voraussetzung, wenn man bei der Definition rekursiver Prozeduren erfolgreich sein will. Die dabei erforderliche Abstraktion wird durch ein prozedurales Denken i.S.v. „Wie berechne ich ...?" gravierend behindert. Dieses „Wie ...?" muss konsequent durch die Frage nach dem „Was ...?" ersetzt werden.

Erfahrungsgemäß macht dies anfangs einige Schwierigkeiten, denn wir sind es wohl eher gewöhnt, prozedural zu denken. Hier ist ein Umdenken nötig! Ich sage (besser: beschreibe) dem Computer, „was" ich haben möchte – also mein Wunschobjekt – und erwarte, dass er es erzeugt.

1.6.3 Rekursive Prozeduren als Beschreibungsmittel

Wir betrachten die Zahlenfolge 1, 1, 2, 3, 5, 8, 13, 21, 34, ... Es ist nicht zu erwarten, dass jemand, der mit dieser sog. Fibonacci-Folge nicht vertraut ist, eine explizite Bildungsvorschrift erkennt. Hierfür gibt es einen relativ komplizierten analytischen Ausdruck, der erst ca. 600 Jahre nach dem Bekanntwerden dieser Folge gefunden werden konnte.

Wir bemühen uns um eine rekursive Vorschrift.

1. Die ersten beiden Glieder der Folge sind beide 1.
2. Alle folgenden Glieder ergeben sich aus der Summe der beiden jeweils vorhergehenden.

Dies ist sehr einfach und kann sofort – **ohne** Zusatzüberlegung – in einer Scheme-Prozedur formuliert werden.

```
(define fib
  (lambda (n)
    (cond
      [(= n 0) 1]
      [(= n 1) 1]
      [else
        (+ (fib (- n 1)) (fib (- n 2)))])))
```

Man kann nun eine beliebige Fibonacci-Zahl berechnen, ohne jemals über den *Prozess*, der dabei stattfindet, nachgedacht zu haben.

```
> (fib 4)
5
```

Aufgabe 1.16:
Vergleichen Sie den ermittelten Wert mit dem, der in der Folge weiter oben in diesem Text angegeben wurde, und berechnen Sie weitere Glieder der Folge.

1.6.4 Weitere Beispiele

Einfügen eines Listenelements nach der n-ten Position

Ein neues Element x soll *nach* einer beliebig wählbaren Position n in eine vorgegebene Liste L eingefügt werden. Das Ergebnis ist also eine Liste L', die folgendermaßen rekursiv beschrieben werden kann:

1. Ist L leer, dann ist die Liste aus x das Ergebnis.
2. Gilt $n = 0$, dann bildet L mit vorangestelltem x das Resultat.
3. Falls L nicht leer ist und $n > 0$, dann ergibt sich das Resultat aus der Verkettung des ersten Elements von L und der Liste, die durch Einfügen von x in die Restliste von L ohne das erste Element nach der $n-1$-ten Position entsteht.

Die ersten beiden Punkte betreffen die Elementarfälle. Der zweite Elementarfall, nämlich für $n = 0$, wird nach endlich vielen Anwendungen des dritten Falles erreicht. Insofern ist gesichert, dass jeder Aufruf von `insert-after` terminiert.

```
(define insert-after
  (lambda (x ls n)
    (cond
      [(null? ls) (list x)]
      [(= n 0) (cons x ls)]
      [else
        (cons (car ls) (insert-after x (cdr ls) (- n 1)))])))
```

Es folgen einige Aufrufbeispiele:

```
> (insert-after 'c '() 3)
(c)
> (insert-after 'c '(a b d e f) 0)
(c a b d e f)
> (insert-after 'c '(a b d e f) 2)
(a b c d e f)
```

Streichen eines Listenelements

Wir entwickeln eine Prozedur **delete-item**, die das zu streichende Element x einer Liste L nimmt und die um x bereinigte Liste L' zurückgibt. x soll dabei nur bei seinem ersten Auftreten in L entfernt werden, falls x überhaupt in L vorkommt.

1. Wenn L eine leere Liste ist, gilt $L' = L$.
2. Ist das zu streichende Element x gleich dem ersten Element von L, so wird die Restliste ohne das erste Element zurückgegeben.
3. Anderenfalls ergibt sich L' aus der Verkettung des ersten Elements von L und der Liste, die sich nach dem Streichen von x in der Restliste von L ohne das erste Element ergibt.

In Kurzform unter Verwendung der aus der Mathematik bekannten Schreibform formulieren wir:

1. `delete-item(x,()) = ()`
2. `delete-item(x, L) = ohneerstes(L)`, falls `erstes(L)=x`
3. `delete-item(x, L) =`
   `miterstem(erstes(L), (delete-item(x, (ohneerstes(L)))))`, sonst

Nun kann die entsprechende Scheme-Prozedur unmittelbar gewonnen werden.

```
(define delete-item
  (lambda (x ls)
    (cond
      [(null? ls) ls]
      [(eq? (car ls) x) (cdr ls)]
      [else
       (cons (car ls) (delete-item x (cdr ls)))])))
```

Aufrufbeispiele.

```
> (delete-item 3 '(1 2 3 4 5 3 9))
(1 2 4 5 3 9)
```

```
> (delete-item 3 '())
()
> (delete-item 3 '(1 2 4 5 9))
(1 2 4 5 9)
```

Wie muss diese Prozedurdefinition modifiziert werden, damit das angegebene Element mehrfach herausgestrichen wird, wenn es in der Liste mehrfach auftritt?

Die Lösungsidee besteht darin, das Streichen auch in der Restliste, in der bereits das erste Listenelement gestrichen wurde, fortzusetzen. Hierfür muss `delete-item` nur an einer einzigen Stelle verändert werden. Man darf allerdings nicht versäumen, den Namen der Prozedur überall im Definitionstext zu ersetzen.

```
(define delete-all-items
  (lambda (x ls)
    (cond
      [(null? ls) ls]
      [(eq? (car ls) x) (delete-all-items x (cdr ls))]
      [else
       (cons (car ls) (delete-all-items x (cdr ls)))])))

> (delete-all-items 3 '(1 2 3 4 5 3 9))
(1 2 4 5 9)
```

Umkehrliste

Gesucht ist eine Prozedur, die eine Liste mit beliebig vielen Elementen nimmt und eine Liste zurückgibt, die diese Elemente in umgekehrter Reihenfolge enthält. Falls unter den Listenelementen wiederum Listen vorkommen, werden diese in der vorliegenden Reihenfolge übernommen, also nicht umgekehrt.

In Scheme gehört eine solche Prozedur namens `reverse` bereits zum eingebauten Sprachumfang. Dies versetzt uns in die Lage, vor einer eigenen Definition mit dem potenziellen Ergebnis „herumspielen" zu können.

```
> (reverse '(a #\b (hallo otto) 23))
(23 (hallo otto) #\b a)
```

Wir suchen nach einer rekursiven *Beschreibung* einer Umkehrliste. Wie bei den Zahlenfolgen fragen wir zuerst nach dem *Elementarfall*: Die Umkehrung der leeren Liste ergibt die leere Liste.

Wie sieht es aber für Listen der Form $(x_1, x_2, ..., x_{n-1}, x_n)$ aus?
Das Ergebnis von `(umkehr '(x$_{1}$, x$_{2}$, ..., x$_{n-1}$, x$_{n}$))` ist offensichtlich $(x_n, x_{n-1}, ..., x_2, x_1)$. Wie können wir diese Liste beschreiben?

Das letzte Element von (x_n, x_{n-1}, ..., x_2, x_1) ist x_1. Wir können die gesuchte Umkehrliste als Liste aus (x_n, x_{n-1}, ..., x_2) und x_1 beschreiben. Dabei ist (x_n, x_{n-1}, ..., x_2) gerade die Umkehrliste von (x_2, ..., x_{n-1}, x_n), also die Umkehrliste der vorgegebenen Liste ohne das erste Element.

Damit sind wir fast am Ziel. Für eine gegebene Liste L gelten (in mathematischer Notation):

1. umkehr(()) = ()
2. umkehr(L) = umkehr(ohneerstes(L)) + erstes(L)

In der zweiten Zeile haben wir + für die Listenbildung geschrieben. Eine Liste (1. Operand) wird mit einem Listenelement (2. Operand) verbunden. Die Operation + für Listen erwartet jedoch zwei Listen als Eingaben, sodass wir den zweiten Operanden in die zugehörige Liste konvertieren müssen. Nun haben wir die Endfassung:

1. umkehr(()) = ()
2. umkehr(L) = umkehr(ohneerstes(L)) + liste(erstes(L))

Dies überführen wir quasi 1:1 in die Scheme-Prozedur `myreverse`. Für + steht in Scheme die Prozedur `append` zur Verfügung. `list` erzeugt die zum Argument passende Liste durch schlichte Klammerung, also `(list x) = (x)`.

Die Prozedur `null?` erwartet eine Liste und gibt `#t` zurück, wenn es sich um die leere Liste `()` handelt, ansonsten `#f`. `null?` kommt in rekursiven Prozeduren mit Listen sehr oft vor.

```
(define myreverse
  (lambda (ls)
    (if (null? ls)
        ls
        (append
          (myreverse (cdr ls))
          (list (car ls))))))
```

Die Liste, die wir in folgendem Aufrufbeispiel verwenden, besteht aus einem Symbol, einem Zeichen, einer Liste und einer Zahl (in dieser Reihenfolge).

```
> (myreverse '(a #\b (hallo otto) 23))
(23 (hallo otto) #\b a)
```

Superumkehrliste

Es ist eine durchaus geeignete Technik, *vorhandene Prozedurdefinitionen so zu modifizieren*, dass sie erweiterte Aufgabenstellungen erfüllen. Wir haben dies weiter oben bei der Entwicklung von `delete-all-items` aus `delete-item` bereits getan.

Wir wollen dies nun auch auf **superreverse** anwenden, indem wir die zugehörige Prozedurdefinition aus **myreverse** ableiten. Die Zusatzaufgabe besteht darin, dass Listenelemente, die selbst Listen sind, ebenfalls umgekehrt werden sollen. Von **superreverse** erwarten wir also, dass es zur Eingabe von `(a #\b (hallo otto) 23))` die Ausgabe `(23 (otto hallo) #\b a)` liefert.

Wir formulieren **myreverse** zunächst etwas um, indem wir `if` durch `cond` ersetzen, um einen weiteren Fall vorzubereiten.

```
(define myreverse
  (lambda (ls)
    (cond
      [(null? ls) ls]
      [else
       (append
        (myreverse (cdr ls))
        (list (car ls)))])))
```

Für eine nichtleere Liste gibt es zwei Fälle: Das erste Listenelement ist ...

1. ... keine Liste, dann wird es genommen, wie es ist.
2. ... eine Liste, dann wird die „Superumkehroperation“ angewandt.

Anstelle der Alternative verwenden wir nun einen `cond`-Ausdruck.

```
(define superreverse
  (lambda (ls)
    (cond
      [(null? ls) ls]
      [(list? (car ls))
       (append
         (superreverse (cdr ls))
         (list (superreverse (car ls))))]
      [else
        (append
          (superreverse (cdr ls))
          (list (car ls)))])))
```

Unser Beispielaufruf zeigt das korrekte Resultat.

```
> (superreverse '(a #\b (hallo otto) 23))
(23 (otto hallo) #\b a)
```

Ein interessanteres Aufrufbeispiel ist

```
> (superreverse '(a (guten (tag lieber (herr berger))) 23))
(23 (((berger herr) lieber tag) guten) a)
```

Aufgabe 1.17:
Machen Sie sich das Ergebnis und die verwendete Prozedurdefinition vollständig klar!

Wir wollen die oben eingeführte Technik der *Arbeit an einer Prozedurdefinition*, genauer: am Definitionstext, ausweiten, um das gewonnene Ergebnis, die Definition von `superreverse`, zu verbessern. Hierzu formulieren wir eine wichtige Regel:

> *Gleichartige Strukturen sind Anlass für Abstraktionen.*

In `superreverse` kommt

```
(append
  (superreverse (cdr ls))
  (list ...))
```

zweimal vor. Der einzige Unterschied besteht an der Stelle der Punkte: Ist das erste Listenelement eine Liste, wird sie " superumgekehrt", ansonsten wird das Listenelement unverändert übernommen. Dies lässt sich mit Scheme unmittelbar ausdrücken.

```
(define superreverse1
  (lambda (ls)
    (if (null? ls)
        ls
        (append
         (superreverse1 (cdr ls))
         (list (if (list? (car ls))
                   (superreverse1 (car ls))
                   (car ls)))))))
```

Manchmal findet man in Prozedurdefinitionen sogar recht umfangreiche Teile, die mehrfach vorkommen. Dann kann es durchaus sinnvoll sein, eine separate Prozedur dafür zu definieren.

Die hier am Beispiel vorgeführte Technik des Arbeitens am Definitionstext sollte jedoch nicht überstrapaziert werden, etwa um eine möglichst kurze Definition zu erhalten. Lesbarkeit und Beschreibungstransparenz stehen im Vordergrund.

Für eine Problemlösung kann man im Allgemeinen mehrere korrekte Prozeduren angeben. Diese können sich ebenso geringfügig wie fundamental voneinander unterscheiden. Fundamental bedeutet, dass die betrachteten Prozeduren das potenzielle Resultat in unterschiedlicher Weise beschreiben.

In unserem Beispiel der Superumkehrliste hätten wir auch die folgende Beschreibung vorschlagen können.

1. Die Superumkehr der leeren Liste ist die leere Liste.

2. Die Superumkehr eines Wertes, der keine Liste ist, ist dieser Wert selbst.

3. Die Superumkehr einer Liste ist die Verkettungsliste der Superumkehr der Restliste und der Liste der Superumkehr des ersten Elements.

Dies führt zu folgender Prozedurdefinition.

```
(define superreverse2
  (lambda (ls)
    (cond
      ((null? ls) ls)
      ((not (list? ls)) ls)
      (else
       (append
        (superreverse2 (cdr ls))
        (list (superreverse2 (car ls))))))))
```

Der Nachteil dieses Vorschlags liegt darin, dass die Operation **superreverse2** auch für Nichtlistenargumente einen Funktionswert liefert, obwohl sie definitionsgemäß nur auf Listen anwendbar ist. Dies macht uns klar, dass wir bei jeder Prozedurdefinition auf deren Definitions- und Wertebereich achten müssen. Man schreibt dafür

$$superreverse : list \mapsto list$$

und spricht in diesem Zusammenhang von *Signatur.*

1.6.5 Mehrfach rekursiv, echt und endständig

myreverse und **superreverse**, **superreverse1**, **superreverse2** sind rekursive Prozeduren. Schaut man etwas genau hin, stellt sich heraus, dass in **myreverse** genau ein rekursiver Aufruf vorkommt, in den **superreverse**-Prozeduren sind es jeweils zwei. Prozeduren mit mehr als einem Selbstaufruf heißen *mehrfach rekursiv.* Dabei spielt es keine Rolle, an welcher Stelle im Definitionstext die Aufrufe stehen.

Für die Abarbeitung mehrfach rekursiver Prozeduren gilt die weiter oben geforderte deskriptive Sichtweise ganz besonders. Wir wären nicht in der Lage gewesen, diese Definition zu finden, wenn unser Denken in der Abarbeitung stattgefunden hätte. Allein eine prozessunabhängige Beschreibung führte zum Ziel.

Ein weiterer wichtiger Begriff ist der der *Endständigkeit.* Von einer *endständig rekursiven* (tail recursive) Prozedur spricht man, wenn der einzige rekursive Aufruf in der letzten Zeile der Prozedurdefinition steht und dort nicht in einen Ausdruck eingebettet ist. Man nennt das auch *last line recursion.*

Für alle bisher betrachteten rekursiven Prozeduren trifft das nicht zu. Sie sind *echt rekursiv,* was gerade das Gegenteil von endständig rekursiv ist. Dies erweckt nun den Eindruck, als ob endständig rekursive Prozeduren in Scheme eher die Ausnahme sind. Das Gegenteil ist der Fall. Deshalb wollen wir schnell ein Beispiel nachschieben.

Suche eines Elements in einer unverschachtelten Liste

Wir entwickeln eine Scheme-Prozedur `mymember`, die ein potenzielles Listenelement x und eine Liste L erwartet. Kommt x in L vor, so wird die Liste ab einschl. der ersten Fundstelle zurückgegeben. Anderenfalls gibt die Prozedur `#f` aus.

Aufgabe 1.18:
Die eingebaute Prozedur `member` besitzt genau diese Semantik. Erproben Sie einige Aufrufe, wie z. B. `(member 3 '(1 2 3 4 5))` und `(member 3 '(1 2 4 5))`.

```
(define mymember
  (lambda (x ls)
    (cond
      [(null? ls) #f]
      [(eq? x (car ls))(cons x (cdr ls))]
      [else
       (mymember x (cdr ls))])))
```

Spielt es denn irgendeine Rolle, ob eine rekursive Prozedur endständig ist oder nicht? Die Antwort lautet: für das Resultat grundsätzlich nicht, aber für den Berechnungsprozess im Computer, also für den Scheme-Interpreter.

Im Falle einer echten Rekursion, wie etwa bei der Fakultätsfunktion, muss die Berechnung des Produkts `(* n ?)` aufgeschoben und aufgehoben werden, bis der Wert von ? vorliegt, d.h. von dem nächstfolgenden Rekursionsniveau zurückgeliefert wurde. Dies wird in Abb. 1.5 mit dem sog. Affenmodell[9] illustriert.

Auf jedem dieser Niveaus findet das Gleiche statt: Aussetzen der Produktbildung und Warten auf den zweiten Faktor. Man spricht vom *rekursiven Abstieg.* Erst, wenn $n = 0$ erreicht ist, findet die erste Rückgabe, nämlich der Zahl 1, statt. Es erfolgt der *Aufstieg aus der Rekursionstiefe.*

Wir wollen uns von dem Gesagten nun auch direkt am Computer überzeugen. Hierzu soll Scheme den Aufruf `(fak 3)` protokollieren.

Achtung: Die Beschäftigung mit dem Abarbeitungsprozess ist schädlich für unser Den-

[9]Der Name für dieses Modell wird durch folgende Anschauung bestimmt: Ein Oberaffe nimmt den Auftrag zur Berechnung von 3! entgegen. Um diesen Wert ermitteln zu können stellt er fest, dass er das Produkt aus 3 und 2! benötigt. Den Berechnungsauftrag für 2! erteilt er seinem Unteraffen. Hierfür übergibt er ihm die gleiche Berechnungsvorschrift, die er selbst benutzt hat. Der einzige Unterschied besteht darin, dass n in der Welt des Oberaffen den Wert 3 besitzt, in der Welt des Unteraffen jedoch 2. Der Unteraffe verfährt mit seinem Untergebenen ebenso usw. Nur der Affe, in dessen Welt n den Wert 0 hat, braucht keinen weiteren Unteraffen zu bemühen, sondern gibt den Wert 1 an seinen direkten Oberaffen zurück. Dieser kann nun seinerseits seinen Arbeitsauftrag abschließen und das Ergebnis nach oben melden usw.
In der Literatur wird dieses Modell auch als Little-Man-Model bezeichnet oder in Anlehnung an die vermuteten Arbeitsabläufe in der Beamtenstube erzählt.

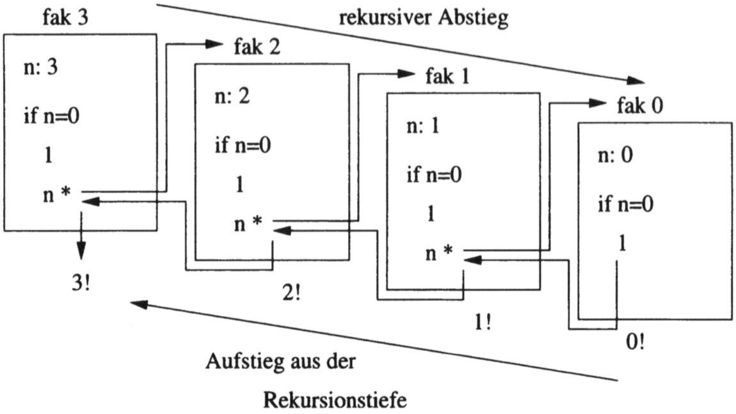

Abbildung 1.5: Analyse des Berechnungsprozesses für `(fak 3)`

ken, welches wir beim Entwurf rekursiver Prozeduren benötigen! Wir wollen dennoch den Inhalt der genannten Begriffe untermauern und dafür brauchen wir diese Betrachtung.

Mit `trace` schalten wir die Protokollierung eines Prozeduraufrufes ein. In Chez Scheme steht dieses Sprachelement unmittelbar zur Verfügung, in DrScheme können wir die erforderliche Bibliothek leicht nachladen: `(require (lib "trace.ss"))`.

```
> (trace fak)
(fak)
```

Das Ablaufprotokoll für `(fak 3)` verdeutlicht den oben beschriebenen rekursiven Ab- und anschließenden Aufstieg durch Einrückungen.

```
> (fak 3)
|(fak 3)
| (fak 2)
| |(fak 1)
| | (fak 0)
| | 1
| |1
| 2
|6
6
```

Im Unterschied dazu, findet die Berechnung von `(mymember 3 '(1 2 3 4 5))` auf einem einzigen Niveau statt. Leider zeigt DrScheme hier nicht das folgende korrekte Protokoll, so dass wir dringend empfehlen, hierfür Chez Scheme zu verwenden.

```
> (mymember 3 '(1 2 3 4 5))
|(mymember 3 (1 2 3 4 5))
|(mymember 3 (2 3 4 5))
|(mymember 3 (3 4 5))
|(3 4 5)
(3 4 5)
```

Das Abschalten der Protokollfunktion erledigt `(untrace fak mymember)`.

Natürlich wäre es für die Performance der Berechnung von $n!$ besser, wenn wir eine endständig rekursive Prozedur angeben könnten. Dies gelingt unter Verwendung einer sog. *Akkumulatorvariablen*. Die Idee besteht darin, der `fak`-Prozedur einen weiteren Parameter hinzuzufügen, in dem das Resultat schrittweise berechnet wird. Für jeden rekursiven Aufruf wird dann die Multiplikation mit dem entsprechenden Faktor ausgeführt.

Achtung: Dies ist eine eher akademische Betrachtung aus der Sicht des Scheme-Interpreters. Es ist keinesfalls ein Aufruf zur vordergründigen Suche nach endständigen Prozeduren, obwohl sich derartige Prozeduren in der praktischen Programmierung mit Scheme oftmals von selbst ergeben.

Wir erhalten die folgende endständig rekursive Prozedur `tailfak`.

```
(define tailfak
  (lambda (n result)
    (if (= n 0)
        result
        (tailfak (- n 1) (* n result)))))
```

Die Akkumulatorvariable `result` hat die Aufgabe, bei jedem rekursiven Aufruf den dann aktuellen Wert mit dem ebenfalls aktuellen n zu multiplizieren. Das Produkt ist danach der Wert, den `result` annimmt. Natürlich muss man dafür sorgen, dass der Anfangswert von `result` 1 ist.

Aufgabe 1.19:
Sehen Sie sich (mit Chez Scheme) das Ablaufprotokoll für `(tailfak 3 1)` an.

Im Aufruf von `tailfak` muss für das zweite Argument stets 1 angegeben werden. Das ist etwas lästig und kann durch eine „Rahmenprozedur“, die wir `myfak` nennen, aufgewertet werden.

```
(define myfak
  (lambda (n)
    (tailfak n 1)))
```

`(myfak 6)` liefert erwartungsgemäß die Zahl 6.

Es ist klar, dass wir nunmehr `myfak` verwenden und `tailfak` höchstwahrscheinlich nie wieder aufrufen. Damit haben wir eine unnötige globale Variable.

Dieser Befund erinnert uns an die Möglichkeit, lokale Gültigkeitsbereiche, die nur für die eingebetteten Ausdrücke gelten, festzulegen. Auf Seite 32 hatten wir dafür `let` eingeführt.

In unserem Fall soll `tailfak` nur innerhalb der `myfak`-Definition gelten. Da es sich bei `tailfak` um eine rekursive Prozedur handelt, müssen wir `letrec` anstelle von `let` verwenden. Die Wirkung ist analog.

```
(define myfak
  (lambda (n)
    (letrec
        ([tailfak
          (lambda (n result)
            (if (= n 0)
                result
                (tailfak (- n 1) (* n result))))])
      (tailfak n 1))))
> (myfak 12)
479001600
```

Aus der obigen Betrachtung formulieren wir eine Anforderung, die ein gutes Programmiersystem erfüllen sollte:

- Wir wollen uns beim Entwurf (durchaus mehrfach) rekursiver Prozeduren nicht durch verarbeitungstechnische Zwänge mental beeinträchtigen lassen. (Forderung nach kognitiver Effizienz)
- Wir erwarten, dass sich das Programmiersystem selbst um eine automatische Transformation ineffizienter Prozedurdefinitionen in effiziente (endständig rekursive) kümmert.

Scheme ist ein Hochleistungsprogrammiersystem und erfüllt (in großem Umfang) unsere Wünsche.

Aufgabe 1.20:
Entwerfen Sie eine Prozedur `randomlist`, die eine n-elementige Liste natürlicher Zufallszahlen zwischen a und b zurückgibt. Verwenden Sie die eingebaute Prozedur `random`.

2 Funktionsorientierte Programmierung

2.1 Charakteristik

2.1.1 Funktionale und funktionsorientierte Sprachen

Funktionale und *funktionsorientierte* Programmiersprachen bilden (zusammen mit den logikbasierten) eine wichtige Gruppe *deskriptiver* Sprachen. Rein funktionale Sprachen besitzen keinerlei Wertzuweisung, womit beispielsweise bestimmte Zustände (von Daten und Berechnungen) repräsentiert werden könnten. Dies macht Programmierung frei von *Nebenwirkungen* (*Seiteneffekten*) und ermöglicht die Anwendung mathematischer Methoden.

Von besonderer Bedeutung ist die *Abstraktion* von Werten mit *Variablen* und von Prozessen mit *Prozeduren*. Handwerkliches Können und trickreicher Maschinenbezug spielen kaum eine Rolle. Das hohe deskriptive Niveau der funktionalen Programmierung wird nicht zuletzt durch leistungsfähige Programmierkonzepte, wie Rekursion für Daten und Programme, Funktionen höherer Ordnung, und alternative *Evaluationstechniken*[1] bestimmt.

Die wichtigsten theoretischen Grundlagen für funktionale Programmierung wurden 1941 von ALONZO CHURCH (1903-1995) in Gestalt des sog. *λ-Kalküls* gelegt. Damals bestand die Motivation nicht darin, einen neuen Sprachtyp zu fundieren, sondern theoretisch zu klären, welche Berechnungsaufgaben von Computern gelöst werden können und welche nicht. Dieses Ziel wurde (auch) mit dem λ-Kalkül erreicht. Darüberhinaus war die Grundlage für Lisp[2] – neben Fortran eine der ältesten Programmiersprachen überhaupt – bereitet.

[1]Der Begriff „Evaluation" wird hier sehr oft verwendet und bedeutet soviel wie Auswertung oder Bewertung.

[2]1964 hat LANDIN das *closure*-Konzept (closure = an expression, frozen together with its environment, for later evaluation if and when needed. Im Zusammenhang mit der Diskussion um den Namensaufruf in Algol 60 wurde dafür 1960 der Begriff „thunk" („thunk" about als eine abstruse Vergangenheitsform für „think about") geprägt; nicht etwa „a dull hollow sound – the basketball made a thunk as it hit the rim".) eingeführt und eine Interpretation des λ-Kalküls auf einer abstrakten Maschine vorgestellt. 1976 folgten Beiträge von HENDERSON und MORRIS und unabhängig davon von FRIEDMAN und WISE zur *verzögerten* Evaluation (call by need), einer alternativen Evaluationstechnik für Ausdrücke, die 1992 mit Haskell pure Gestalt annahm.

Typische Vertreter funktionaler bzw. funktionsorientierter Programmiersprachen sind Lisp, Scheme, ML, Haskell, Gofer, Miranda, FP und Backus.

Scheme ist eine *funktionsorientierte* Sprache. Neben streng funktionalen Eigenschaften stellt sie einige Zusätze bereit, die es uns gestatten, auch andere Paradigmen mit Scheme zu studieren. Eine Einführung in die Arbeit mit Scheme wurde in Kap. 1 gegeben.

2.1.2 Seiteneffektfrei, zustandslos und zeitlos

Eine Haupteigenschaft des Paradigmas der funktionsorientierten Programmierung ist die *Seiteneffektfreiheit* (engl. side effect). Dies bedeutet, dass die wiederholt ausgeführten Evaluationen ein und desselben symbolischen Ausdrucks stets den gleichen Wert liefern. Während der Evaluation wird also weder die eigene Umgebung, in der diese Evaluation stattfindet, modifiziert, noch die einer anderen Funktion (Prozedur). Das Ergebnis hängt ausschließlich von den Argumenten (aktuellen Parametern) ab, die beim Prozeduraufruf angegeben wurden.

Obwohl absolute Seiteneffektfreiheit in rein funktionalen Sprachen durchaus anzutreffen ist, wird dies in funktionsorientierten Programmiersprachen nicht mit ausnahmsloser Strenge umgesetzt. Nehmen wir beispielsweise einen Generator für Zufallszahlen, so wie er mit `random` in Scheme zur Verfügung steht.

```
> (random 10)
6
> (random 10)
2
```

Bei jedem Aufruf von `(random 10)` wird eine natürliche Zahl aus $[0, 9]$ zurückgegeben. Die Wahl dieses Rückgabewertes trägt zufälligen Charakter. In Wirklichkeit handelt es sich aber gar nicht um echten Zufall, sondern um die Anwendung eines Verfahrens, das auf die jeweils letzte „Zufallszahl“ z_i angewandt wird, um die jeweils folgende z_{i+1} zu erzeugen. Für den dann folgenden Schritt muss z_{i+1} an in der entsprechenden Umgebung gespeichert werden, ebenso wie vorher z_i. Es findet also eine Nebenwirkung, ein Seiteneffekt, statt.

Seiteneffekte, wie beispielsweise bei `random`, entstehen also dadurch, dass man Rechenobjekte konstruiert, die über einen Satz lokaler Variablen verfügen. Die Werte dieser Variablen charakterisieren den jeweils aktuellen *Zustand* dieser Objekte. Dieses Vorgehen wird in der *objektorientierten Programmierung* zu einem tragenden Prinzip ausgebaut. Es folgt dem *Modell der Zustandsmaschine*, wie es in der *imperativen Programmierung* fest verankert ist.

Demgegenüber sind Funktionen zustandslos. Sie verwenden keine Zustandsvariablen und benötigen folglich auch keine Wertzuweisung – ein Markenzeichen imperativer Sprachen. Um es ganz deutlich zu sagen: Eine funktionsorientierte Programmiersprache kommt ganz ohne Wertzuweisung aus. Dies mag insbesondere mit dem Blick auf rekursive Prozeduren einige Zweifel hervorrufen. Es ist aber so und kann auch nachgewiesen werden.

In Scheme gibt es Sprachelemente für Wertzuweisungen (Initialisierung und Mutation): `define` und `set!` Die damit verbundene Bequemlichkeit beim Umgang mit (lokalen und globalen) Variablen muss durch besondere Sorgfalt bei deren Verwaltung bezahlt werden.

Aus der Zustandslosigkeit folgt die Zeitunabhängigkeit: Funktionsanwendungen sind *zeitlos*. In einem System, das sich mit dem *Datenflussmodell*[3] beschreiben lässt, spielt es keine Rolle, zu welchem Zeitpunkt die entsprechende Funktionsanwendung, d. h. der zugehörige Berechnungsprozess, stattfindet. Natürlich müssen die dafür erforderlichen Argumente vorliegen. Diese Eigenschaft macht funktionsorientierte Sprachen attraktiv für Systeme mit zeitgleichen Prozessen. Schaut man etwas genauer hin, ist eine vollständige Zeitlosigkeit nicht in allen Anwendungen zu erreichen. Insofern haben auch funktionsorientierte Sprachen mit ihren für die mathematische Analyse von Programmen vorzüglichen Eigenschaften ihre Grenzen.

2.1.3 Erweiterbarkeit

Eine Funktionsdefinition erfordert einen konstruktiven Prozess, wie man das von einem Baukasten her kennt. Dabei werden aufbauend auf *Basisbausteinen* (eingebaute Funktionen) und bereits *vorgefertigten Bauelementen* (nutzerdefinierte Funktionen) vorhandene *Konstruktionswerkzeuge* eingesetzt. Funktionsorientierte Sprachen sind also *erweiterbare* Sprachen: Vorhandenen Funktionen können neue hinzugefügt werden. Bei der Benutzung neuer Funktionen gibt es keinen Unterschied zu den eingebauten.

Die Details dieses „Baukastensystems“ werden im λ-Kalkül geregelt, s. Abschn. 2.6. Wie dies in Scheme geschieht, haben wir in Kap. 1 bereits kennen gelernt.

2.1.4 Funktions- und Prozedurbegriff

Um die in einer Programmiersprache implementierten Funktionen von den mathematischen begrifflich abzugrenzen, sprechen wir von *Prozeduren.* Prozeduren sind also Implementationen zugehöriger Funktionen. Man überlegt sich leicht, dass eine Funktion durch mehrere (sogar abzählbar unendlich viele) bedeutungsgleiche Prozeduren implementiert werden kann. Man braucht ja nur so etwas wie `(void 'Hallo)` an einer (unkritischen) Stelle der Prozedurdefinition hinzu zu fügen, um eine weitere Prozedur für die betrachtete Funktion zu erhalten.

Ist jede (mathematisch definierte) Funktion implementierbar? Die vielleicht etwas überraschende Antwort lautet: Nein. Dies gilt sogar unabhängig von der verwendeten Implementationssprache. Wir geben ein Beispiel für eine nicht implementierbare Funktion

[3]Komposition von Trichterbildern: Daten strömen hindurch.

h an. Dies reicht aus, um die gemachte Aussage zu verifizieren. h ist eine einstellige Funktion über der Menge der – sagen wir – eine nullstellige[4] Scheme-Prozedur und sei wie folgt definiert:

$$h(\texttt{proc}) = \begin{cases} \texttt{\#t}, & \text{wenn die } \texttt{(proc)} \text{ stoppt.} \\ \texttt{\#f}, & \text{sonst.} \end{cases}$$

`(proc)` ist der Aufruf der nullstelligen Prozedur `proc`. `xxxx` und `eternity` (weiter unten) sind nullstellige Prozeduren.

```
(define xxxx
  (lambda ()
    'hallo))
```

```
> (xxxx)
hallo
```

Wir fragen nun nach einer Prozedur `haelt?` zur Implementation von h und wünschen uns, dass beim Aufruf von `(haelt? xxxx)` entweder `#t` oder `#f` ausgegeben wird.

Wir wollen zeigen, dass es die (Scheme-)Prozedur `haelt?` zur Implementation von h nicht gibt. Dabei verwenden wir die Methode des *indirekten Beweises*. Wir nehmen an, es gäbe eine solche Prozedur `haelt?` für h.

Dann gibt es mit Sicherheit die Prozedur `crazy`, denn `crazy` wird wie folgt ausschließlich aus eingebauten Scheme-Sprachelementen, `eternity` und `haelt?` konstruiert.

```
(define crazy
  (lambda ()
    (if (haelt? crazy)
        (eternity)
        'done)))
```

Die in `crazy` vorkommende Prozedur `eternity` ist leicht zu durchschauen. Sie kann auch wirklich definiert und aufgerufen werden. Vorher sollte man allerdings in Erfahrung bringen, wie man deren Abarbeitung zwangsweise stoppt.

```
(define eternity
  (lambda ()
    (eternity)))
```

`eternity` implementiert die nirgendwo definierte Funktion, die keine Argumente nimmt. Folgender Aufruf stoppt nie:

```
> (eternity)
```

[4]s. Abschn. 2.1.5

Damit ist die Bedeutung von `crazy` klar: Falls die nullstellige Prozedur `crazy` anhält, d.h. `(haelt? crazy)` liefert `#t`, stoppt `crazy` nicht, denn es wird `(eternity)` ausgeführt. Dies ist jedoch unmöglich: Eine Prozedur kann nicht gleichzeitig anhalten und ewig weiterlaufen.

Versuchen wir es mit der alternativen Annahme, wonach `crazy` nicht stoppt. In diesem Falle hält `crazy` an und gibt `done` aus. Auch dies ist ein Widerspruch, woraus wir beweistechnisch auf die Richtigkeit der negierten Annahme schließen:

> Wir haben also gezeigt, dass es die Prozedur `haelt?` zur Berechnung von h nicht gibt (und niemals geben kann).[5]

2.1.5 Verallgemeinerungen des Funktionsbegriffes

Leistungsfähige funktionsorientierte Programmiersprachen, wie etwa Scheme, verwenden einen *verallgemeinerten Funktionsbegriff*, der sich in folgenden Prozedurarten niederschlägt:

- n-stellige Prozeduren, mit $n > 0$. (Wie gehabt.)
- *nullstellige* Prozeduren.
- *variabelstellige* Prozeduren, wie z.B. +: `(+ 1 2)`, `(+ 1 2 3 4)`.
- *Prozeduren höherer Ordnung*, die Prozeduren als Argumente nehmen bzw. Prozeduren als Werte von Prozeduren zurückgeben.
- Prozeduren, die in einem *mehrwertigen Kontext* (`multiple-value-context`) mehr als einen Rückgabewert liefern.

Funktionen mit mehr als einem Funktionswert widersprechen dem Funktionsbegriff aus der Mathematik. Man kann sie aber mit vektorwertigen Funktionen nachbilden.

2.1.6 Arbeitsstil in der funktionsorientierten Programmierung

Der beim funktionsorientierten Programmieren vorherrschende Arbeitsstil ist das *Beschreiben des Wertes*, der sich als Resultat der Evaluation des beschreibenden Ausdrucks ergibt. Im Kapitel über die Kommunikation mit Scheme haben wir dies immer wieder betont. Dabei wird die Abstraktion von Berechnungsprozessen insbesondere durch *rekursive Beschreibungsformen* maßgeblich befördert.

Auf die genannten Eigenschaften funktionsorientierter Sprachen gehen wir in den folgenden Abschnitten näher ein.

[5] Dieser Nachsatz betont, dass es bisher nicht etwa an dem genialen Geist mangelte, eine Prozedur für h anzugeben, sondern, dass es absolut unmöglich ist, eine solche zu finden.

2.2 Beispiel: Mengenoperationen

Wir wollen einige der oben genannten Eigenschaften funktionsorientierter Programmierung an einfachen Beispielen illustrieren. Dabei geht es vor allem um die Aspekte des Beschreibens von Werten, das Definieren durch Konstruktion aus Prozedur-Bausteinen und das Verknüpfen von Prozeduranwendungen.

Die Implementation von Mengenoperationen ist dafür geeignet. Mengen werden in Scheme mit Listen repräsentiert. Wir verabreden, dass der Anwender zunächst selbst darauf achtet, dass er keine Listen verwendet, die gegen die Mengendefinition verstoßen. Eine Liste ist der allgemeinere Datentyp, d.h. es wäre umgekehrt nicht möglich, Listen mit Mengen darzustellen, selbst wenn Scheme Mengen (set) als eigenständigen Datentyp anbieten würde.

Bekanntlich gelten die folgenden Definitionen für die *Vereinigung*, den *Durchschnitt* und die *Differenz* zweier Mengen:

$$M_1 \cup M_2 = \{x \mid x \in M_1 \ \underline{\text{oder}}\ x \in M_2\}$$

$$M_1 \cap M_2 = \{x \mid x \in M_1 \ \underline{\text{und}}\ x \in M_2\}$$

$$M_1 \setminus M_2 = \{x \mid x \in M_1 \ \underline{\text{und}}\ x \notin M_2\}$$

Aufgabe 2.1:
Geben Sie VENN-Diagramme für die ersten beiden Mengenoperationen an.

Mit der zweistelligen Prozedur `union` beschreiben wir die Vereinigungsmenge. Die spontane Idee, die beiden zu M_1 und M_2 gehörenden Listen einfach zu verketten, ist im Allgemeinen nicht zielführend, denn es könnten sich Mehrfachnennungen von Elementen ergeben. Dies ist lt. Mengendefinition von GEORG CANTOR (1845-1918) verboten. Solche Mehrfachelemente müssten nachträglich ausgefiltert werden.

Eine bessere Idee ist es, die folgenden vier Fälle zu betrachten:

$$\texttt{(union ls1 ls2)} = \begin{cases} \texttt{ls1,} & \text{wenn } \texttt{(null? ls2)} \\ \texttt{ls2,} & \text{wenn } \texttt{(null? ls1)} \\ \texttt{(union (cdr ls1) ls2),} & \text{wenn } \texttt{(car ls1)} \in \texttt{ls2} \\ \texttt{(cons} & \\ \quad \texttt{(car ls1)} & \\ \quad \texttt{(union (cdr ls1) ls2)),} & \text{sonst} \end{cases}$$

Das Interessante im dritten Fall ist, dass ein in beiden Mengen vorkommendes Element zunächst nicht in die Vereinigungsmenge aufgenommen wird. Es verbleibt in `ls2`, bis der zweite Fall greift.

Die entsprechende Scheme-Prozedur kann von der eher Mathematik-typischen Darstellung der fallweise definierten Funktion unmittelbar übertragen werden. Die betrachteten Fälle werden von rechts gelesen in den zugehörigen cond-Ausdruck überführt.

```
(define union
  (lambda (ls1 ls2)
    (cond
      [(null? ls2) ls1]
      [(null? ls1) ls2]
      [(member (car ls1) ls2)
       (union (cdr ls1) ls2)]
      [else
       (cons (car ls1) (union (cdr ls1) ls2))])))
```

```
> (union '(a b c) '(d b e f))
(a c d b e f)
```

Das Sprachelement **member** wurde auf Seite 45 eingeführt.

Aufgabe 2.2:
Entwickeln Sie eine Prozedur intersec zur Ermittlung der Durchschnittsmenge (intersection) zweier mit Listen repräsentierter Mengen.

Aufgabe 2.3:
Entwickeln Sie eine Prozedur difference zur Ermittlung der Differenzmenge $M_1 \setminus M_2$ zweier als Listen repräsentierter Mengen M_1 und M_2.
Bestätigen Sie die Gleichheit $M_1 \setminus M_2 = M_1 \setminus (M_1 \cap M_2)$ für einige Beispiele. Stellen Sie die Mengen in einem VENN-Diagramm dar.

2.3 Werte erster Klasse

2.3.1 Begriff

Nach CHRISTOPHER STRACHEY (1916-1975) nennt man einen Scheme-Wert einen *Wert*[6] *erster Klasse*, wenn er

- mit einer Variablen benannt,
- als Eingabewert (Argument) an eine Prozedur übergeben,

[6]Mit gleicher Bedeutung spricht man auch von „Objekt“ erster Klasse. Wir bevorzugen es hier statt dessen von Wert (first class value) zu sprechen, um Verwechslungen mit dem Objektbegriff in der objektorientierten Programmierung zu vermeiden.

- von einer Prozeduranwendung als Resultat zurückgegeben und
- mit Datenstrukturen gespeichert (explizit gemacht)

werden kann.

Für Zahlen, Zeichen, Wahrheitswerte und Zeichenketten ist das offensichtlich der Fall. Dies ist sicherlich in fast allen höheren Programmiersprachen so.

Wie steht es aber mit Prozeduren? Sind sie auch Werte erster Klasse?

Für Scheme lautet die Antwort: Ja. In anderen Sprachen versucht man über (abstraktionsgefährdende) Hilfskonstruktionen, etwa mit Zeigern (pointer) und Referenzen auf dynamische Datenstrukturen, formal Vergleichbares zu erreichen.

2.3.2 Prozeduren höherer Ordnung

Wir betrachten zunächst die Möglichkeit, *Prozeduren als Argumente von Prozeduren* zu benutzen. Solche Prozeduren nennen wir *Prozeduren höherer Ordnung* (higher order functions).

Ein Musterbeispiel ist die eingebaute Prozedur `map`. Sie erwartet zwei Argumente, nämlich eine einstellige Prozedur und eine Liste. Ihr Rückgabewert ist eine Liste, die sich aus der Anwendung der Prozedur auf jedes Element der Eingabeliste (unter Beibehaltung der Reihenfolge) ergibt.

```
> (map sqrt '(1 2 3 4 5))
(1 1.4142135623730951 1.7320508075688772 2 2.23606797749979)
```

Die einstellige Prozedur muss nicht benannt sein.

```
> (map (lambda (a) (* a a)) '(1 2 3 4))
(1 4 9 16)
```

Ein zweites Beispiel beginnt mit der Prozedur `merge`, die zwei *aufsteigend sortierte* Listen nimmt und daraus die *aufsteigend sortierte* Gesamtliste erzeugt.

```
(define merge
  (lambda (ls1 ls2)
    (cond
      [(null? ls1) ls2]
      [(null? ls2) ls1]
      [(< (car ls1)(car ls2))
       (cons (car ls1) (merge (cdr ls1) ls2))]
      [else
       (cons (car ls2) (merge ls1 (cdr ls2)))])))
```

```
> (merge '(8 12 25 29 30) '(17 24 28 29 40))
(8 12 17 24 25 28 29 29 30 40)
```

Wenn man `merge` zur Bildung der *absteigend sortierten* Gesamtliste zweier *absteigend sortierter* Teillisten verwenden würde, wäre eine Korrektur im Definitionstext von `merge` notwendig: Das Relationszeichen `<` muss durch `>` ersetzt werden. Natürlich kann man sich weitere Ordnungsrelationen vorstellen, so dass es sich lohnt, anstatt immer neue `merge`-Prozeduren zu schreiben, an die Stelle des Relationszeichens einen Parameter für eine zweistellige Prozedur zu setzen.

```
(define merge-gen
  (lambda (ls1 ls2 rel)
    (cond
      [(null? ls1) ls2]
      [(null? ls2) ls1]
      [(rel (car ls1)(car ls2))
       (cons (car ls1) (merge-gen (cdr ls1) ls2 rel))]
      [else
       (cons (car ls2) (merge-gen ls1 (cdr ls2) rel))])))
```

Die wichtige geistige Technik, die wir hierbei angewandt haben, ist das *Generalisieren*.

```
> (merge-gen '(8 12 25 29 30) '(17 24 28 29 40) <)
(8 12 17 24 25 28 29 29 30 40)
> (merge-gen '(30 29 25 12 8) '(40 29 28 24 17) >)
(40 30 29 29 28 25 24 17 12 8)
> (merge-gen
    '("Hallo" "Nacht" "Otto" "Tag")
    '("Gut" "Morgen" "Schoen")
    string<?)
("Gut" "Hallo" "Morgen" "Nacht" "Otto" "Schoen" "Tag")
```

Aufgabe 2.4:
Verwenden Sie die Prozedur `sort` zur Sortierung einer Liste mit einer gegebenen Ordnungsrelation. Der Aufruf folgt dem Muster `(sort rel list)`, wie etwa im Beispiel `(sort < '(29 3 22 9 4))`. In DrScheme steht `sort` zur Verfügung, wenn man die entsprechende Bibliothek einbindet: `(require (lib "compat.ss"))`.
Schreiben Sie eine zweistellige Prozedur `lex?` für Zeichenketten, die für `(lex? a b)` den Wert `#t` liefert, wenn `a` in der lexikografischen Anordnung vor `b` steht, und ansonsten `#f`. Verwenden Sie auch den folgenden Aufruf:
`(sort lex? '("haha" "jajd" "ksksss" "jaddj" "Holla"))`.

2.3.3 Prozedur als Rückgabewert

Einen klassischen Bedarf für eine Prozedur, deren Wert wiederum eine Prozedur ist, liefert die Analysis: die *Ableitung einer Funktion*. So ist beispielsweise die Ableitung der Funktion $f : x \mapsto x^2$ die Funktion $f' : x \mapsto 2x$.

Wenn wir uns für die Ableitung $f'(x_0)$ einer (geeigneten) Funktion f an einer bestimmten Stelle x_0 interessieren, bedeutet das zunächst, den entsprechenden Grenzwert des Differenzenquotienten zu bestimmen. Das Ergebnis ist eine einstellige Funktion, die auf x_0 angewandt wird, was schließlich $f'(x_0)$ ergibt.

In der dementsprechenden Scheme-Prozedur ersetzen wir den eigentlichen Grenzübergang ($h \to 0$) durch eine sehr kleine (aber eben nicht differentiell) kleine Zahl h, z. B. $h = 0.000001$. Von daher können wir nur eine Näherung für $f'(x_0)$ erwarten.

```
(define ableitung
  (lambda (f)
    (lambda (x)
      (let ([h 0.000001])
        (/ (- (f (+ x h))(f x)) h)))))
```

`ableitung` ist eine Prozedur, die sowohl eine Prozedur als Eingabe erwartet, als auch eine Prozedur zurückgibt. In der Tat ergibt die Ableitung der mit dem angegebenen λ-Ausdruck beschriebenen Prozedur wieder eine Prozedur.

```
> (ableitung (lambda (x)(* x x)))
#<procedure>
```

Diese Prozedur sollten wir benennen, wenn wir sie für weitere Anwendungen auf verschiedene x_i benötigen. Da dies hier nicht der Fall ist, wenden wir sie als unbenannte Prozedur auf $x_0 = 4$ an und erwarten einen Wert in der Nähe von $2x_0 = 8$.

```
> ((ableitung (lambda (x)(* x x))) 4)
8.000000999430768
```

Aufgabe 2.5:
Schreiben Sie eine Scheme-Prozedur `compose`, die zwei Prozeduren für die einstelligen Funktionen f und g (in $\mathcal{N}$) nimmt und eine Prozedur für $h = f \circ g$, mit $h(n) = f(g(n))$, zurückgibt.

2.4 „Daten als Programme" und „Programme als Daten"

Im Zusammenhang mit Listen, s. Abschn. 1.3.4, haben wir bereits festgestellt, dass sich Listen als Daten und Programme (Prozedurdefinitionen) in Scheme syntaktisch nicht unterscheiden. Listen werden vom Scheme-Interpreter grundsätzlich evaluiert, wenn dies nicht mit `quote` bzw. `quasiquote` verhindert wird. Auf diese Weise werden aus Prozeduranwendungen und λ-Ausdrücken Daten, die als solche weiterverarbeitet werden können.

```
> ((lambda (n)(* n n)) 3)
9
> '((lambda (n)(* n n)) 3)
((lambda (n)(* n n)) 3)
```

Umgekehrt ist es ebenso möglich, eine Evaluierung „toter“ Daten zu erzwingen. Auf diese Weise können aus passenden Daten „lebendige“ Prozeduren gemacht oder Prozeduranwendungen ausgeführt werden. Dies ist in bestimmten Anwendungsbereichen, wie etwa bei adaptiven Algorithmen in der künstlichen Intelligenz, durchaus sinnvoll.

Scheme bietet hierfür zwei überaus leistungsfähige Sprachelemente, nämlich `eval` und `apply`. Das erste Beispiel zeigt, wie das Sprachelement `eval` wirkt. Es handelt sich praktisch um den Aufruf des Scheme-Interpreters in der globalen Umgebung. Das zweite Beispiel lässt erkennen, wie ein als Liste mittels Listen-Konstruktor erzeugter Scheme-Ausdruck evaluiert wird.

```
> (eval '((lambda (n)(* n n)) 3))
9
> (eval (cons '+ '(1 2 3)))
6
```

Für `(eval (cons '+ '(1 2 3)))` kann man auch

```
> (apply + '(1 2 3))
6
```

schreiben. `apply` erwartet eine Prozedur, die auf die Argumentliste anwendbar ist. In dem betrachteten Beispiel gilt

```
(apply + '(1 2 3))
     = (+ 1 2 3)
     = (eval '(+ 1 2 3))
     = (eval (cons '+ '(1 2 3)))|.
```

```
> (apply (lambda (a b) (+ a b)) '(1 2))
3
```

entspricht

```
> ((lambda (a b) (+ a b)) 1 2)
3
```

In funktionsorientierten Sprachen kann man also die Evaluation von Ausdrücken ebenso unterdrücken, wie man sie andererseits erzwingen kann.

Zwei anspruchsvollere Beispiele sollen zeigen, wie kompakt die aus der Mathematik bekannten *Potenzmenge* $\wp$ (endlicher Mengen) und das *kartesische Produkt* zweier endlicher Mengen beschrieben werden können. Die mathematischen Definitionen lauten:

$$\begin{aligned} A \times B &= \{(a,b) \mid a \in A \ \underline{\text{und}}\ b \in B\} \\ \wp(X) &= \{A \mid A \subseteq X\} \end{aligned}$$

Die Elemente des kartesischen Produkts sind also Paare, die wir adäquat mit Scheme-Paaren repräsentieren. Jedes Element der ersten Menge wird mit jedem Element der zweiten „gepaart“. Wir nehmen zunächst an, dass $A = \{1, 2, 3\}$ und $B = \{x\}$.

```
> (map (lambda (a) (cons a 'x)) '(1 2 3))
((1 . x) (2 . x) (3 . x))
```

Wenn B mehr als ein Element besitzt, z. B. $B = \{h, i, j, k\}$, müssen wir für `'x` im obigen Ausdruck einen Parameter, z. B. `b`, platzieren.

```
> (map
   (lambda (b)
     (map (lambda (a) (cons a b)) '(1 2 3)))
   '(h i j k))
(((1 . h) (2 . h) (3 . h))
 ((1 . i) (2 . i) (3 . i))
 ((1 . j) (2 . j) (3 . j))
 ((1 . k) (2 . k) (3 . k)))
```

Dabei tritt ein Problem auf: Es entsteht eine Liste mit vier Elementen, die ihrerseits Listen sind. Dies entspricht nicht unserem Wunsch, denn wir erwarten eine Ergebnisliste aus Paaren.

Die erforderliche Korrektur geschieht sehr elegant mittels `apply`.

```
> (apply
    append
     (map
       (lambda (b)
         (map (lambda (a) (cons a b)) '(1 2 3)))
   '(h i j k)))
((1 . h) (2 . h) (3 . h) (1 . i) (2 . i) (3 . i)
 (1 . j) (2 . j) (3 . j) (1 . k) (2 . k) (3 . k))
```

Aufgabe 2.6:
Geben Sie eine vollständige Prozedurdefinition `kreuz` für das kartesische Produkt zweier endlicher Mengen an.

Die Idee, die der folgenden Prozedurdefinition von `potenzmenge` zur Berechnung der *Potenzmenge* (engl.: powerset) einer vorgegebenen endlichen Menge zugrunde liegt, gewinnt man aus dem Aufbauschema für Potenzmengen. Wir versuchen aus dem folgenden Beispiel eine allgemeingültige Aussage abzuleiten.

$$\begin{aligned}
\wp(\{\}) &= \{\{\}\}\\
\wp(\{c\}) &= \{\{\},\{c\}\}\\
\wp(\{b,c\}) &= \{\underline{\{\}},\underline{\{b\}},\underline{\{c\}},\underline{\{b,c\}}\}\\
\wp(\{\mathbf{a},b,c\}) &= \{\underline{\{\}},\{\mathbf{a}\},\underline{\{b\}},\{\mathbf{a},b\},\underline{\{c\}},\{\mathbf{a},c\},\underline{\{b,c\}},\{\mathbf{a},b,c\}\}
\end{aligned}$$

Besonders aussagekräftig sind die letzten beiden Zeilen. $\wp(\{a,b,c\})$ erhält man wie folgt: Übernimm für jedes (unterstrichene) Element aus $\wp(\{b,c\})$ dieses Element selbst und die Menge, die sich durch Einfügen des neuen (fett hervorgehobenen) Elements a in dieses ergibt. D. h. für $\{\}$ werden $\{\}$ und $\{a\}$ übernommen, für $\{b\}$ sind es $\{b\}$ und $\{a,b\}$ usw.

```
(define powerset
  (lambda (set)
    (if (null? set)
        '(())
        (apply
         append
         (map
          (lambda (x) (list x (cons (car set) x)))
          (powerset (cdr set)))))))

> (powerset '(a b c))
(() (a) (b) (a b) (c) (a c) (b c) (a b c))
```

Wir betrachten nun ein alternatives Aufbauschema für Potenzmengen: In der jeweils folgenden Zeile wird die vorher ermittelte Menge übernommen. Hinzu kommt eine Menge, die sich aus der gerade übernommenen ergibt, wenn man in jedes Element das neue Element der Ausgangsmenge aufnimmt. Für $\wp(\{a,b,c\})$ bedeutet das: Übernimm' zuerst $\wp(\{b,c\})$, d. h. also $\{\{\},\{b\},\{c\},\{b,c\}\}$, und „ergänze“ diese Menge nochmals, allerdings mit hinzugefügtem a in jedem Element dieser Menge, also $\{\{a\},\{a,b\},\{a,c\},\{a,b,c\}\}$. Das Ergebnis ergibt sich aus der Vereinigung der beiden genannten Mengen.

$$\begin{aligned}
\wp(\{\}) &= \{\{\}\}\\
\wp(\{c\}) &= \{\{\},\{c\}\}\\
\wp(\{b,c\}) &= \{\underline{\{\}},\underline{\{b\}},\underline{\{c\}},\underline{\{b,c\}}\}\\
\wp(\{\mathbf{a},b,c\}) &= \{\underline{\{\}},\underline{\{b\}},\underline{\{c\}},\underline{\{b,c\}}\{\mathbf{a}\},\{\mathbf{a},b\},\{\mathbf{a},c\},\{\mathbf{a},b,c\}\}\\
&= \wp(\{b,c\})\cup\{\{a\},\{a,b\},\{a,c\},\{a,b,c\}\}
\end{aligned}$$

Dies lässt sich nun unmittelbar in eine Scheme-Prozedurdefinition übertragen.

```
(define potenzmenge
  (lambda (ls)
    (if (null? ls)
        '(())
        (let ([pm-alt (potenzmenge (cdr ls))])
          (append pm-alt (map (lambda (x) (cons (car ls) x)) pm-alt))))))

> (potenzmenge '(a b c))
(() (c) (b) (b c) (a) (a c) (a b) (a b c))
```

Das Hin- und Herschalten zwischen Daten und Programmen ist in vielen anderen Programmiersprachen unmöglich. Dort sind bestimmte Schlüsselwörter fest vorgegeben, deren Verwendung keineswegs in beliebigem Kontext möglich ist. Dies hat auch Gründe in der compilierenden[7] vs. interpretativen Verarbeitung der Programme.

Aufgabe 2.7:
Verwenden Sie die im Folgenden gegebene Prozedur **schnapszahl?** um aus einer Liste natürlicher Zahlen von 0 bis n alle so definierten Schapszahlen herauszusuchen und als Liste zurückzugeben. In der Definition kommt das neue Sprachelement **andmap** vor. Die angegebene Definition illustriert, wie ein Problem aus der „Zahlenwelt" in der „Zeichenkettenwelt" gelöst wird. Dies ist ein durchaus gängiges Vorgehen und unterstreicht die große Bedeutung von Entscheidungen zur Datenmodellierung in der Programmierung.

```
(define schnapszahl?
  (lambda (n)
    (let ((n-charlist (string->list (number->string n))))
      (if (< (length n-charlist) 2)
          #f
          (andmap
           (lambda (c) (char=? (car n-charlist) c))
           (cdr n-charlist))))))
```

Aufgabe 2.8:
Schreiben Sie eine Scheme-Prozedur **wtab**, die den definierenden Term eines Polynoms p in x mit ganzzahligen Koeffizienten sowie zwei ganze Zahlen a und b ($a < b$) nimmt und eine Wertetafel $x \mid p(x)$ für $x := a(1)b$ (lies: x läuft von a in 1-er Schritten bis einschl. b) ausdruckt.
Beispiel: $p = 5x^2 - 3x + 4$, $a = -2$, $b = 11$.
Der zugehörige Aufruf lautet `(wtab '(+ (- (* 5 x x)(* 3 x)) 4) -2 11)`.

[7] Compiler übersetzen einen Programmtext zuerst vollständig in ein äquivalentes Programm einer Zielsprache, oft in Maschinencode. Das so erzeugte Compilat wird anschließend interpretiert. Bei der Compilation kann eine Reihe von Fehlertypen abgefangen werden, die bei Interpretation des Quellcodes als Laufzeitfehler auftreten würden. Mit der Übersetzung von Programmiersprachen befassen wir uns hier nicht weiter.

2.5 Streams

2.5.1 Verzögerte Evaluation

In funktionsorientierten Sprachen ist die Art und Weise, wie die Evaluation symbolischer Ausdrücke der Form

$$(Operator\ Operand_1\ Operand_2\ \ldots\ Operand_n)$$

stattfindet, von fundamentaler Bedeutung. Wir nehmen an, dass *Operator* eine nutzerdefinierte Prozedur bezeichnet. Die in Scheme eingebaute Evaluationtechnik arbeitet folgendermaßen:

1. Evaluiere den Operator.
2. Evaluiere die Operanden, d. h. die Argumente oder Eingaben der Prozedur.
3. Ersetze die (formalen) Parameter im Prozedurkörper an jeder vorkommenden Stelle durch die Argumente.
4. Evaluiere den so entstandenen Ausdruck.

Diese Form der Evaluation nennt man *gierig* (*eager evaluation*). Sie ist begierig, die Werte der Operanden kennenzulernen, selbst wenn diese in Schritt 4 gar nicht benötigt werden.

Im Unterschied dazu schiebt die *verzögerte Evaluation* (*lazy evaluation*) die Ermittlung dieser Werte so lange auf, bis sie wirklich benötigt werden.

1. Evaluiere den Operator.
2. Ersetze die (formalen) Parameter im Prozedurkörper an jeder vorkommenden Stelle durch die *unevaluierten* Operanden.
3. Evaluiere den so entstandenden Ausdruck.

Die Parametervermittlung bei der verzögerten Evaluation nennt man *call by need* im Gegensatz zu *call by value* bei der gierigen Evaluation. Beide Techniken wurden bereits in Algol 60 – einer prozeduralen, keineswegs funktionalen Programmiersprache – verwendet.

Es gibt funktionale Sprachen, die ausschließlich verzögerte Evaluation verwenden. Der Vorteil, unnötige Operandenevaluationen zu vermeiden, wird jedoch durch folgende Nachteile erkauft.

Namenskonflikt: Der Name einer Variablen in einem Operanden kann mit dem Namen einer lokalen Variablen im betrachteten Ausdruck übereinstimmen. Beispiel:

```
(define x 4)
(define lazy-problem
  (lambda (arg)
    (let ([x 1])
      (< x arg))))

> (lazy-problem x) = (let ([x 1])(< x x)) = (< 1 1) = #f
```

In Scheme (gierige Evaluation) erhält man hingegen das korrekte Resultat **#t**.

Mehrfachevaluation: Auch aufwendig zu berechnende Operanden werden so oft evaluiert, wie sie vorkommen. In dem folgenden Beispiel wird die Prozedur **exp** zur Berechnung von e^n verwendet.

```
(define kubik
  (lambda (x)
    (* x x x)))

> (kubik (exp 100)) = (* (exp 100) (exp 100) (exp 100))
```

Natürlich gibt es Vorschläge zur Modifikation des obigen Evaluationsschemas, um diesen Nachteilen entgegenzuwirken:

1. Evaluiere den Operator.
2. Ersetze die (formalen) Parameter im Prozedurkörper durch „aufgeschobene“ (delay) Operanden.
3. Evaluiere den so entstandenen Ausdruck, wobei die Evaluation aufgeschobener Operanden erzwungen (force) wird, wenn sie gebraucht werden.

Das Ergebnis eines (mit force zwangs-)evaluierten Operanden steht danach direkt zur Verfügung und muss bei Bedarf an anderer Stelle nicht nochmals berechnet werden.

Die funktionale Sprache Gofer verwendet diese zweite Form der verzögerten Evaluation: Jeder Parameter wird zwangsevaluiert.

In Scheme, wo bekanntlich gierig evaluiert wird, stehen die Sprachelemente `delay` und `force` zur Verfügung. Mit ihnen kann verzögerte Evaluation realisiert werden. Dies wollen wir im Folgenden anwenden.

2.5.2 Potenziell Unendliches

Häufig wird behauptet, man könne mit dem Computer nur Werte endlicher Dimension verarbeiten. Hiernach müssten unendliche Mengen für die Computerarbeit absolut tabu sein, denn man hat ja stets nur einen endlichen Speicher zur Verfügung, auch wenn er noch so groß ist.

In der Tat können Computer nicht sämtliche reellen Zahlen speichern, es gibt einfach zu viele davon. Die Unendlichkeit der Menge der reellen Zahlen übersteigt sogar die der natürlichen Zahlen. Man spricht von *überabzählbar* im Gegensatz zu *abzählbar* oder *potenziell unendlichen* Mengen. Bei letzteren ist der Computer nicht so hilflos, wie man denken könnte.

Streams (Ströme) sind potenziell unendliche Daten. In einem Programmiersystem können sie nur dann repräsentiert werden, wenn man das Konzept der *verzögerten Evaluation* (lazy evaluation) verwendet. Anderenfalls würde sich ein nicht anhaltender Prozess ergeben, wenn man versucht, derartige Daten zu erzeugen.

Darüber hinaus kann man Prozeduren schreiben, die mit diesen unendlichen Daten umgehen können. Beispielsweise brauchen wir so etwas wie `stream->list` – eine Prozedur, die von einem Stream ein beliebig langes Anfangsstück als Liste zurückgibt.

Klassische Anwendungsbeispiele für Streams sind Zahlenfolgen, die entweder endlich oder potentiell unendlich sind.

Die Idee besteht darin, einen Stream als Paar zu implementieren. Das `car`-Element dieses Paares, enthält das erste Element des Streams, beispielsweise das erste Glied einer Zahlenfolge. Das `cdr`-Element des Paares enthält den Reststream. Ebenso wie bei Listen, die aus einem Kopfglied und der sich anschließenden Restliste bestehen, handelt es sich hier um eine *rekursive Datenstruktur*. Wir müssen lediglich dafür Sorge tragen, dass die Evaluation des Reststreams verzögert (aufgeschoben) wird.

Bei der Definition des Datentyps „Stream" machen wir uns eine Analogie zum Datentyp „Liste" zunutze.

Selektoren
`stream-car` gibt das Kopfglied eines Streams zurück.
`stream-cdr` gibt den Reststream (ohne Kopfglied) eines Streams zurück.

Konstruktor
`stream-cons` nimmt das Kopfglied und den Reststream und gibt den daraus erzeugten Stream zurück.

Prädikat
`stream?` erwartet ein Argument und gibt `#t` zurück, wenn es sich dabei um einen Stream handelt, ansonsten `#f`.

Um eine endliche Folge oder Liste in einen Stream konvertieren zu können, benötigen wir zusätzlich den `the-null-stream`. Dies ist ein stream, der nur aus dem `*the-end-of-stream-tag*`, etwa der Zeichenkette `"eos"`, besteht, d. h.
`the-null-stream` = `"eos", "eos", "eos", "eos", "eos", ....`

Eine endliche Zahlenfolge wird durch einen (unendlichen!) Stream definiert, der ab einer gewissen Stelle nur noch aus dem `the-null-stream` besteht. Dies betrachten wir aber hier nicht weiter.

Wir führen den Gebrauch dieser neuen Sprachelemente an einigen einfachen Beispielen vor.

Die Folge der natürlichen Zahlen

Für die Folge der natürlichen Zahlen (ab einschl. der Zahl Null) gilt:

$$\begin{aligned}(0,1,2,3,4,...) &= 0 \circ (1,2,3,4,...)\\ \text{(nat.-Zahlen-ab-0)} &= \text{Folge aus 0 und (nat.-Zahlen-ab-1)}\\ \texttt{(nat-stream 0)} &= \texttt{(stream-cons 0 (nat-stream (+ 0 1))}\end{aligned}$$

Für das Anfangsglied der Folge – hier ist das die Null – verwenden wir den Parameter `start` und erhalten aus der letzten Zeile unmittelbar die folgende Prozedur:

```
(define nat-stream
  (lambda (start)
    (stream-cons start (nat-stream (+ start 1)))))
```

Der Aufruf `(nat-stream 0)` liefert die Folge der natürlichen Zahlen.

```
(define natzahlen (nat-stream 0))
```

Wir wollen uns die ersten 20 Glieder dieser Folge ansehen.

```
> (stream->list natzahlen 20)
(0 1 2 3 4 5 6 7 8 9 10 11 12 13 14 15 16 17 18 19)
```

Greift man auf den Reststream zu, taucht in der Bildschirmausschrift der Begriff `promise` (Versprechen) auf.

```
> (stream-cdr natzahlen)
#<struct:promise>
```

Dies soll unterstreichen, dass in dem `cdr`-Teil eines Streams ein sog. „Versprechen“ für die Fortsetzung gespeichert ist.

Zur Erzeugung des Streams für die natürlichen Zahlen haben wir den Konstruktor `stream-cons` verwendet. Ebenso können wir `make-stream` benützen. Dies ist eine Prozedur zur Erzeugung eines Streams, die den `stream-cons`-Konstruktor aufruft.

`make-stream` nimmt das Kopfglied des zu erzeugenden Streams und eine einstellige Prozedur, die – angewandt auf das i-te Element des Streams – das $i+1$-te erzeugt.

```
> (define nz (make-stream 0 (lambda (i) (+ i 1))))
> (stream->list nz 20)
(0 1 2 3 4 5 6 7 8 9 10 11 12 13 14 15 16 17 18 19)
```

2.5.3 Implementation der Sprachelemente für Streams

Streams sind im aktuellen Scheme-Standard nicht enthalten. Eingebaut sind aber zwei Sprachelemente für verzögerte Evaluation, nämlich **delay** und **force**, mit deren Hilfe man Streams als neuen Datentyp implementieren kann. Es gilt:

```
> (delay (+ 1 2))
#<struct:promise>
> (force (delay (+ 1 2)))
3
```

Wir beginnen mit den Selektoren und denken immer daran, einen Stream als Paar darzustellen. **delay** sorgt für das „Einschläfern“[8] der Evaluation, **force** weckt sie wieder auf und erzwingt sie.

Aus der Analogie zu Listen ist die folgende Definition sofort klar:

```
(define stream-car car)
```

Die Definition von **stream-cdr** erfordert **force**. Ein schlichtes **cdr** würde nur den „eingeschläferten“ Reststream liefern. Wir müssen ihn aber zusätzlich „wachrütteln“.

```
(define stream-cdr
  (lambda (stm)
    (force (cdr stm))))
```

Etwas schwieriger wird es bei **stream-cons**. Beim Aufruf **(stream-cons head tail)** würde der Reststream **tail** evaluiert werden noch *bevor* er (in **stream-cons**) eingeschläfert werden kann. Das in Scheme eingebaute Evaluationskonzept sorgt dafür, dass bei einer Prozeduranwendung alle Argumente evaluiert werden, *bevor* es zu ihrer bestimmungsgemäßen Verarbeitung kommt.

Bei Sonderformen, wie beispielsweise **define**, ist das anders. Ein vorgebbares Muster wird nur durch textuelle Ersetzung – wie bei copy and paste – transformiert. Unser Wunschergebnis lautet **(cons head (delay tail))**. Sonderformen definiert man mit **define-syntax**.

```
(define-syntax stream-cons
  (syntax-rules ()
    ((_ head tail) (cons head (delay tail)))))
```

In **syntax-rules** werden die Transformationsregeln definiert. In unserem Beispiel gibt es nur eine solche Regel:

---

[8] Das Wort Einschläfern wird hier nicht im strengen Sinne wie bei Tieren, denen ärztlicherseits eine Sterbehilfe gegeben wird, verwendet. Es handelt sich vielmehr um den Schlaf einer Prinzessin, die irgendwann und durch welche Aktion auch immer, wieder zum Leben erweckt wird. Aus dem Märchen kennen wir die Darstellung, dass nach dem Erwachen sämtliche Prozesse genau an der Stelle fortgesetzt werden, wo sie vorher eingefroren wurden. Das Einschläfern und das Aufwecken gehen blitzschnell vonstatten.

„Ersetze `(stream-cons head tail)` durch `(cons head (delay tail))`."

Nun können wir die neuen Sprachelemente endlich erproben. Wir möchten einen Zufallsstream erzeugen, dessen Elemente natürliche Zahlen zwischen 0 und 100 sind. Solche Zufallszahlen liefert `(random 101)`.

Wie bei den natürlichen Zahlen beschreiben wir das Wunschresultat:

$$\begin{aligned} (12, 100, 2, 34, 41, ...) &= 12 \circ (100, 2, 34, 41, ...) \\ \text{(Zufallsfolge)} &= \text{Folge aus 12 und (Zufallsfolge)} \\ \texttt{(random-stream)} &= \texttt{(stream-cons (random 101) (random-stream))} \end{aligned}$$

Die folgende Prozedur leistet das Gewünschte.

```
(define random-stream
  (lambda ()
    (stream-cons (random 101) (random-stream))))
```

In dieser Definition sieht man wieder sehr gut, wie notwendig es ist, die Evaluation des zweiten Arguments von `stream-cons` zu unterdrücken.

Nun wollen wir ein paar Zufallszahlenfolgen erzeugen und jeweils die ersten 10 Glieder betrachten. Anstelle von `stream->list` verwenden wir `print-stream`. Der wichtigste Unterschied zwischen diesen beiden Sprachelementen besteht darin, dass `stream->list` eine Liste zurückgibt, die von anderen Prozeduren als Eingabe benutzt werden kann. `print-stream` beschreibt lediglich den Bildschirm, der Rückgabewert ist `#<void>`.

```
> (print-stream (random-stream) 10)
53, 70, 18, 54, 30, 7, 49, 18, 38, 4, ...
> (print-stream (random-stream) 10)
59, 30, 82, 12, 87, 2, 74, 64, 74, 94, ...
> (print-stream (random-stream) 10)
53, 95, 22, 65, 19, 87, 73, 74, 5, 99, ...
```

Obwohl `stream->list` nicht zu den Operationen gehört, die den Datentyp definieren, ist dessen Implementation an dieser Stelle sehr lehrreich. Zur Eingabe eines streams `stm` und einer natürlichen Zahl `n` werden die ersten `n` Elemente von `stm` als Liste ausgegeben.

```
(define stream->list
  (lambda (stm n)
    (if (<= n 0)
      '()
      (cons
        (stream-car stm)
        (stream->list (stream-cdr stm) (- n 1))))))

> (stream->list (random-stream) 20)
(98 42 79 46 21 32 14 95 96 54 55 14 48 77 79 34 63 51 74 34)
```

Würde man die Länge dieser Liste mit dem zweiten Argument von **stream->list** weiter erhöhen, wird bei Chez Scheme die Ausgabezeilenbeschränkung überschritten. Dies führt zu unerwünschten Zeilenumbrüchen. Man verhindert dies durch Anheben dieses Limits.

```
(begin
  (pretty-line-length 10000)
  (pretty-one-line-limit 10000))
```

Aufgabe 2.9:
Schreiben Sie eine Prozedur `print-stream` nach dem Vorbild von `stream-list`. Verwenden Sie `printf`, z. B. `(printf "~a, " 1)`.

Für die Implementation des Prädikats `stream?` wiederholen wir, dass durch Anwendung von `delay` in `stream-cons` eine promise erzeugt wird. Ein Stream ist ein Paar, dessen `cdr` eine promise ist. Deshalb definieren wir das Prädikat `stream?` wie folgt und geben gleich ein paar Aufrufbeispiele an:

```
(define stream?
  (lambda (stm)
    (and (pair? stm)(promise? (cdr stm)))))

> (stream? natzahlen)
#t
> (stream? "Hallo")
#f
> (stream? '(1 2 3 4 5))
#f
```

2.5.4 Verwendung einer expliziten Bildungsvorschrift

Eine Zahlenfolge kann auch durch eine einstellige Funktionen $f : \mathcal{N} \mapsto \mathcal{R}$ definiert werden. Wenn wir die Folge der natürlichen Zahlen hernehmen und auf jedes Glied eine bestimmte Funktion dieser Art anwenden, erhalten wir die gewünschte Folge.

Im „Umgang mit der potenziellen Unendlichkeit“ führt uns dies einen Schritt weiter: Wir benötigen eine Prozedur, die eine Folge zu einer Ergebnisfolge verarbeitet.

Diesen Wunsch erfüllt `stream-map` in Analogie zum eingebauten `map` für Listen.

```
(define stream-map
  (lambda (f stm)
    (stream-cons
     (f (stream-car stm))
     (stream-map f (stream-cdr stm)))))
```

Wir verwenden `stream-map` zur Erzeugung der Folge der geraden Zahlen.

```
(define evenstream (stream-map (lambda (x)(* 2 x)) natzahlen))
> (print-stream evenstream 15)
0, 2, 4, 6, 8, 10, 12, 14, 16, 18, 20, 22, 24, 26, 28, ...
```

Aufgabe 2.10:
Stellen Sie die Folge der ungeraden Zahlen bereit und nennen Sie sie `oddstream`.

2.5.5 Operationen mit Streams

Streams sind unendliche Objekte, die als Eingaben von Prozeduren weiterverarbeitet werden können. Enthalten sie Zahlen, wie in unseren Beispielen, so kann man mit ihnen unter Anwendung der bekannten Definitionen rechnen. Wir definieren exemplarisch eine zweistellige Operation `stream+`, die zwei Summandenstreams nimmt und den Summenstream zurückgibt, der sich aus der gliedweisen Addition ergibt.

```
(define stream+
  (lambda (stm1 stm2)
    (stream-cons
      (+ (stream-car stm1) (stream-car stm2))
      (stream+ (stream-cdr stm1) (stream-cdr stm2)))))
```

Wir demonstrieren die Anwendung von `stream+` für die Summe der geraden und der ungeraden Zahlen.

```
> (print-stream oddstream 18)
1, 3, 5, 7, 9, 11, 13, 15, 17, 19, 21, 23, 25, 27, 29, 31, 33, 35, ...
> (print-stream evenstream 18)
0, 2, 4, 6, 8, 10, 12, 14, 16, 18, 20, 22, 24, 26, 28, 30, 32, 34, ...
> (print-stream (stream+ oddstream evenstream) 18)
1, 5, 9, 13, 17, 21, 25, 29, 33, 37, 41, 45, 49, 53, 57, 61, 65, 69, ...
```

Aufgabe 2.11:
Definieren Sie `stream-` nach dem Vorbild von `stream+`.

Aufgabe 2.12:
Definieren Sie `stream-` unter Verwendung von `stream-map` und `stream+`.

2.5.6 Memoizing

Eine mit `delay` erzeugt promise hat noch eine weitere wichtige Eigenschaft: Wurde ein Stream bis zu einer bestimmten Stelle berechnet, d. h. die Folge bis zu einem bestimmten Glied erzeugt, so wird dieser Berechnungsprozess beim nächsten Aufruf nicht wiederholt.

Einmal ermittelte Folgenglieder stehen im Speicher zum Abruf bereit. Dies kann für rekursive Prozeduren einen enormen Geschwindigkeitsschub bringen, wenn ansonsten Teilrechnungen mehrfach ausgeführt werden müssten.

Wir zeigen das am Beispiel der Fibonacci-Folge: $1, 1, 2, 3, 5, 8, 13, \ldots$.

```
(define fib
   (lambda (n)
     (if (< n 2)
         1
         (+ (fib (- n 1)) (fib (- n 2))))))
```

Der Definition entnimmt man, dass zur Berechnung von `(fib 6)` die Werte von `(fib 5)` und `(fib 4)` benötigt werden. Für `(fib 5)` werden `(fib 4)` und `(fib 3)` gebraucht. Bei der Berechnung von `(fib 6)` wird also `(fib 4)` zweimal ermittelt und es gibt noch weitere aufwendige Wiederholungen.

Aufgabe 2.13:
Geben Sie für `(fib 6)` eine Baumdarstellung an, die den gesamten Berechnungsprozess visualisiert.

```
(define fibstream (stream-map fib natzahlen))
> (print-stream fibstream 30)
1, 1, 2, 3, 5, 8, 13, 21, 34, 55, 89, 144, 233, 377, 610, 987, 1597,
2584, 4181, 6765, 10946, 17711, 28657, 46368, 75025, 121393, 196418,
317811, 514229, 832040, ...
```

Aufgrund des oben beschriebenen Aufwandes lässt die Ausgabe der letzten Fibonacci-Zahlen in dieser Folge etwas auf sich warten. Wiederholen wir die Evaluation dieses Ausdrucks, so erscheinen alle diese Zahlen blitzschnell auf dem Bildschirm.

Die Speicherung von Resultaten für einen späteren Zugriff nennt man *Memoizing* oder *Memoization*. Memoizing kann auch bei modernen Computeralgebrasystemen, wie etwa Maple, zugeschaltet werden.

Ohne verzögerte Evaluation müsste man diese Technik explizit mit Tabellen realisieren: Vor der Evaluation eines Ausdrucks wird in dieser Tabelle nachgeschaut, ob der beschriebene Wert schon vorliegt. Ist dies der Fall, wird er genommen. Ist das nicht der Fall, wird die Berechnung des angegebenen Ausdrucks durchgeführt. Der Resultatwert wird zurückgegeben und in der Tabelle nachgetragen.

```
(define fib-mem
  (lambda (n)
    (if (< n 2)
        1
        (+ (nimm-oder-berechne fib-mem (- n 1) 'fibs)
           (nimm-oder-berechne fib-mem (- n 2) 'fibs)))))
```

Die in `fib-mem` verwendete Prozedur `nimm-oder-berechne` müssen wir noch definieren. Bei der Tabellen-basierten Implementation von Memoizing mit Scheme machen wir uns zunutze, dass jedes Symbol mit beliebig vielen Eigenschaften (properties) assoziiert werden kann. Diese Eigenschaftswerte kollidieren nicht mit dem Wert der durch das Symbol benannten Variablen. Zur Bereitstellung der Sprachelemente `putprop` und `getprop` muss in DrScheme die `compat.ss`-Bibliothek geladen werden.

```
(require (lib "compat.ss"))
```

Nun stehen die Sprachelemente `getprop` und `putprop` zur Verfügung. Die folgenden Aufrufbeispiele machen sofort klar, wie sie verwendet werden.

```
> (putprop 'otto 'name "Meier")
> (putprop 'otto 'alter 23)
> (getprop 'otto 'name)
"Meier"
> (getprop 'otto 'alter)
23
> otto
reference to undefined identifier: otto
```

Es ist zu beachten, dass das Symbol `'otto` nach diesen Operationen keine globale Variable geworden ist. Hier gibt es also keinerlei Nebeneffekte.

Aufgabe 2.14:
Schlagen Sie die beiden Sprachelemente im Manual nach.

Die Prozedur `nimm-oder-berechne` haben wir so implementiert, dass sie der o. g. Idee entspricht und allgemein, also nicht nur für `fak-mem`, einsetzbar ist.

```
(define nimm-oder-berechne
  (lambda (fkt n tabelle)
    (let ([resultat (getprop tabelle n)])
      (if resultat
          resultat
          (let ([res (fkt n)])
            (putprop tabelle n res)
            res)))))
```

Der Aufruf `(nimm-oder-berechne fib-mem (- n 1) 'fibs)` in `fib-mem` sorgt also dafür, dass für die Eigenschaft `(- n 1)` des Symbols `fibs` der Wert von `(fib (- n 1))` eingetragen wird. Auf dem Wege der rekursiven Berechnung von `fib-mem` werden dann auch noch viele andere Attribute vermerkt. Die Tabelle wird hier also durch die Symbol-Attribut-Speicherung in Scheme realisiert.

Die Ausgabe der ersten 30 (oder auch 60 und mehr) Fibonacci-Zahlen erfordert nun keine nennenswerte Rechenzeit:

```
(define fibstream (stream-map fib-mem natzahlen))
> (print-stream fibstream 30)
1, 1, 2, 3, 5, 8, 13, 21, 34, 55, 89, 144, 233, 377, 610, 987, 1597,
2584, 4181, 6765, 10946, 17711, 28657, 46368, 75025, 121393, 196418,
317811, 514229, 832040, ...
```

2.6 Der λ-Kalkül

2.6.1 Definition und Evaluation von λ-Ausdrücken

Es ist nun an der Zeit, die theoretische Basis funktionaler Sprachen etwas genauer zu beleuchten. Es handelt sich um den 1941 von ALONZO CHURCH (1903-1995) entwickelten λ-Kalkül, auf den wir bereits in der Fußnote auf S. 28 kurz verwiesen haben. Das Motiv zu dessen Erforschung entsprang der Suche nach einer theoretischen Fundierung des *Berechenbarkeitsbegriffs*. Man wollte genau die Klasse von Problemen bestimmen, die „mit dem Computer“ gelöst werden können. Der Ansatz von CHURCH war in dieser Zeit keineswegs der einzige. Knapp 20 Jahre danach stellte sich heraus, dass auf dieser Grundlage eine Programmiersprache, nämlich Lisp, definiert werden konnte. JOHN MCCARTHY (geb. 1927) sorgte für das erste lauffähige Lisp-System.

Bis auf einige Modifikationen (aus Effizienzgründen) beruht die Implementation funktionaler Sprachen auf diesem λ-Kalkül. Trotz weitgehender Übereinstimmung sind Kalkül und Implementation nicht identisch, so dass wir beim Entwickeln und Testen von Scheme-Prozeduren ggf. bedenken müssen, dass es sich um eine Repräsentation eines (leicht) modifizierten λ-Kalküls handelt.

CHURCH hatte die Idee, die Klasse aller Ausdrücke, sog. λ-Ausdrücke, anzugeben, die man aus gegebenen Grundbausteinen konstruieren kann und für die bestimmte *Rechenregeln* feststehen.

Wir definieren zunächst die Syntax von λ-Ausdrücken:

1. Der Vorrat an *Grundbausteinen* ist eine (abzählbar) unendliche Menge von *Variablen* $\{x_1, x_2, \ldots\}$. Diese Variablen sind λ-Ausdrücke.
2. Durch *Anwendung* eines λ-Ausdrucks M auf einen λ-Ausdruck N, geschrieben als $(M\ N)$, entsteht ein neuer λ-Ausdruck. Zur Ermittlung des Ergebnisausdrucks sind die oben angekündigten Rechenregeln oder Reduktionsregeln erforderlich.
3. Schließlich können λ-Ausdrücke auch durch *funktionale Abstraktion* erzeugt werden: Sind x eine Variable und M ein λ-Ausdruck, so ist auch $(\lambda\ (x)\ M)$ ein λ-Ausdruck.

In Scheme sind uns Symbole für Variablen wohl bekannt. Ebenso geläufig sind Prozeduranwendungen, wie `(cons (car '(a b)) (cdr '(x y z))) = (a y z)`.

`(lambda (x)(* x x))` ist ein Beispiel einer funktionalen Abstraktion, nämlich für das Quadrieren.

Dem aufmerksamen Leser wird bei der Einführung des λ-Kalküls nicht entgangen sein, dass einige Sprachbestandteile, die wir in Scheme zu schätzen gelernt haben, fehlen. Dazu gehört `define`, zur Benennung von Werten, vor allem für Prozeduren. Weiterhin fällt auf, dass der λ-Kalkül ausschließlich die Definition einstelliger Funktionen erlaubt. In Scheme gibt es n-stellige ($n \geq 0$) und sogar variabelstellige Prozeduren. Wir werden zeigen, dass dies mit den theoretischen Grundlagen vereinbar ist.

Reduktionsregeln

Im Folgenden befassen wir uns mit den oben angekündigten Rechenregeln, also der Auswertungs- oder Reduktionsstrategie: Welchen Wert beschreibt ein bestimmter λ-Ausdruck? Zu welchem Ausdruck kann ein gegebener Ausdruck reduziert (evaluiert) werden? Wie „rechnet“ man mit λ-Ausdrücken?

β-Regel: Es seien E und M λ-Ausdrücke, wobei M in E nicht gebunden vorkommen darf. x sei eine Variable. Dann beschreibt

$$((\lambda\ (x)\ E)\ M) \overset{\beta}{\Rightarrow} E[M/x]$$

das Resultat der Anwendung von $(\lambda\ (x)\ E)$ auf M als Ergebnis der Ersetzung aller Vorkommen M in E durch x. Man sagt kurz: „E mit M für x“. In der Tat handelt es sich um eine reine Textmanipulation.

Wir wenden die β-Regel auf folgenden λ-Ausdruck an:

$$\underbrace{((\lambda\ (x)\ ((x\ d)\ \underbrace{(\underbrace{(\lambda\ (y)\ (x\ y))}_{f_2}\ a)}_{(f_2\ a)}))}_{f_1}\ b)$$

Die geschweiften Klammern helfen uns, die Struktur des Ausdrucks besser zu erfassen.

Bei der nun folgenden schrittweisen Evaluation arbeiten wir von innen nach außen: Als Erstes wenden wir die mit f_2 bezeichnete Funktion auf a an, indem jedes Vorkommen der gebundenen Variablen y in $(x\ y)$ durch a ersetzt wird. Das Ergebnis ist offensichtlich $(x\ a)$. Im zweiten Schritt schreibt man b für alle x in $((x\ d)(x\ a))$, was zu $((b\ d)(b\ a))$ führt.

$$\begin{aligned} ((\lambda\ (x)\ ((x\ d)((\lambda\ (y)\ (x\ y))\ a)))\ b) &\overset{\beta}{\Rightarrow} ((\lambda\ (x)\ ((x\ d)\ (x\ a)))\ b) \\ &\overset{\beta}{\Rightarrow} ((b\ d)(b\ a)) \end{aligned}$$

Arbeitet man von außen nach innen, so entsteht das gleiche Resultat. Die Substitution beginnt mit b für alle x in $((x\ d)((\lambda\ (y)\ (x\ y))\ a))$.

$$\begin{aligned}((\lambda\ (x)\ ((x\ d)((\lambda\ (y)\ (x\ y))\ a)))\ b) &\overset{\beta}{\Rightarrow} ((b\ d)((\lambda\ (y)\ (b\ y))\ a)) \\ &\overset{\beta}{\Rightarrow} ((b\ d)(b\ a))\end{aligned}$$

Die Anwendung der β-Regel bewirkt eine (bedeutungserhaltende) Transformation, engl.: meaning preserving transformation. Man nennt das reasoning about programs by symbolic reduction.

In der β-Regel wurde durch die Forderung „M darf in E nicht gebunden vorkommen" sichergestellt, dass infolge der auszuführende Substitution eine ursprünglich ungebundene Variable nicht in den Gültigkeitsbereich einer λ-Bindung gerät. Dieses Problem wird mit folgendem Beispiel illustriert:

$$((\lambda\ (x)\ (\lambda\ (y)\ (x\ y)))(\mathbf{y}\ w)) \overset{\beta}{\Rightarrow} (\lambda\ (y)\ ((\mathbf{y}\ w)\ y)) \text{ ist falsch!}$$

y ist eine gebundende Variable, hingegen kommt $\mathbf{y}$ im Vorgabeausdruck frei vor. Nach der (unberechtigten) Anwendung der β-Regel gerät $\mathbf{y}$ in den Einflussbereich von $\lambda\ (y)$ und wird somit gebunden.

Wie kann man dies verhindern? Da die Bezeichnung von Variablen, die in einer Funktionsabstraktion *gebunden* sind, gleichgültig ist, kann eine geeignete Umbenennung vorgenommen werden, ohne dass die Bedeutung des Ausdrucks dadurch verändert wird.

α-Konvention: Wenn x' in E *nicht frei* vorkommt, gilt:

$$(\lambda\ (x)\ E) \overset{\alpha}{\longleftrightarrow} (\lambda\ (x')\ E[x'/x]).$$

Exemplarisch wenden wir auf $(\lambda\ (y)\ (x\ y))$ in $((\lambda\ (x)\ (\lambda\ (y)\ (x\ y)))(y\ w))$ vor der β-Regel die α-Konvention an:

$$\begin{aligned}((\lambda\ (x)\ (\lambda\ (y)\ (x\ y)))(y\ w)) &\overset{\alpha}{\longleftrightarrow} ((\lambda\ (x)\ (\lambda\ (z)\ (x\ z)))(y\ w)) \\ &\overset{\beta}{\Rightarrow} (\lambda\ (z)\ ((y\ w)\ z))\end{aligned}$$

Aufgabe 2.15:
Schreiben Sie eine Scheme-Prozedur, die alle freien Variablen eines gegebenen λ-Ausdrucks als Liste zurückgibt.

Da im λ-Kalkül alle Ausdrücke (Werte) entweder Variablen oder Funktionen von genau einem Argument sind, ähnelt die folgende Regel eher einem Programmiertrick.

η-Umwandlung: Dies ist eine strikte Vereinfachungsregel, mit

$$\begin{aligned}(\lambda\ (z)\ ((\lambda\ (x)\ E)\ z)) &\overset{\eta}{\Rightarrow} (\lambda\ (x)\ E) \text{ und} \\ (\lambda\ (x)\ (E\ x)) &\overset{\eta}{\Rightarrow} E.\end{aligned}$$

Der oben angegebene Ausdruck $(\lambda\ (z)\ ((\lambda\ (x)\ E)\ z))$ ist eine Funktionsabstraktion, deren Rumpf aus einer Anwendung besteht. Wendet man die β-Regel auf einen Ausdruck dieser Art an, z. B. auf $(\lambda\ (z)\ ((\lambda\ (x)\ (+\ x\ 3))\ z))$, so ergibt sich $(\lambda\ (z)\ (+\ z\ 3))$. Nach der Umbenennung der gebundenen Variablen z zu x erhalten wir erwartungsgemäß $(\lambda\ (x)\ (+\ x\ 3))$.

Ein reduzierbarer Ausdruck (REDEX = reducible expression) wird solange[9] reduziert, bis er keine reduzierbaren Teilausdrücke mehr enthält. Man spricht dann von *Normalform*.

Die schrittweise Reduktion wirft zwei Fragen auf:

1. In welcher Reihenfolge sollten die Ersetzungen (Anwendung der Reduktionsregeln) durchgeführt werden, wenn es im betrachteten Ausdruck mehrere Anwendungsstellen gibt?

2. Erhält man in jedem Falle ein Resultat?

CHURCH und ROSSER fanden die Antwort auf die erste Frage: Es ist gleichgültig, welche Reduktionsreihenfolge man wählt. Auch wenn verschiedene Zwischenresultate entstehen, ist das Endergebnis in jedem Falle das gleiche. Diese Erfahrung hatten wir auch bei der Reduktion des Ausdrucks $((\lambda\ (x)\ ((x\ d)((\lambda\ (y)\ (x\ y))\ a)))\ b)$, s. S. 74, gemacht.

Es liegt auf der Hand, dass die beliebig wählbare Reduktionsfolge eine vorzügliche Basis für parallele Bearbeitung darstellt.

Aufgabe 2.16:
Verwenden Sie zur Berechnung von $((\lambda\ (v)\ ((\lambda\ (a)\ (a\ v))(\lambda\ (x)\ (x\ v))))\ b)$ unterschiedliche Reduktionsfolgen.

Das folgende Beispiel zeigt, dass das CHURCH-ROSSER-Theorem jedoch keine Garantie für die Existenz einer sog. Normalform liefert, womit wir bei der zweiten Frage sind. Es gibt Ausdrücke, die *keine* Normalform besitzen.
Das Musterbeispiel ist $\Omega = ((\lambda\ (x)\ (x\ x))(\lambda\ (x)\ (x\ x)))$.

Wegen $((\lambda\ (x)\ (x\ x))(\lambda\ (x)\ (x\ x))) \overset{\beta}{\Rightarrow} ((\lambda\ (x)\ (x\ x))(\lambda\ (x)\ (x\ x)))$ wird Ω durch Anwendung der β-Regel reproduziert. Es entsteht ein REDEX, der wiederum der β-Regel unterworfen wird usw. Wir erhalten offenbar keine Normalform für Ω.

2.6.2 Zur Implementation funktionsorientierter Sprachen

Die Reduktion, genauer die β-Reduktion, ist ein *Termersetzungsverfahren*, bei der eine Funktionsanwendung nach folgender Regel vereinfacht wird: Das Funktionsargument

[9] Dies gilt nur für den klassischen λ-Kalkül. Implementationen für funktionsorientierte Programmiersprachen weichen davon im Allgemeinen etwas ab.

wird an allen vorkommenden Stellen der gebundenen Variablen der Funktionsabstraktion eingesetzt.

Der λ-Kalkül fordert eine sog. *leftmost reduction* oder *normal order reduction.* Der Name kommt daher, dass zuerst der links stehende Operator (vor dem Operand) reduziert wird. Die leftmost reduction garantiert eine eindeutige Reduktion einer Funktionsanwendung, falls ein solches Resultat überhaupt existiert.

Im Ausdruck (in Scheme-Schreibweise)

$$((\lambda\ (x)\ (+\ x\ x\ x))((\lambda\ (x)\ (*\ x\ x\ x))\ 12345))$$

wird also – gemäß β-Regel – die Anwendung $((\lambda\ (x)\ (*\ x\ x\ x))\ 12345)$ zunächst unverändert für jedes x in $(+\ x\ x\ x)$ substituiert. In der Sprechweise der Programmierung entspricht das einer *namensmäßigen Parametervermittlung (call by name).*

Im Beispielausdruck wird also $((\lambda\ (x)\ (*\ x\ x\ x))\ 3))$ für alle x in $(+\ x\ x\ x)$ eingesetzt. Daraus ergibt sich ein großer Nachteil für die praktische Realisierung dieser Reduktion: Der (ziemlich rechenaufwändige) Ausdruck $((lambda\ (x)\ (*\ x\ x\ x))\ 12345)$ muss – nach der Einsetzung – mehrfach (dreimal) ausgewertet werden. Aus der Sicht der Programmierung bedeutet das einen Effizienzverlust, was die Programmabarbeitung spürbar verlangsamen kann.

Grundsätzlich gibt es zwei Ideen zur Überwindung dieses Problems. Die erste besteht darin, dass wir die Reduktionsvorschrift ein wenig modifizieren: Reduziere zuerst das Argument! Der so entstandene Ausdruck wird anschließend der β-Regel unterworfen. Man nennt diese Form *applicative order reduction*, was einer *wertmäßigen Parametervermittlung* (*call by value*) gleichkommt. Die theoretische Fundierung liefert der λ-Kalkül mit Wertaufruf.

Bei gängigen Implementationen funktionsorientierter Sprachen wird nicht nur der Operand (Argument), sondern auch der Operator reduziert, *bevor* die o. g. Einsetzung stattfindet. Die Implementation erfolgt außerdem so, dass die Reduktion nicht erst beim Erreichen einer Normalform (falls vorhanden) stoppt, sondern schon früher, wenn ein definierter Ergebnistyp vorliegt.

Aufgabe 2.17:
Notieren Sie die vollständige applicative order reduction für das obige Beispiel aus diesem Abschnitt und evaluieren Sie den Ausdruck mit Scheme.

Das Ergebnis stimmt in unserem Falle mit dem durch normal order reduction gefundenen Resultat überein. Leider ist das nicht immer so, wie das folgende Beispiel zeigt:

$$((lambda\ (y)\ 123)((lambda\ (x)(x\ x))(lambda\ (x)\ (x\ x))))$$

Bei normal order reduction werden alle Vorkommen der gebundenen Variablen y in 123 durch den Ausdruck $((\lambda\ (x)\ (x\ x))(\lambda\ (x)\ (x\ x)))$ ersetzt, *ohne* ihn vorher zu evaluieren. Da es in 123 keine einzige solche Stelle gibt, wird der gesamte Ausdruck zu 123 reduziert.

Applicative order reduction ist hier nicht erfolgreich. Die Berechnung führt zu einem Endloszyklus, da $((lambda\ (x)\ (x\ x))(lambda\ (x)\ (x\ x)))$ zuerst evaluiert wird.

Aufgabe 2.18:
Erproben Sie dies mit Scheme. Konzentrieren Sie sich auf die Break-Knopf und sichern Sie vor diesem Experiment wichtige Daten!

Offensichtlich liefert die effizientere applicative-order-Strategie nicht immer ein Ergebnis, auch wenn es existiert. Für die bekannten Scheme-Implementationen hat man sich dennoch entschieden, die applicative order reduction zu verwenden, wohl wissend, dass es eben für sehr seltene Beispiele nicht funktioniert.

Die zweite Möglichkeit, dem Problem der Mehrfachevaluation zu begegnen, ist die verzögerte Evaluation, *lazy evaluation*, mit der wir uns in Abschn. 2.5.2 beschäftigt haben. Man vermeidet wiederholte Berechnungen des Arguments, indem man den zugehörigen Ausdruck durch den (einmal) berechneten Wert überschreibt. Man weiß, dass diese *call-by-need*-Vermittlung wenigstens theoretisch genauso effizient ist wie call by value und die gewünschte Reduktion leistet.

2.6.3 Currying

Wir haben gesehen, dass der λ-Kalkül die Definition *einstelliger* Funktionen erlaubt und keine anderen. In Scheme ist dies bekanntlich nur eine von mehreren Formen. Wie kann man aus dem λ-Kalkül die Möglichkeit ableiten, mehrstellige Funktionen zu definieren? Oder anders herum: Wie kann man die Definition mehrstelliger Funktionen auf einstellige zurückführen?

Die Antwort darauf haben zwei Herren, nämlich Moses Schönfinkel (1889-1942?) und Haskell Curry (1900-1982), unabhängig voneinander gefunden (vielleicht mangels Internet).

Für die Abarbeitung der folgenden Beispielprozeduren benötigt DrScheme die `compat.ss`-Bibliothek.

Eine wie folgt definierte zweistellige Funktion *summe*

```
(define summe
  (lambda (x y)
    (if (zero? y)
      x
      (summe (1+ x) (1- y)))))
```

```
> (summe 2 3)
5
```

wird in eine einstellige Funktion *summe – curry* überführt:

```
(define summe-curry
  (lambda (x)
    (lambda (y)
      (if (zero? y)
        x
        ((summe-curry (1+ x)) (1- y))))))
```

```
> ((summe-curry 2) 3)
5
```

`(summe-curry 2)` liefert eine (einstellige) „+2“-Prozedur, die anschließend auf die Zahl 3 angewendet wird. Diese Idee lässt sich leicht auf beliebige n-stellige Funktionen ausdehnen.

Da die Bezeichnungen „Schönfinkeln“ und (engl.) „Schönfinkel-ing“ für diese Funktionstransformation irgendwie unanständig klingen, haben sich Currying und manchmal auch Curryfication, deutsch: *Curryfizieren*, durchgesetzt.

2.6.4 Y combinator

Nun wollen wir noch die letzte „Unstimmigkeit“ zwischen Scheme und dem zugrunde liegenden λ-Kalkül aufklären und fragen, ob die Verwendung von **define** (und damit von **set!**) überhaupt notwendig ist? Im λ-Kalkül kommt **define** (oder etwas Vergleichbares) nicht vor.

Natürlich besteht nicht für alle Prozeduren die Notwendigkeit der Benennung. Beispielsweise kann das Quadrieren auch „namenlos“ stattfinden.

```
> ((lambda (n) (* n n)) 8)
64
```

Aber wie soll es gelingen, *rekursive* Funktionen, wie etwa

```
(define fak
  (lambda (n)
    (if (= n 0)
      1
      (* n (fak (- n 1))))))
```

```
> (fak 5)
120
```

ohne deren Benennung zu definieren?

In der Tat kann man eine Funktion Y_{normal} angeben, die wie ein „Rekursivmacher“ für eine als λ-Ausdruck gegebene Funktion f arbeitet. In Y_{normal} treffen wir wieder auf Ω, s. S. 76.

$$Y_{normal} = (\lambda\ (f)((\lambda\ (x)\ (f\ (x\ x)))(\lambda\ (x)\ (f\ (x\ x)))))$$

Von einer solchen Funktion Y wird gefordert, dass sie die Fixpunkt-Eigenschaft

$$(Y\ f)\ =\ (f\ (Y\ f))$$

erfüllt. Wir rechnen dies (mit normal order reduction) nach:

$$\begin{array}{rcl} (Y\ f) & = & ((\lambda\ (f)((\lambda\ (x)\ (f\ (x\ x)))(\lambda\ (x)\ (f\ (x\ x)))))\ f) \\ & \stackrel{\eta}{\Rightarrow} & ((\lambda\ (x)\ (f\ (x\ x)))(\lambda\ (x)\ (f\ (x\ x)))) \\ & \stackrel{\beta}{\Rightarrow} & (f\ ((\lambda\ (x)\ (f\ (x\ x)))(\lambda\ (x)\ (f\ (x\ x))))) \\ & = & (f\ (Y\ f)) \end{array}$$

Die Fixpunkteigenschaft ist offensichtlich genau das, was wir brauchen, um eine Funktion „rekursiv zu machen". Für die Fakultätsfunktion könnte das folgender Scheme-Aufruf leisten.

```
(Y-normal
  (lambda (fak)
    (lambda (n)
      (if (= n 0)
        1
        (* n (fak (- n 1)))))))
```

Leider ist dies nicht wirklich so. Da in Scheme applicative order reduction stattfindet, führt der obige Aufruf mit

```
(define Y-normal
  (lambda (f)
    ((lambda (x) (f (x x)))
     (lambda (x) (f (x x))))))
```

zu einem Endloszyklus. Man braucht also wieder den Break-Knopf!

Aufgabe 2.19:
Berechnen Sie diese Anwendung von Y_{normal} auf dem Papier. Benutzen Sie normal order reduction.

Für Scheme benötigt man einen sog. *applicative order Y combinator*, der die oben gewünschte Wirkung erzielt:

```
(define Y
  (lambda (f)
    ((lambda (x)
       (f (lambda (z) ((x x) z))))
     (lambda (x)
       (f (lambda (z) ((x x) z)))))))
```

Eine davon etwas abweichende Version ist

```
(define Y1
  (lambda (le)
    ((lambda (f)
       (f f))
     (lambda (f)
       (le (lambda (x) ((f f) x)))))))
```

Um den Aufruf besser lesbar zu halten, verwenden wir das kurze Y und zeigen weiter unten, dass deren Definition prinzipiell nicht notwendig ist.

```
> (Y
    (lambda (fak)
      (lambda (n)
        (if (= n 0)
          1
          (* n (fak (- n 1)))))))
#<procedure>
```

Das Ergebnis ist erwartungsgemäß eine Prozedur, die wir auf 5 anwenden wollen, um $5! = 120$ zu bekommen.

```
> ((Y
     (lambda (fak)
       (lambda (n)
         (if (= n 0)
           1
           (* n (fak (- n 1)))))))
   5)
120
```

Um abschließend zu zeigen, dass man wirklich ohne `define` auskommt, ersetzen wir Y durch den entsprechenden λ-Ausdruck.

```
> (((lambda (f)
      ((lambda (x)
         (f (lambda (z) ((x x) z))))
       (lambda (x)
         (f (lambda (z) ((x x) z))))))
    (lambda (fak)
      (lambda (n)
        (if (= n 0)
          1
          (* n (fak (- n 1)))))))
   5)
120
```

Aufgabe 2.20:
Versuchen Sie, den Aufruf zur Erzeugung der Scheme-Prozedur für die rekursiv definierte Fakultätsfunktion mit Bleistift und Papier nachzuvollziehen.

2.7 Umgebungsmodell

2.7.1 Umgebungsbegriff

In den vorangehenden Abschnitten haben wir genau beschrieben, wie beliebig komplexe Scheme-Ausdrücke ausgewertet werden. Dabei sind wir davon ausgegangen, dass das Scheme-System sämtliche Variablen, die zur Benennung von Werten verwendet werden, kennt. Die Frage nach der Art und Weise, wie die vom Nutzer definierten Variablen-Bindungen eingerichtet bzw. zur Auswertung von Ausdrücken bereitgestellt werden, haben wir noch nicht gestellt. Das soll im Folgenden nachgeholt werden.

Grundsätzlich kann man davon ausgehen, dass zahlreiche globale Variablen nach dem Start des Systems existieren. Abb. 2.1 zeigt einen winzigen Ausschnitt aus dieser sog. *globalen Umgebung*. Einige typische Repräsentanten, wie natürliche Zahlen, `#t`, `#f`, die leere Liste und Operationssymbole, wie + oder `#\a`, wurden angegeben.

Variablenname (Symbol)	Wert
`3`	`3`
`#t`	`#t`
`+`	`<procedure +>`
`#\a`	`#\a`

Abbildung 2.1: globale Umgebung (Ausschnitt)

Wie aus Abb. 2.1 hervorgeht, kann man sich diese Name-Wert-Liste als *Tabelle* vorstellen. Dabei gibt es Unterschiede zwischen verschiedenen Scheme-Implementationen.

In DrScheme steht beispielsweise die Variable `pi` mit dem Wert 3.141592653589793 in dieser Tabelle. Chez Scheme kennt `pi` zunächst nicht.

Bei erweiterbaren Sprachen, wie eben Scheme, ist die Entscheidung eher subjektiv, welcher Sprachumfang als *initial* angesehen werden soll. Beim Systemstart und während des Dialogs mit dem Nutzer können die gewünschten Variablen bereitgestellt werden. Um „Scheme-Wildwuchs" zu vermeiden gibt es einen Standard, der den Standard-Scheme-Sprachumfang genau definiert. Derzeit ist R^5RS (The revised[5] report on the algorithmic language Scheme) von 1998 bestimmend. Die Zahl 5 bestimmt die Version der Überarbeitung des Standards.

Der Sprachumfang kann aus didaktischen Gründen gezielt eingeschränkt oder auch stufenweise freigegeben werden, wie dies in DrScheme durch verschiedene Sprachniveaus für Anfänger und Fortgeschrittene angeboten wird. Hervorzuheben sind dabei die sog. Teachpacks. Sie stellen die entsprechenden Sprachelemente bereit und bleiben über Systemneustarts solange wirksam, bis sie vom Nutzer entfernt werden.

Eine Tabelle für Bindungen, wie sie etwa nach dem Systemstart eingerichtet wird, nennen wir *Rahmen* (frame). Ein Rahmen kann beliebig viele Bindungen (Tabellenzeilen) enthalten. Jedes Scheme-Symbol ist *höchstens einmal* als Variablenname in dieser Tabelle enthalten.

Eine Folge (Liste) von Rahmen wird als *Umgebung* (environment) bezeichnet. In Abb. 2.1 besteht die globale Umgebung aus genau einem Rahmen, in dem die initialen Variablen gebunden sind. Da es nur einen Rahmen gibt, stellt dieser auch die *globale Systemumgebung* dar.

Im Allgemeinen ergibt sich die globale Umgebung aus der Rahmenfolge für nutzer- und vordefinierte Variablenbindungen

- nach dem Systemstart
- nach dem Laden vordefinierter Variablen und
- nach jeder Definition einer Variablen mit `define`[10].

Abb. 2.2 illustriert vier Umgebungen $E_1 = F_1 \rightarrow F_3 \rightarrow F_4$, $E_2 = F_2 \rightarrow F_3 \rightarrow F_4$, $E_3 = F_3 \rightarrow F_4$ und $E_4 = F_4$. Der von oben auf den jeweiligen Rahmen zeigende Pfeil bestimmt den Beginn der Umgebung. Sie endet bei dem Rahmen, der keinen Nachfolger besitzt.

2.7.2 Bestimmung des Variablenwerts

Wie findet man den Wert einer Variablen im Umgebungsmodell? Für jeden Scheme-Ausdruck steht fest, in welcher Umgebung er ausgewertet wird. Dies führt dann zu der aufgeworfenen Frage nach dem Wert sämtlicher Variablen im betrachteten Ausdruck.

[10]s. Abschn. 2.7.3

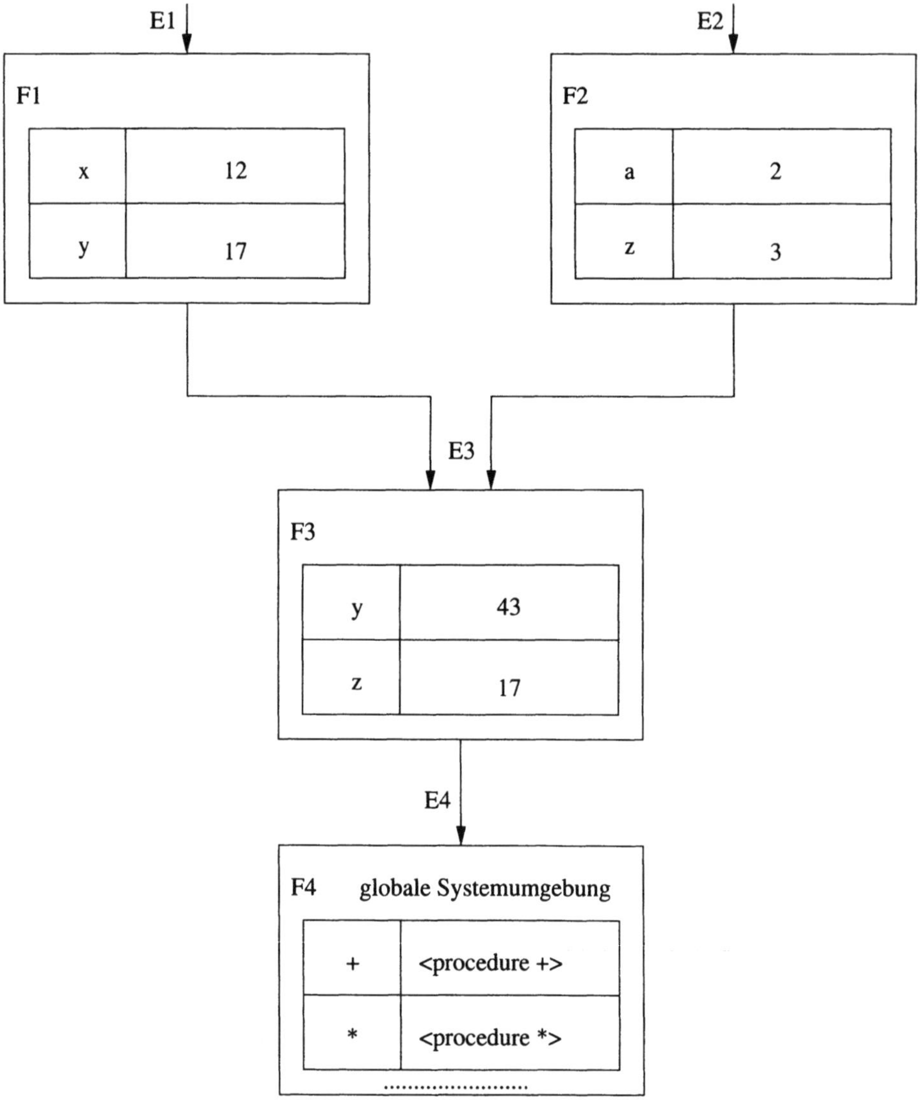

Abbildung 2.2: Umgebungsmodell mit den Umgebungen E_1, E_2, E_3 und E_4

Das Verfahren zur Evaluation einer Variablen x in einer Umgebung E lässt sich folgendermaßen beschreiben.

1. Suche x im ersten, zweiten, dritten, ... Rahmen von E.
2. Die Suche stoppt mit Erfolg bei der ersten Fundstelle von x oder erfolglos am Ende von E.
3. Gib im Erfolgsfall den im Rahmen angegebenen Wert von x zurück bzw. – bei Misserfolg – eine Fehlermeldung: `reference to undefined identifier: x` bzw. `variable x is not bound`.

Wir wenden das Verfahren auf den folgenden mit A bezeichneten Ausdruck

```
(+ (* a y) z)
```

an und legen das in Abb. 2.2 auf S. 84 dargestellte Umgebungsmodell zugrunde.

In E_1 hat der Ausdruck A keinen Wert, denn für das Symbol `a` gibt es keine Bindung, weder in F_1 noch in F_3 und F_4. Der Wert (`17`) von `y` wird in F_1 gefunden, der von `z` ist ebenfalls `17` und findet sich in F_3.

In E_2 hat A den Wert `89` = `(+ (* 2 43) 3)`. `a` findet man in F_2, `y` in F_3 und `z` (erstmalig) in F_2. Man sagt: Die Bindung von `z` in F_3 wird verschattet. Die Werte für `+` und `*` werden in E_4 gefunden.

2.7.3 Herstellung einer Variablenbindung

Eine Variablen-Definition mittels `define` sorgt dafür, dass die zugehörige Bindung als Name-Wert-Paar in einen (bestimmten) Rahmen dauerhaft eingetragen wird. Da jedes Symbol als Variablenname in einem Rahmen[11] nur höchstens einmal vorkommen darf, spielt es keine Rolle, in welcher Tabellenzeile die Bindung steht.

Bei mehrfacher Definition ein und derselben Variablen geht deren vorheriger Wert verloren. Manche Scheme-Systeme lassen eine Neudefinition einer bereits definierten Variablen mit `define` nicht zu. In jedem Fall gibt es `set!`, um den Wert, an den die betreffende Variable gebunden ist, zu verändern.

Nach dem folgenden Dialog steht die Variable `hallo` im Rahmen für nutzerdefinierte Variablen F_2 und damit in der globalen Umgebung E_1, s. Abb. 2.3.

Der in Abb. 2.3 dargestellte Rahmen F_2 enthält – neben der für `hallo` – zwei weitere Bindungen. Der Wert von `quad` ist eine Prozedur – das Resultat der Evaluation des λ-Ausdrucks `(lambda (n)(* n n))`.

Bei der Evaluation der `define`-Sonderform wird bekanntlich das zweite Argument ausgewertet. Der in der Tabelle gespeicherte Wert ist das Ergebnis dieser Evaluation des

[11] Hier steht Rahmen, nicht etwa „Umgebung“!

```
> (define hallo 123)
> hallo
123
> (set! hallo 2)
> hallo
2
```

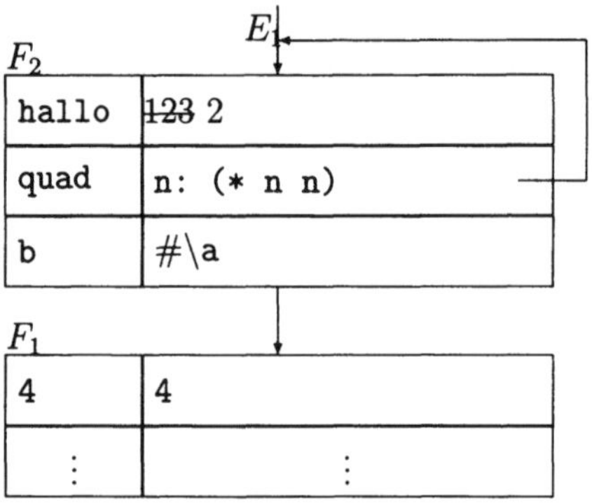

Abbildung 2.3: globale Umgebung (E_1): nutzerdef. (F_2) und eingebaute Variablen (F_1)

betrachteten Ausdrucks in einer ganz bestimmten Umgebung. Zahlen, Zeichen, Zeichenketten, die beiden Wahrheitswerte und die leere Liste evaluieren zu sich selbst. Welchen Wert liefert die Evaluation von `(lambda (n)(* n n))` in E_1? Das Ergebnis ist eine Prozedur oder eine sog. *closure*, die drei Informationen enthält:

1. den/die Parameter,
2. den Prozedurkörper (Funktionsabstraktion) und
3. die Umgebung, in der der Prozedurkörper (bei Aufruf dieser Prozedur) auszuwerten ist.

Der Wert von `quad` in Abb. 2.3 ist also eine closure mit genau einem Parameter `n` und dem Prozedurkörper `(* n n)`, der in der Umgebung E_1 ausgewertet werden muss. Die zugehörige Umgebung wird durch einen Pfeil, der hier auf E_1 zeigt, festgelegt. Dies ist genau die Umgebung, in der die Prozedur `quad` definiert wurde. Es mag zunächst abwegig erscheinen, dass dieser Pfeil auf eine andere als die globale Definitionsumgebung zeigen kann. Weiter unten werden wir sehen, dass dies nicht nur möglich, sondern für das Verständnis der Auswertung von Ausdrücken von grundlegender Bedeutung ist.

Abschließend werfen wir noch einmal einen Blick auf Abb. 2.2 auf S. 84. Wir möchten klären, wie die dort angegebenen Umgebungen entstanden sein könnten. F_3 erhält man nach dem Systemstart durch:

```
(define z 17)
(define y 43)
```

Wenn wir annehmen, dass die Gültigkeiten von F_1 und F_2 nur auf die Evaluation eines Ausdrucks beschränkt sind, könnten sie beispielsweise mit den folgenden `let`-Ausdrücken hergestellt worden sein.

```
> (let ([x 12][y 17])
    (printf "x=~a y=~a z=~a" x y z))
x=12 y=17 z=17

> (let ([a 2][z 3])
    (printf "a=~a y=~a z=~a" a y z))
a=2 y=43 z=3
```

Nach Evaluation der angegebenen Ausdrücke sind die beiden Rahmen wieder verschwunden.

2.7.4 Prozeduranwendung im Umgebungsmodell

Mit Hilfe des Umgebungsmodells können wir nun analysieren, wie die Evaluation eines Prozeduraufrufes abläuft. Dabei greifen wir auf die Beispielumgebung aus Abb. 2.3 aus Abschn. 2.7.3 zurück. Im Rahmen F_2 wurde durch Evaluation der Prozedurdefinition

```
(define quad
  (lambda (n)
    (* n n)))
```

die Variable quad eingetragen und an die closure gebunden, die bei der Auswertung des angegebenen λ-Ausdrucks in der Definitionsumgebung zurückgegeben wird.

Der Aufruf

```
> (quad 2)
```

löst nun folgende Verarbeitung aus:

1. Suche den Wert von quad und den von 2.
   Letzterer ist 2 und findet sich in F_1. Als Wert von quad entnehmen wir in F_2 eine closure, die aus den folgenden drei Komponenten besteht:

   - Parameter: `n`
   - Prozedurkörper: `(* n n)`
   - Zugehörige Umgebung: E_1

   Diese werden nun für die Auswertung des o. g. Ausdrucks benötigt.

2. Es wird ein neuer Rahmen F_3 gebildet. In F_3 wird der Parameter der Prozedur als Variable `n` (erste Information aus der closure) mit dem Wert des Arguments beim Aufruf, also 2, eintragen. Dieser Rahmen wird der zu quad gehörenden Umgebung E_1 (dritte Information aus der closure) *vorangestellt.*
   Die neue Umgebung $E_2 = F_3 \rightarrow E_1$ ist nun die, in der der Prozedurrumpf (zweite Information aus der closure) evaluiert wird, s. Abb. 2.4.

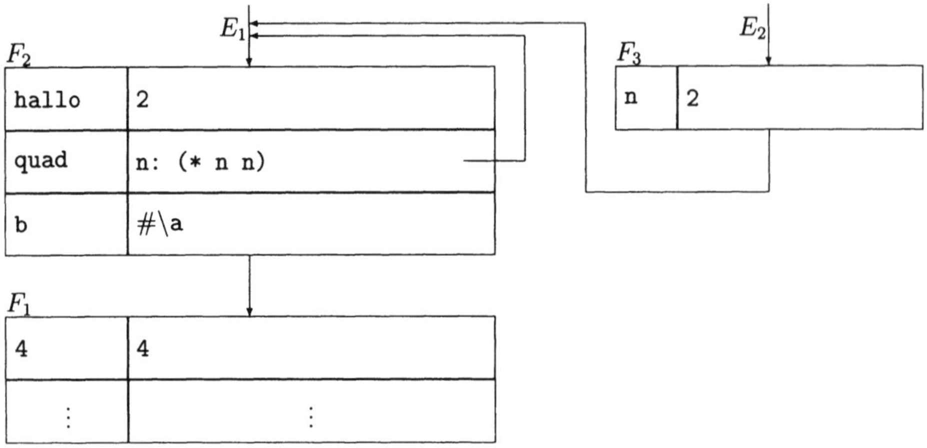

Abbildung 2.4: Umgebungsmodell zur Auswertung von `(quad 2)`

3. Der Ausdruck `(* n n)` wird in E_2 ausgewertet. Das Ergebnis ist offensichtlich `4`.
4. Mit Abschluss der Evaluation der Prozeduranwendung wird die ursprüngliche Umgebung E_1 als die gültige globale Umgebung wieder hergestellt. D. h. der Rahmen F_3 steht ab sofort nicht mehr zur Verfügung.

Aufgabe 2.21:
Ergänzen Sie das Umgebungsmodell in Abb. 2.4 um den Eintrag, der durch die Auswertung von `(define res (quad 2))` hervorgerufen wird. Machen Sie sich dabei klar, in welcher Umgebung der jeweils betrachtete Ausdruck evaluiert wird.

Aufgabe 2.22:
Analysieren Sie die Definition von `hyp` und den Aufruf `(hyp 2 3)` mit dem Umgebungsmodell.

```
(define hyp
  (lambda (kat1 kat2)
    (sqrt (+ (* kat1 kat1) (* kat2 kat2)))))
```

Aufgabe 2.23:
Machen Sie sich mit dem Umgebungsmodell klar, weshalb die Prozedur `quad` auch dann korrekt arbeitet, wenn man den formalen Parameter `n` in `quad` umbenennt, so dass sich die folgende Definition ergibt.

```
(define quad
  (lambda (quad)
    (* quad quad)))
```

Aufgabe 2.24:
Warum führt der Aufruf `(fak 3)` nach Umbenennung des Parameters `n` zu `fak` in der Definition

```
(define fak
  (lambda (n)
    (if (= n 0)
      1
      (* n (fak (- n 1))))))
```

zum Abbruch mit einer Fehlermeldung wie `expected procedure, given: 3`. Stellen Sie die Maus im Definitionsfenster von DrScheme auf den formalen Parameter `fak` und beobachten Sie die zugehörigen Pfeile auf sämtliche Vorkommen dieses Parameters in der Prozedurdefinition.

2.7.5 Prozeduren mit erweiterter Definitionsumgebung

Im Abschn. 2.3.2 über Prozeduren höherer Ordnung haben wir Prozeduren, die je eine Prozedur zurückgeben, kennengelernt. Eine solche ist beispielsweise `k-add`, die eine natürliche Zahl k als Eingabe erwartet und eine einstellige Prozedur zurückgibt, die ihrerseits zu einer eingegebenen Zahl n die Summe $n + k$ ausgibt.

```
(define k-add
  (lambda (k)
    (lambda (n)
      (+ k n))))
```

Aus dem vorangehenden Abschnitt wissen wir, dass als erstes die Variable `k-add` im Rahmen F_2 eingetragen wird. Ihr Wert ist die closure mit den in Abb. 2.5 angegebenen drei Komponenten.

Bisher gab es nichts Neues. Interessant ist nun der Aufruf

```
> (define 3-add (k-add 3))
```

Die so definierte Prozedur `3-add` wird wie ein „3-Addierer“ arbeiten.

Die Anwendung `(k-add 3)` wird folgendermaßen evaluiert.

1. Erzeuge einen Rahmen F_3 mit $k = 3$ und bilde die Umgebung $E_2 = F_3 \to E_1$. (E_1 deshalb, weil dies die zu `k-add` gehörige Umgebung ist.)

2. Evaluiere den Körper von `k-add`, also `(lambda (n)(+ k n))`, in E_2. Das Ergebnis ist eine closure, deren Definitionsumgebung nicht E_1, sondern – wie gesagt – E_2 ist.

3. Trage die Variable `3-add` mit diesem Wert in F_2 ein.

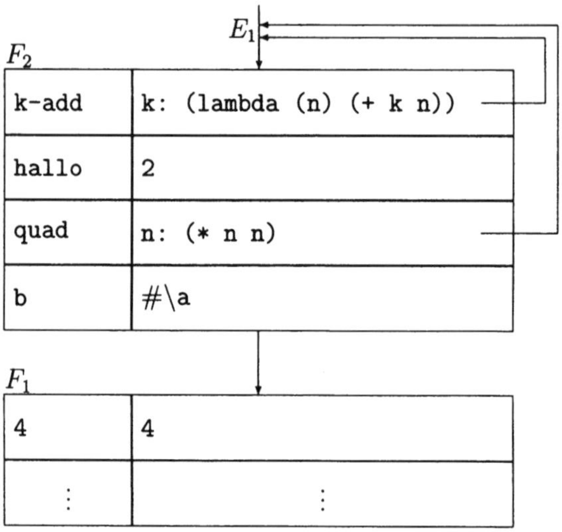

Abbildung 2.5: Umgebungsmodell nach der Definition von `k-add`

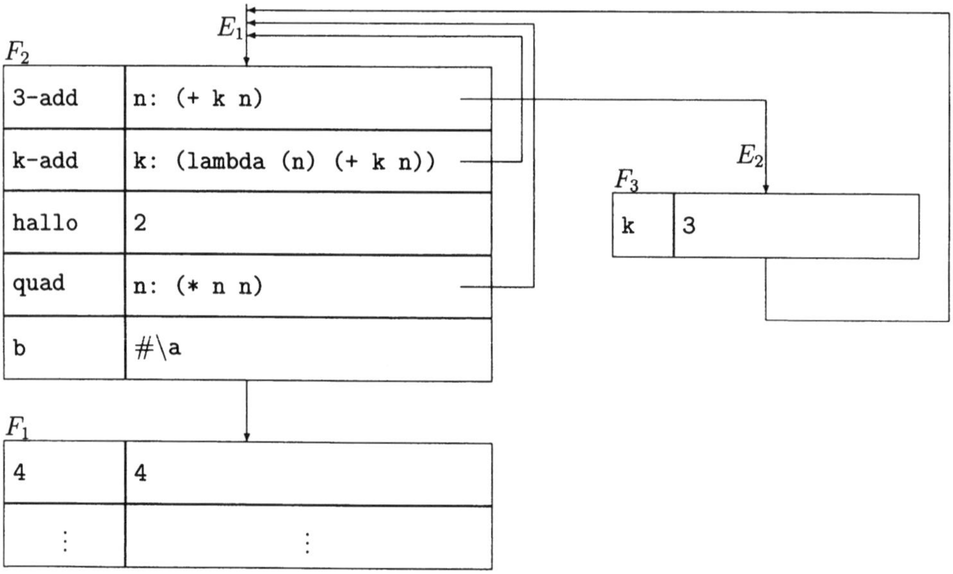

Abbildung 2.6: Umgebungsmodell nach der Definition von `3-add`

Das zugehörige Umgebungsmodell zeigt Abb. 2.6.

Nun wenden wir uns einem Aufrufbeispiel für `3-add` zu.

```
> (3add 7)
10
```

Das in Abbildung 2.6 dargestellte Umgebungsmodell wird temporär um die Umgebung $E_3 = F_4 \rightarrow E_2$ erweitert, s. Abb. 2.7. In F_4 wird $n = 7$ eingetragen. Danach wird der Ausdruck `(+ k n)` in E_3 evaluiert.

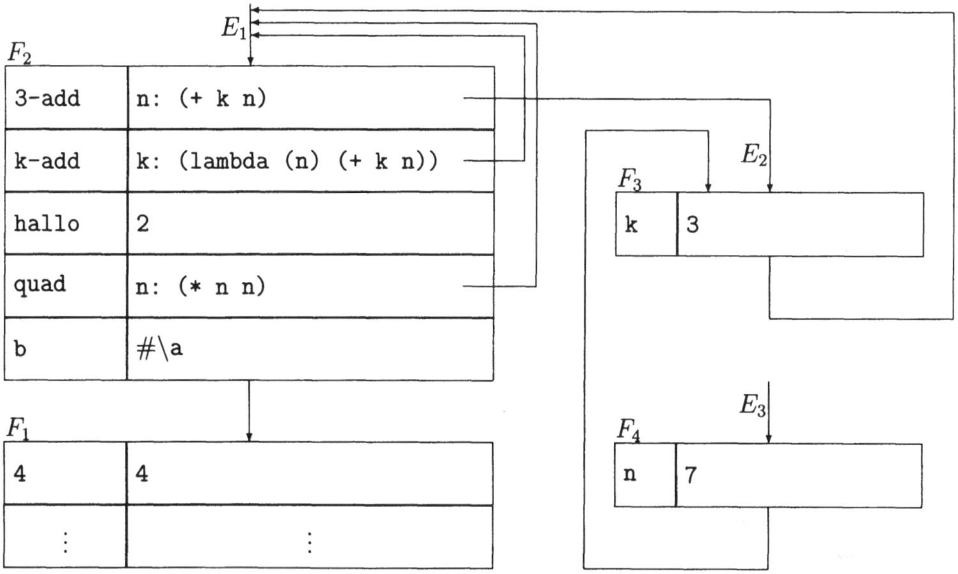

Abbildung 2.7: Umgebungsmodell unmittelbar nach dem Aufruf von `(3-add 7)`

Die Bearbeitung der folgenden Übungsaufgabe wird dringend empfohlen. Dabei wird sich herausstellen, dass es zwei voneinander völlig unabhängige Rahmen mit $k = 3$ für `3-add` und $k = 10$ für `10-add` gibt. Die beiden Rahmen bilden jeweils das Anfangsglied der Umgebungen, die in der entsprechenden closure gespeichert werden. Die k's werden also völlig separat verwaltet und könnten nur von der jeweils zugehörigen Prozedur wertmäßig verändert werden.

Ob `3-add` und `10-add` physisch identischen Code für den Prozedurkörper verwenden, hängt von den Details der Scheme-Implementierung ab.

Aufgabe 2.25:
Ergänzen Sie das Umgebungsmodell in Abb. 2.6 um eine Prozedur `10-add`, also um einen 10-Addierer, und spielen Sie danach den Aufruf `(10-add 4)` durch.

Aufgabe 2.26:
Analysieren Sie den Aufruf (f1 9) = 36, wobei f1 durch folgende Definition gegeben ist,

```
(define f1
  (lambda (m)
    ((lambda (a b)
       (set! a (+ a 1))
       (+ (* a b b) m))
     2
     3)))
```

mit dem Umgebungsmodell. In diesem `define`-Ausdruck kommen eine Prozedurdefinition und eine Prozeduranwendung vor. Beachten Sie, dass die Anwendung erst bei obigem Aufruf und nicht etwa bei der Definition der Prozedur ausgeführt wird.

2.7.6 Prozeduren mit lokalem Zustand

Wir betrachten die beiden Prozeduren `f1` und `f2` mit folgenden Definitionen

```
(define f1
  (lambda (n)
    (let ([a 2][b 3])
      (set! a (+ a 1))
      (+ (* a n n) b))))
```

```
(define f2
  (let ([a 2][b 3])
    (lambda (n)
      (set! a (+ a 1))
      (+ (* a n n) b))))
```

Warum liefert `(f2 4)` bei wiederholtem Aufruf unterschiedliche Resultate, `(f1 4)` hingegen immer `51`?

Aus der Sicht guten Programmierstils sind die beiden Definitionen keinesfalls vorbildlich! Sie wurden so konstruiert, um ganz bestimmte Effekte studieren zu können.

Zuerst lösen wir den mit `let` eingebrachten syntaktischen Zucker auf. Dabei ist zu beachten, dass aus `(let ([a 2][b 3]) ...)` eine *Anwendung* (nicht etwa eine Prozedur oder closure) entsteht, nämlich `((lambda (a b) ...) 2 3)`. Die allgemeine Regel heißt:

```
(let ([v1 e1][v2 e2] ... [vn en]) E)
   => ((lambda (v1 v2 ... vn) E) e1 e2 ... en)
```

Die Verwendung von `let` bzw. `letrec` für lokale Gültigkeitsbereiche ist oft sehr bequem und wurde bereits auf S. 32 beschrieben.

Nach dem Ersetzen von `let` haben wir es also mit den folgenden Definitionen zu tun.

```
(define f1                          (define f2
  (lambda (n)                         ((lambda (a b)
    ((lambda (a b)                       (lambda (n)
       (set! a (+ a 1))                    (set! a (+ a 1))
       (+ (* a n n) b))                    (+ (* a n n) b)))
     2                                 2
     3)))                              3))
```

Analyse von `f1`

Wir beginnen unsere Analyse bei `f1`. Nach der Definition ergibt sich die in Abb. 2.8 skizzierte Umgebung E_1. Der Wert von `f1` ist also eine closure.

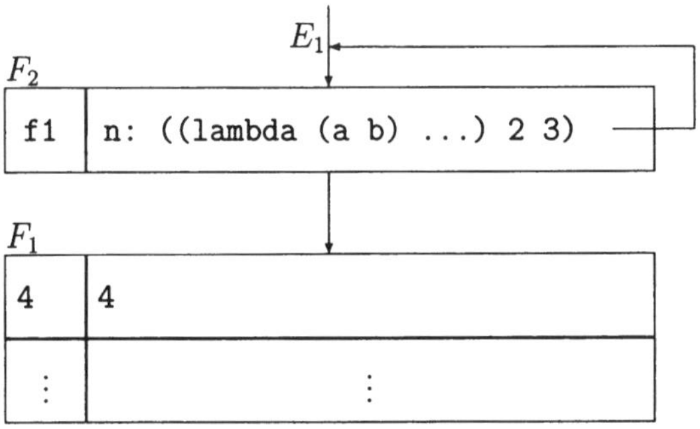

Abbildung 2.8: globale Umgebung (E_1): nutzerdef. (F_2) und eingebaute Variablen (F_1)

Bei Aufruf `(f1 4)` wird der Rumpf der Prozedur, also die Anwendung

```
((lambda (a b)
   (set! a (+ a 1))
   (+ (* a n n) b))
 2
 3)
```

in der Umgebung E_2 ausgewertet, nachdem der Rahmen F_3 für die Bindung von `n` eingerichtet wurde. Danach wird F_3 für die Bindungen von `a` und `b` aufgesetzt und die Umgebung E_3 gebildet. Das zugehörige Umgebungsmodell zeigt Abb. 2.9.

Die beiden Ausdrücke

```
(set! a (+ a 1))
(+ (* a n n) b))
```

werden nun in Umgebung E_3 evaluiert. Dabei wird der Wert von `a` zuerst inkrementiert. Das Ergebnis ist `(+ (* 3 4 4) 3)`=51. Danach nimmt das Umgebungsmodell wieder die in Abb. 2.8 dargestellte Gestalt an.

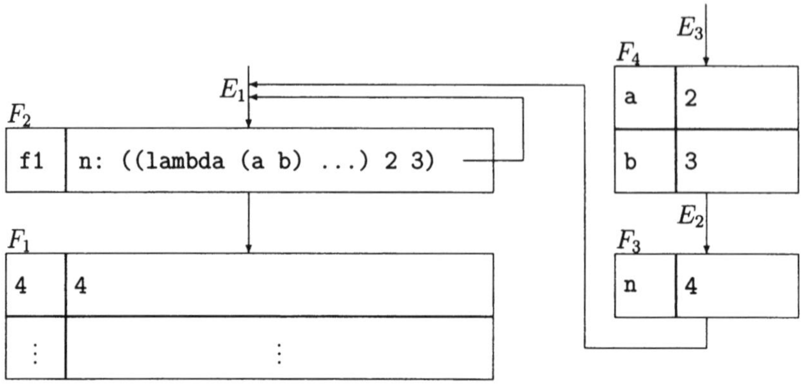

Abbildung 2.9: Umgebungsmodell für den Aufruf `(f1 4)`

Wiederholt man den Aufruf unverändert, wird der beschriebene Ablauf reproduziert und das gleiche Resultat ausgegeben.

Aufgabe 2.27:
Erklären Sie, weshalb `(f1 4)` die Zahl 30 ausgibt, wenn man alle in der Definition von `f1` vorkommenden `n` in `a` umbenennt. Scheuen Sie nicht die Mühe, ein dementsprechendes Umgebungsmodell zu skizzieren.

Analyse von `f2`

Die Analyse der Definition von `f2` führt zu einem ganz anderen Umgebungsmodell, wie man aus Abb. 2.10 ersehen kann.

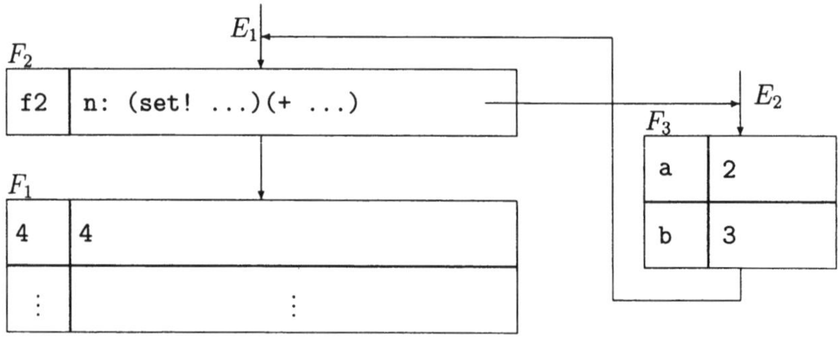

Abbildung 2.10: globale Umgebung (E_1) nach Definition von `f2`

Zuerst wird die Anwendung `((lambda (a b) ...) 2 3)` in der globalen Umgebung E_1 ausgeführt. Dies erzeugt Umgebung E_2 mit dem Rahmen F_3 für die Bindungen von `a` und b. Der λ-Ausdruck (**lambda** (n) ...) wird in E_2 evaluiert. Das Ergebnis ist eine closure, die als Wert von f2 in F_2 eingetragen wird. Die zur closure gehörende Umgebung ist $E_2 = F_3 \rightarrow F_2 \rightarrow F_1$.

Der Aufruf (f2 4) wird natürlich in der globalen Umgebung E_1 ausgewertet. Abb. 2.11 zeigt das zu diesem Aufruf gehörende Umgebungsmodell. In F_2 bzw. F_1 findet man die Werte von f2 bzw. 4. Für den Parameter n von f2 richten wir zeitweilig den Rahmen F_4, mit $n = 4$, ein.

Da die zu f2 gehörende Umgebung E_2 ist, zeigt der F_4 verlassende Pfeil auf E_2. Der Körper von f2 wird nun in $E_3 = F_4 \rightarrow F_3 \rightarrow F_2 \rightarrow F_1$ evaluiert. Das Ergebnis ist 51.

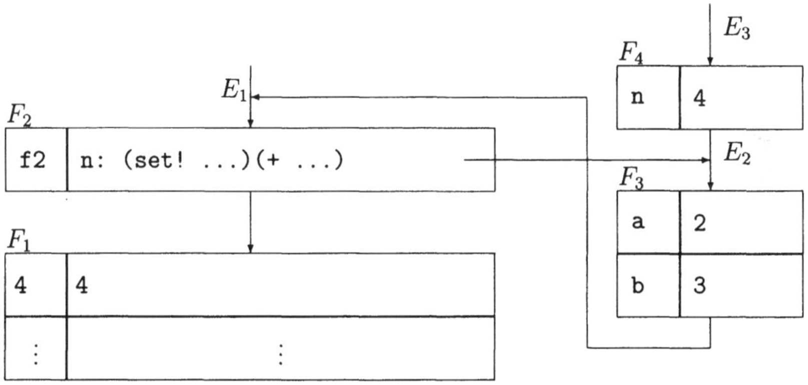

Abbildung 2.11: Umgebungsmodell beim *ersten* Aufruf von (f2 4)

Aufgrund der Wertveränderung von a nach (set! a (+ a 1)) wird der entsprechende Eintrag in F_3 modifiziert. Genau darin unterscheidet sich das Umgebungsmodell nach Abschluss der Evaluation von (f2 4) gegenüber dem in Abb. 2.10.

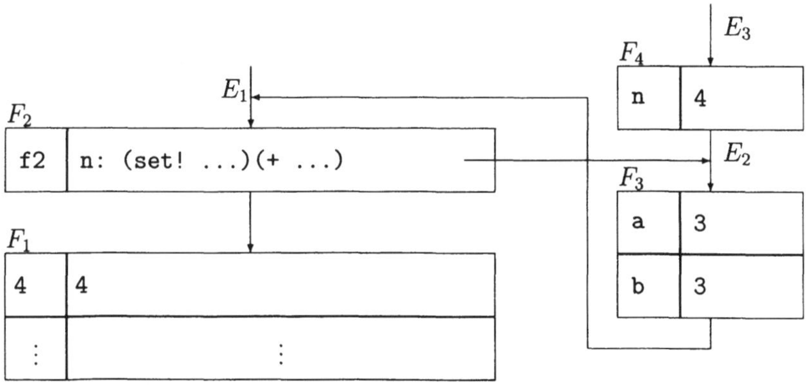

Abbildung 2.12: Umgebungsmodell beim *zweiten* Aufruf von (f2 4)

Der Rahmen F_4 und damit auch die Umgebung E_3 gehen verloren. Beim nächsten Aufruf `(f2 4)` werden sie wieder aufgebaut. Abb. 2.12 zeigt die Umgebung E_3 (mit dem neuen Wert für `a` in F_3), in der `(f2 4)` beim zweiten Aufruf ausgewertet wird. Das Ergebnis ist `(+ (* 4 4 4) 3)` = 67. Weitere Aufrufe (ohne vorherigen Neudefinition von `f2`) liefern 83, 99 und 115.

Auf diese Weise lassen sich Zustände, die bestimmte Eigenschaften eines Objektes kapseln, mit Funktionen modellieren.

Aufgabe 2.28:
Nehmen Sie nun in der Definition von `f2` die (zugegeben unsinnige) Umbenennung aller vorkommenden `n` zu `a` vor und erklären Sie, weshalb danach auch bei sämtlichen Aufruf-Wiederholungen die Zahl 128 als Wert von `(f2 4)` ausgegeben wird.

3 Dokumentbeschreibungssprachen

3.1 WYSIWYG vs. Markup

Im Gegensatz zu funktionsorientierten Programmiersprachen sind Dokumentbeschreibungssprachen für einen speziellen Einsatzzweck bestimmt. Gründe dafür, dass wir sie an dieser Stelle, also direkt im Anschluss an die funktionsorientierten Sprachen betrachten, sind in einer gewissen Verwandtschaft und vor allem ihrer überaus nützlichen Kooperation zu suchen. Näheres soll im Verlauf dieses Kapitels herausgearbeitet werden.

Klassische[1] Dokumente enthalten Text und Abbildungen. Sie werden mit einem geeigneten Editor erfasst bzw. verändert und sollen am Bildschirm angezeigt oder auf Papier ausgedruckt werden.

Für *Strukturierungen* des Inhaltes in Kapitel, Abschnitt, Tabellen usw., aber auch zur Layoutgestaltung (Hervorhebungen, Fett-, Kursivdarstellung u. a.) sind Zusatzinformationen in Form von *Attributen* notwendig. Diese Attribute werden bei sog. WYSIWYG-Systemen (What You See Is What You Get), s. S. 99, direkt angewandt, so dass ihr Effekt sofort am Bildschirm sichtbar wird.

Wir betrachten hingegen Texte, in denen sog. *Tags* (sprich: tägs) verwendet werden, um die betreffenden Textteile wie bei einer Klammerung damit einzuschließen, zu markieren oder auszuzeichnen. Sprachen, die für die Dokumentbeschreibung verwendet werden, heißen *Markup- oder Tag-Sprachen.*

„Tag" wird oftmals mit „Marke" übersetzt. Dies kann zu Verwechslungen führen, denn in der *imperativen Programmierung*, s. Kapitel 8, steht dieser Begriff für Sprungziele in Verbindung mit dem `goto`-Befehl. Auch Label ist als deutsche Entsprechung für Tag nicht sehr überzeugend. Wir entschließen uns daher, Tag direkt zu benutzen oder von *Markierung* zu sprechen.

Es gibt eine Reihe von Tag-Sprachen für eingeschränkte Anwendungsbereiche. Hierzu zählen LaTeX[2] und HTML, mit denen wir uns in diesem Kapitel aus einem ganz bestimmten Blickwinkel beschäftigen. Wir werden zeigen, dass es sehr vorteilhaft ist, wenn eine Markup-Sprache in ein leistungsfähiges Programmiersystem, wie Scheme, eingebaut

[1]Das Adjektiv „klassisch" soll unseren Betrachtungsgegenstand gegenüber modernen Dokumenten, die auch Audio- und Videoclips enthalten können, abgrenzen.

[2]Im Gegensatz zu HTML ist LaTeX selbst eine Programmiersprache. Dies werden wir hier aber nicht weiter thematisieren, sondern LaTeX-Kommandos lediglich als Tags ansehen.

wird. Im Zusammenhang mit der *Metasprache XML* (eXtensible Markup Language) (XPath, XSL, XSLT) geht man den umgekehrten Weg und baut auswertbare Ausdrücke in Markup-Sprachen ein.

Die Verwendung von XML hat seit ihrer Existenz kommerzielle Systementwicklungen deutlich beeinflusst. Eine mit XML definierte Sprache gilt als universelles Datenformat, das Daten zwischen beliebigen Anwendungen (auch im Netz) auszutauschen gestattet.

3.2 LaTeX

Ein Musterbeispiel für Textsysteme, die mit Dokumentbeschreibungen arbeiten, ist LaTeX (sprich: latech oder lejtek). In den eigentlichen Text werden spezielle LaTeX-Kommandos geschrieben. Schließlich wird ein syntaktisch korrektes LaTeX-Dokument mit dem Programm `pdflatex` in ein `pdf`-Dokument übersetzt[3]. Dieses Zieldokument kann man sich mit einem pdf-reader am Bildschirm ansehen.

Das folgende Dokument liefert die in Abb. 3.1 gezeigte Darstellung im pdf-reader.

```
\documentclass[11pt,a4paper]{scrartcl}
\usepackage{scrdate}
\usepackage{scrtime}
\usepackage{ngerman}
\usepackage{parskip}
\pagestyle{empty}
\begin{document}
  \tableofcontents
  \section{Einf{\"u}hrung}
    \subsection{{\"U}ber die Rolle von der Bedeutung}
      Jawohl, wir m{\"u}ssen in dieser Frage ganz genau sein.
    \subsection{Von der Bedeutung der Rolle}
      Hier stellt sich die Frage, ob es sich um eine feste oder lose
      Rolle handelt. Darunter verstehen wir:
      \begin{description}
        \item[Lose Rollen] finden wir dort, wo es keine festen Rollen gibt.
        \item[Feste] Rollen sind solche, die vor allem in
        diebstahlgef{\"a}hrdeten Gebieten besondere Verbreitung
        erfahren. Die Gr{\"u}nde daf{\"u}r liegen auf der Hand.
      \end{description}
  \subsection{Fazit}
    Die Rollen haben Bedeutung!
\end{document}
```

[3] Dabei handelt es sich um einen Compiler. Im Unterschied dazu, wird die Darstellungsaufgabe eines HTML-Dokuments in einem Browser durch einen Interpreter übernommen, s. Abschn. 3.3.

Inhaltsverzeichnis

1 Einführung

1.1 Über die Rolle von der Bedeutung

Jawohl, wir müssen in dieser Frage ganz genau sein.

1.2 Von der Bedeutung der Rolle

Hier stellt sich die Frage, ob es sich um eine feste oder lose Rolle handelt. Darunter verstehen wir:

Lose Rollen finden wir dort, wo es keine festen Rollen gibt.

Feste Rollen sind solche, die vor allem in diebstahlgefährdeten Gebieten besondere Verbreitung erfahren. Die Gründe dafür liegen auf der Hand.

1.3 Fazit

Die Rollen haben Bedeutung!

Abbildung 3.1: Darstellung eines ins pdf-Format konvertierten LaTeX-Textdokuments

Es gibt gute Gründe, weshalb man bei höheren Anforderungen an Textgestaltung einem Dokumentbeschreibungssystem gegenüber einem WYSIWYG-System[4] den Vorzug geben sollte.

LaTeX-Dokumente sind klein, denn sie sind schlichte Textdokumente, die mit einem gewöhnlichen Editor bearbeitet werden können. Folglich gibt es keine Sonderformate, wenn man einmal von einzufügenden Bildern absieht. Die in LaTeX-Dokumenten verwendeten Strukturierungsmittel, wie Abschnittsüberschriften verschiedener Gliederungstiefe (section, subsection, subsubsection), entsprechen im Wesentlichen den Forderungen der Typografie, deren fundierte Kenntnis von einem Textbearbeiter im Allg. nicht erwartet werden kann. Solche Festlegungen bestehen beispielsweise für den Abstand zu vor-

[4]Manche weisen mit der verfälschten Fassung WYSYNG für „what you see you'll never get" auf diverse Verarbeitungsprobleme solcher Systeme hin. Das Druckbild sieht dann anders aus als die Bildschirmdarstellung; und bei Dokumenten ernsthafter Größe ist alles noch ganz anders.

und nachstehendem Text einer bestimmten Gliederungsart, die Auswahl von Schriftart und -größe, der Arbeit mit Unterstreichungen und Hervorhebungen. Inhalts- und Abbildungsverzeichnis sowie Sachwortverzeichnis werden aus Markierungen im Text automatisch generiert.

Der wichtigste Vorteil von Dokumentbeschreibungssystemen gegenüber der WYSIWYG-Ausführung ist deren Verarbeitbarkeit mit diversen Programmen. Grundsätzlich – und dies ist auch für LaTeX typisch – können solche Dokumente in Zieldokumente unterschiedlichen Typs übersetzt werden.

Dabei ist wichtig, dass ein Zielformat auch vom individuellen Nutzer definiert werden kann. Auf diese Weise kann man dafür sorgen, dass ein universell anwendbares Programm die Daten (Text mit Markierungen) in genau der erwarteten Form erhält. Dies übersteigt offensichtlich die Leistungsfähigkeit vorgefertigter Konverter, die man natürlich auch für WYSIWYG-Produkte bereithält. Für Textdokumente mit Markierungen ist es eher eine studentische Übungsaufgabe, eine Transformation zu beschreiben, die – sagen wir – einem blinden Nutzer das Inhaltsverzeichnis eines Buches vorliest, ohne dass dafür ein neues Dokument erstellt werden muss. Eine solche Transformation würde man übrigens wieder mit einer Beschreibungssprache formulieren und einem Compiler übergeben, der dann die Transformation ausführt. Hier treffen wir das erste Mal auf das Single-source-and-multiple-purpose-Prinzip.

Die genannten Vorzüge von Markierungssprachen überschreiten den Bereich der LaTeX-Anwendungen und lenken uns auf XML, s. Abschn. 3.3.2. Anstelle LaTeX-Markierungen zu benutzen, ist es üblich, mit *Markierungen in Spitzenklammern* zu arbeiten, so wie sie bei HTML verwendet und im nächsten Abschnitt behandelt werden.

3.3 Hypertext Markup Language (HTML) und Webauthoring

3.3.1 HTML-Dokument: Struktur und Interpretation

Ein HTML-Dokument ist ein Text. Dieser Text enthält neben dem eigentlichen *Inhalt* *Strukur-* und *Gestaltungsangaben.* Hier ist ein sehr einfaches Beispiel, an dem man die Grundstruktur gut erkennen kann.

```
<html>
  <head>
    <title>Einfache Webseite</title>
  </head>
  <body>
    <h1>Aufgabenzettel</h1>
      <ol>
```

```
        <li>Fruestueck</li>
        <li>Lesen</li>
        <li>Mittagessen</li>
        <li>Hund ausfuehren</li>
      </ol>
      <p>Schluss!</p>
   </body>
</html>
```

In einem gängigen Webbrowser erhalten wir eine Darstellung, wie in Abb. 3.2.

Abbildung 3.2: Ein sehr einfaches HTML-Dokument (Browserdarstellung)

Die Markierungen in HTML werden in Spitzenklammern eingefasst. Daran sind sie gut erkennbar. Obwohl eine Markierung eigentlich stets als Anfangs- und Ende-Tag auftreten müsste, ist der *HTML-Parser* im Browser sehr großzügig. Ein Parser zerlegt (engl. parse) den Eingabetext und stellt fest, ob die grammatikalischen Regeln der Sprache bei dem untersuchten Text (Wort) korrekt angewandt wurden.

Wir werden hier nur syntaktisch korrekte HTML-Dokumente im strengen Sinne behandeln.

Eine allgemeine Einführung und ausführliche Dokumentation findet man unter

`http://selfhtml.teamone.de/`

Dort wird auch erklärt, wie man mit den deutschen Umlauten und dem ß umgeht.

3.3.2 XML-Editor in DrScheme

XML ist eine Metasprache, mit deren (nicht alleiniger) Hilfe die Syntax und Semantik von Dokumentbeschreibungssprachen definiert wird. HTML ist also eine von beliebig vielen mit XML definierbaren Sprachen.

Neben der Möglichkeit, auf diese Weise neue Dokumentbeschreibungssprachen zu definieren, steht vor allem der Aspekt der *Datenbeschreibung* im Vordergrund. So könnte beispielsweise eine Adresse in folgender Form angegeben werden.

```
<adresse>
    <vorname>Igor</vorname>
    <name>Mayer</name>
    <plz>0815</plz>
    <ort>Tollestadt</ort>
    <strasse hausnummer="12a">Am Teich</strasse>
</adresse>
```

Offensichtlich sind beliebige, den sprachlichen Bedürfnissen angepasste Markierungen definierbar, die man irgendwie benennen kann.

Programme, zwischen denen aus irgendwelchen Gründen Daten ausgetauscht werden, müssen die Sprache, die zur Beschreibung dieser Daten eingesetzt wird, kennen, um die angestrebte *Austauschfähigkeit* ohne „Missverständnisse" zu sichern. Um die Syntax und Semantik einer mit XML definierten Sprache beschreiben zu können, bedient sich XML weiterer Sprachen und Methoden, die wir hier nicht weiter vorstellen.

Die obigen Erläuterungen zu XML geben einen Ausblick auf Inhalte, die in späteren Kursen thematisiert werden. Hier beschränken wir uns auf HTML. Dies gilt auch dann, wenn von einem XML-Editor in DrScheme die Rede ist. Für uns ist es ein HTML-Editor.

Zur Arbeit mit XML in DrScheme laden wir die Bibliothek `"xml.ss"`, schreiben also im Definitionsfenster

```
(require (lib "xml.ss" "xml"))
```

und führen per Execute die Evaluation aus.

DrScheme unterstützt verschiedene Repräsentationen für XML-Texte. Zur Eingabe eines solchen in Tag-Notation wird eine *XML-Box* angeboten. Wir fügen eine solche Box im Definitionsfenster ein: Aus der oberen Menüleiste wählen wir `Special` und danach `Insert XML Box`.

Nach Eingabe einer öffnenden Markierung, wie etwa `<adresse>`, fügt der eingebettete Editor die zugehörige schließende Markierung, hier `</adresse>` hinzu. Das ist sehr bequem für uns.

Darüber hinaus bieten sog. *Scheme-Boxes* eine weitere Unterstützung bei der Eingabe von HTML-Dokumenten. Eine Scheme-Box wird stets innerhalb einer XML-Box verwendet und ganz analog zu den XML-Boxes aus der Menüleiste ausgewählt. Der in die Box einzugebende Scheme-Ausdruck muss eine Zeichenkette oder eine Liste von Zeichenketten zurückgeben. Der Ausdruck wird an der Stelle seines Auftretens im HTML-Dokument evaluiert. Das Ergebnis wird genau dort in das Dokument eingefügt.

Je nachdem, ob eine Zeichenkette oder eine Zeichenkettenliste zurückgegeben wird, entscheidet man sich für den Typ der Scheme-Box: Scheme-Box im ersten und *Splice Scheme Box* im zweiten Fall. Das Umschalten geschieht mit der rechten Maustaste, durch einmaliges Klicken auf die rechte obere Ecke der Box.

Weiter unten werden wir ein Beispiel sehen, in dem die dadurch gewonnene Arbeitserleichterung für den Autor von Webseiten überzeugend dargestellt wird. Zunächst aber betrachten wir in Abb. 3.3 ein sehr einfaches Beispiel. Man erkennt die gewählte Einstellung am Symbol in der rechten oberen Ecke der Box: `,@` symbolisiert eine Splice Scheme Box.

```
(define web01
  <>
  <html>
  <head>
  <title>My first Web page</title>
  </head>
  <body text="darkgreen">
  <p>Fakult&auml;t</p>
  <p>
    ,@
    (letrec
        ([fak
          (lambda (n)
            (if (= n 0)
                1
                (* n (fak (- n 1)))))])
      (let ([x 3])
        (list
         (number->string x)
         "!="
         (number->string (fak x)))))
  </p>
  </body>
  </html>
)
```

Abbildung 3.3: Eingabe eines XML-Ausdrucks im DrSchemeXML-Editor

Kopiert man den Inhalt der XML-Box aus Abb. 3.3 mittels „Kopieren und Einfügen“ in einen Texteditor, so wird erwartungsgemäß die folgende Repräsentation verwendet.

```
<html>
<head><title>My first Web page</title></head>
<body text="darkgreen">
<p>Fakult&auml;t</p>
<p>
(letrec
    ([fak
      (lambda (n)
        (if (= n 0)
            1
            (* n (fak (- n 1)))))])
  (let ([x 3])
    (list
     (number->string x) "!=" (number->string (fak x)))))
</p>
</body>
</html>
```

Dies sieht nun schon sehr nach einem gültigen HTML-Dokument aus, es ist aber noch keines. Ein Browser (ohne irgendwelche „Scheme-Zusätze") würde mit dem eingebauten Scheme-Ausdruck nichts anfangen können.

Welchen Wert hat `web01` nach der Definition?

```
> web01
(html
 ()
 (head () (title () "My first Web page"))
 (body
   ((text "darkgreen")) (p () "Fakult" auml "t") (p () "3" "!=" "6")))

> (list? web01)
#t
```

Wie wir sehen, ist der eingegebene HTML-Ausdruck in eine Scheme-Liste verwandelt worden. Dabei handelt es sich nicht um eine Scheme-typische Evaluation eines Scheme-Ausdrucks, sondern um eine aufgesetzte Übersetzung der „XML-Box-Sprache" in eine Scheme-Liste fest definierter Bauart. Die strukturelle Verwandtschaft zwischen Dokumentbeschreibungssprachen und Scheme-Listen ist offensichtlich.

Wir nennen den Wert von `web01` einen *X-Ausdruck* (X-expression, `xexpr`).

Ein *X-Ausdruck* ist eine Scheme-Liste, die aus mindestens einem Element besteht. Das erste (und stets vorhandene) Element ist der Name der Markierung, z. B. `body`. Danach folgt die *Attributliste*, die ihrerseits *Name-Wert-Zweierlisten* enthält, für `body` in obigem

Beispiel ist das `((text "darkgreen"))` zur Festlegung der Textfarbe. Hat eine Markierung in der X-Box kein Attribut, so steht im zugehörigen X-Ausdruck dafür eine leere Argumentliste. Ab dem dritten Element folgen weitere HTML-Elemente in X-Ausdruck-Gestalt. Da eine Scheme-Liste mit einer schließenden Klammer beendet wird, erübrigt sich die Nennung der HTML-typischen Endmarkierung.

Der beschriebene Aufbau von X-Ausdrücken (`[xexpr]`) wird formal durch die folgenden (teilweise rekursiven) Regeln beschrieben.

```
[xexpr] --> ([tag] [xexpr]*)
[xexpr] --> ([tag] ([attr]*) [xexpr]*)
[attr]  --> ([name] [value])
```

Der Stern bedeutet, dass der Ausdruck, auf den er sich bezieht, beliebig oft wiederholt werden darf. Er kann auch ganz entfallen, wie das in den Attributteilen sämtlicher Teilausdrücke von `web01` außer bei `(body ...)` der Fall ist. `value` muss eine Zeichenkette sein. Die verwendeten Attributnamen sind paarweise verschieden.

Da ein im XML-Editor eingegebener HTML-Text in der beschriebenen Weise in eine zugehörige Scheme-Liste transformiert wird, ist es auch möglich, eben diese Liste direkt einzugeben oder mittels geeigneter Scheme-Ausdrücke erzeugen zu lassen. Es führen also mehrere Wege zu einem X-Ausdruck.

Ein XML-Dokument wird in DrScheme als `structure` repräsentiert. Die Konvertierung eines X-Ausdrucks in den zugehörigen interessanten Teil eines XML-Dokuments erledigt die einstellige Prozedur `xexpr->xml`.

```
(define web01-xml (xexpr->xml web01))
```

Wie schon angedeutet, wird der X-Ausdruck dabei nur in den interessierenden Element-Teil eines XML-Dokuments übertragen.

```
> web01-xml
#(struct:element
  scheme
  scheme
  html
  ()
  (#(struct:element
     scheme
     scheme
     head
     ()
     (#(struct:element
        scheme
        scheme
        title
        ()
```

```
        (#(struct:pcdata scheme scheme "My first Web page")))))
    ...
```

Das obige Anfangsstück von `web01-xml` beginnt mit dem Element-Teil. Da `write-xml` zum Schreiben eines HTML-Dokuments jedoch ein vollständiges Dokument erwartet, ist `write-xml` nicht auf `web01-xml` anwendbar. In diesem Falle liefert `write-xml/content` das Gewünschte.

```
> (write-xml/content web01-xml)
<html><head><title>My first Web page</title></head>
<body text="darkgreen"><p>Fakult&auml;t</p><p>3!=6</p></body></html>
```

Aufgabe 3.1:
Verwenden Sie `display-xml/content` anstatt `write-xml/content` um eine im Layout verbesserte Darstellung zu erhalten. Machen Sie sich außerdem mit `xml->xexpr` und `xexpr->string` vertraut. DrScheme-Hilfe benutzen: Stichwort XML.

Die Ausgabe eines XML-Dokuments erfolgt üblicherweise in eine Datei.

```
> (with-output-to-file
    "C:\\Temp\\web01.html"
    (lambda () (write-xml/content web01-xml)))
```

`with-output-to-file` erwartet zwei Argumente: den Namen einer *noch nicht existierenden* Ausgabedatei und eine 0-stellige Prozedur (thunk), die die eigentliche Ausgabe bewirkt.

Wir können den Inhalt dieser Datei im Browser interpretieren und anzeigen lassen. Dies kann – wie üblich – in einem externen Browser, z. B. Netscape, geschehen. DrScheme stellt hierfür nach dem Laden der erforderlichen Bibliothek

```
(require (lib "browser.ss" "browser"))
```

einen internen Browser bereit. Dessen Aufruf mit der erzeugten Datei lautet:

```
> (open-url "file:C:\\Temp\\web01.html")
```

Das Ergebnis ist in Abb. 3.4 sichtbar.

Schließen Sie das Browser-Fenster nicht. Mit jedem weiteren `open-url`-Aufruf wird jeweils ein neues Browser-Fenster erzeugt.

Wir lesen nun den Inhalt der oben geschriebenen Beispiel-Datei wieder aus und wollen den Rückgabewert auf dem Bildschirm anzeigen. Hierfür gibt es zwei Möglichkeiten.

```
> (write-xml (with-input-from-file "C:\\Temp\\web01.html" read-xml))
> (write-xml/content
     (with-input-from-file "C:\\Temp\\web01.html" read-xml/element))
```

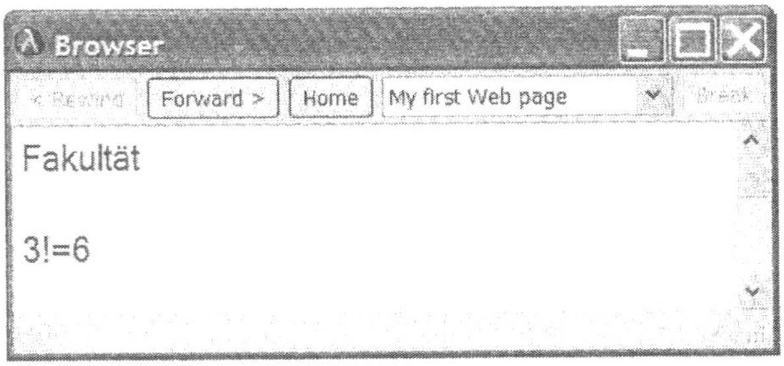

Abbildung 3.4: Darstellung der generierten Web-Seite im DrScheme-Browser

Durch den ersten Aufruf wird das vollständige XML-Dokument (HTML-Dokument) gelesen. Das Lesen geschieht mit `read-xml` und das Schreiben analog mit `write-xml`. Der eigentlich interessierende Inhalt befindet sich im Element-Teil.

```
> web01-back
#(struct:document
  #(struct:prolog () #f ())
  #(struct:element
    #(struct:location 1 1 1)
    #(struct:location 1 117 117)
    html
    ()
    (#(struct:element
       #(struct:location 1 7 7)
       #(struct:location 1 52 52)
       head
       ()
       ...
```

Der zweite Aufruf kümmert sich nur um den eigentlich interessierenden Teil des XML-Dokuments.

Beide Aufrufe könnten beim gewissenhaften Leser Verwunderung auslösen: Da nämlich `with-input-from-file` als zweiten Parameter einen Thunk erwartet, müssen `read-xml` und `read-xml/element` zwangsläufig 0-stellige Prozeduren sein. Dies ist in der Tat der Fall, wie man sich durch geeignete Aufrufe von `procedure-arity` überzeugen kann. Die beiden Prozeduren sind 0- oder 1-stellig.

3.3.3 Webauthoring: Generierte HTML-Dokumente

Wie wir weiter oben in Abb. 3.3 gesehen haben, ist es sehr einfach, Scheme-Ausdrücke innerhalb von Dokumentbeschreibungen zu platzieren. Bei der Evaluation des betrachteten X-Ausdrucks werden auch die ggf. darin eingebetteten Scheme-Ausdrücke ausgewertet.

Der Wert eines solchen Scheme-Ausdrucks wird an der Einbettungsstelle in das Dokument integriert. Durch diese Form der Seitengenerierung kann der Webseitenautor eine Menge Schreibarbeit einsparen.

Dies wird in folgendem Beispiel deutlich. Wir wollen ein HTML-Dokument herstellen, das eine Wertetafel für die Fakultätsfunktion zeigt. Die mit HTML zu beschreibende Tabelle sieht folgendermaßen aus.

```
<table>
  <tr> <td>0! =</td> <td>1</td> </tr>
  <tr> <td>1! =</td> <td>1</td> </tr>
  <tr> <td>2! =</td> <td>2</td> </tr>
  ...
</table>
```

Aufgabe 3.2:
Definieren Sie die Variable `web02` als Scheme-Liste mit der vollständigen Beschreibung des entsprechenden HTML-Dokuments.

Die Punkte in der Zeile vor `</table>` deuten an, dass jede Zeile der Tabelle den gleichen Aufbau besitzt. Lediglich die beschriebenen Daten ändern sich.

Dies ist wieder ein typischer Fall, indem wir mittels Abstraktion zu einer Scheme-Prozedur gelangen, die die gewünschte Tabellenbeschreibung erzeugt. Zunächst stellen wir die Definition der Prozeduren `fak`, für die Fakultät, und `wertetafel` bereit.

```
(define fak
  (lambda (n)
    (if (= n 0)
        1
        (* n (fak (- n 1))))))

(define wertetafel
  (lambda (von bis step f)
      (letrec
          ([helfer
            (lambda (n)
              (if (> n bis)
                  '()
                  (cons
                   `(tr (td ,(number->string n))
                        (td ,(number->string (f n))))
                   (helfer (+ n step)))))])
        (helfer von))))
```

`wertetafel` erwartet vier Argumente: den Anfangswert, den Endwert, die Schrittweite und eine einstellige Prozedur, die die entsprechenden Funktionswerte berechnet.

```
> (wertetafel 0 3 1 fak)
((tr (td "0") (td "1"))
 (tr (td "1") (td "1"))
 (tr (td "2") (td "2"))
 (tr (td "3") (td "6")))
```

Dem Aufrufbeispiel entnimmt man, dass genau der Teil, der die Tabelle beschreibt, erzeugt wird. Von daher ist jetzt klar, dass wir lediglich den gewünschten Aufruf von `wertetafel` in `web03` einzubetten haben. Die Definition von `web03` erledigen wir wieder mit einer XML-Box, die eine Scheme Splice Box für `(wertetafel 0 10 1 fak)` enthält. Der Wert von `web03` ist:

```
<html>
 <head><title>My third Web page</title></head>
 <body text="darkgreen">
  <p>Fakult&auml;t</p>
  <table>
   (wertetafel 0 10 1 fak)
  </table>
 </body>
</html>
```

Es wird dringend empfohlen, einen Blick auf den Wert von `web03` zu werfen: Verwenden Sie `(write-xml/content (xexpr->xml web03))`.

Aufgabe 3.3:
Schreiben Sie das zu `web03` gehörenden XML-Dokument in die Datei `web03.html` und betrachten Sie die Datei im DrScheme-Browser.

Abschließend sei noch einmal betont, dass die Seitengenerierung vollständig in „der Werkstatt“ des Webautors geschieht. Es handelt sich also *keineswegs* um sog. dynamische Webseiten-Erzeugung. Mit Letzterem beschäftigt sich der folgende Abschnitt ansatzweise.

3.3.4 Dokumentgenerierung „on the fly“

Im Beispiel aus Abschn. 3.3.3 wird das betrachtete Dokument zunächst erzeugt und danach gespeichert. Dem Dokumentautor wird im Gegensatz zu üblichem Webauthoring oft sehr umfangreiche Schreibarbeit abgenommen: Die erzeugten Resultate, nämlich die Fakultäten, müssten anderenfalls zwischengespeichert und anschließend per Hand zwischen die Tabellendatenmarkierungen (`<td>...</td>`) geschrieben werden. Insofern hat die *Einbettung der Dokumenterzeugung in eine Sprache, wie Scheme,* einen beachtlichen Vorteil gegenüber allen in der Praxis vorherrschenden Techniken.

Wir können aber noch einen Schritt weitergehen und Dokumente *on the fly* generieren. Dabei wird das Dokument erst bei Bedarf, on demand, wie man heute sagt, erzeugt im Browser angezeigt. Dies erreicht man durch Verwendung spezieller **mzscheme**-Markierungen. Scheme-Code, der zwischen diesen Tags steht, wird vom Browser beim Aufruf der Seite ausgewertet.

Um dies anhand des o. g. Beispiels vorzuführen, betten wir sämtlichen Scheme-Code, der zur Erzeugung der Webseite erforderlich ist, an der Stelle der Punkte in der Markierung `<!-- mzscheme="..." -->` ein.

```
(define web04
  "<html>
  <h1>Wertetafel Fakult&auml;t</h1>
  <table>
  <!-- mzscheme=\"
  (letrec
      ([fak
        (lambda (n)
          (if (= n 0)
              1
              (* n (fak (- n 1)))))]
       [wertetafel
        (lambda (von bis step f)
          (letrec
              ([helper
                (lambda (n)
                  (if (> n bis)
                      ||
                      (string-append
                       |<tr>|
                       |<td>| (number->string n) |! = | |</td>|
                       |<td>| (number->string (f n)) |</td>|
                       |</tr>|
                       (helper (+ n step)))))])
            (helper von)))])
    (wertetafel 0 (read) 1 fak))\" -->
    </table>
    </html>")
```

Da der Wert von **web04** selbst eine Zeichenkette ist, wird den beiden Hochkommata von **mzscheme** ein Backslash vorangestellt. Ein im Scheme-Code ggf. vorkommendes Hochkomma wird durch einen senkrechten Strich ersetzt.

Der Wert von **web04** wird nun mit **display** in die Datei **web04.html** geschrieben. Damit die speziellen **mzscheme**-Markierungen wirksam werden, muss die Datei im Ordner der doc-Kollektion des PLT-Baumes liegen. Der voreingestellte doc-Pfad braucht nicht mühsam per Hand eingegeben zu werden. Man erfragt ihn mittels `collection-path`.

```
(define file (build-path (collection-path "doc") "web04.html"))
> (with-output-to-file file (lambda () (display web04)))
```

Die in Abb. 3.5 angegebene Browserdarstellung

Abbildung 3.5: Dynamische Webseite mit Interaktion

erhält man mit

```
> (open-url (string-append "file:" file))  ; z.B. Eingabe 20
```

wobei die Eingabe eines Endwertes, z. B. 20, für das letzte Argument der Fakultätsfunktion erwartet wird. Dies gibt dann auch gleich eine Vorgeschmack auf mögliche Interaktionen mit dem Nutzer, die in solche Dokumente, z. B. mittels Scheme-`read` eingebaut werden können.

Die hier vorgeführte Arbeitstechnik wird in der Praxis beispielsweise bei JSP (Java Server Pages) angewandt. Es gibt leistungsfähige Frameworks, wie etwa Cocoon aus dem Apache-Projekt, zur Unterstützung automatisierter Zieldokumentgenerierung on the fly.

Aufgabe 3.4:
Machen Sie sich mit der Markierung `<A MZSCHEME="...">hyperlink</A>` vertraut. Der damit erzeugte Hyperlink führt bei dessen Aktivierung auf eine neue Seite, deren Inhalt durch den Rückgabewert (Zeichenkette) des für die Punkte angegebenen Scheme-Ausdrucks bestimmt wird.
Im Unterschied zu der o. g. Kommentar-Form `<!-- mzscheme="..." -->` wird der betreffende Scheme-Ausdruck also erst nach einem Klick auf den Link (auf einer neuen Seite) ausgewertet.

3.4 Inhalt, Struktur und Layout

Man kann die Verwendung von Dokumentbeschreibungssprachen auch unter einem sehr kritischen Blickwinkel sehen: Es findet eine *Vermischung von Inhalt, Angaben zur logischen Struktur und zum Layout* statt. Dies führt zu einem weit verbreiteten Anfängerfehler bei der Arbeit mit einem Textsystems, wie etwa Word, nämlich die *Direktformatierung*, wie Fettdruck, kursiv oder die lokale Festlegung einer bestimmten Schriftgröße.

Hängt man derlei Gestaltungsattribute direkt an den betreffenden Text, führt dies bei ernsthaften Projekten zu Problemen, wenn mehrere Dokumente zusammenfügt oder ein einheitliches Erscheinungsbild für Dokumente gleichen Typs, z. B. bei Vorlesungsskripten, hergestellt werden sollen – wenn sich also Umformatierungen notwendig machen. Dann müssen die angehängten Markierungen entfernt bzw. durch andere substituiert werden.

Der Korrekturaufwand wäre wesentlich geringer, wenn man die *Semantik solcher Markierungen* verändern könnte. Textsysteme bieten dafür *Formatvorlagen* an. Anstelle eine Textstelle direkt zu formatieren, verknüpft man sie jeweils mit einem *Attributnamen* der Formatvorlage. Änderungen in der Formatvorlage werden dann automatisch auf alle mit dem betreffenden Attributnamen verbundenen Textteile angewandt. Formatvorlagen enthalten Angaben zur Dokumentstruktur, z. B. Absätze und Tabellen, sowie zum Layout (Schriftgröße, Farbe usw.).

In LaTeX ist die Veränderung der Tag-Semantik unerwünscht (aber grundsätzlich möglich) und wird deshalb absichtlich erschwert.

Für HTML-Dokumente gibt es *Cascading Stylesheets* (CSS). Voreinstellungen können durch nutzerdefinierte Bedeutungen überlagert werden. CSS können entweder direkt in HTML-Dokumente direkt eingefügt oder in separaten Dateien untergebracht werden. Letztere Variante ist im Allg. wegen der Verwendbarkeit des CSS für mehrere gleichartige HTML-Dokumente vorzuziehen.

Wir geben ein sehr einfaches Beispiel an. Die Datei `bsp01css.html` hat den folgenden Inhalt:

```
<html>
  <head>
    <title>Meine erste Web-Seite mit CSS</title>
    <link rel="stylesheet" type="text/css" href="formate.css">
  </head>
  <body>
    <h1>Worum geht es?</h1>
      <h2>Warum geht es?</h2>
        <p>Code-Beispiel:</p>
        <pre>((lambda (n) (* n n)) 3)</pre>
        <p>Schluss</p>
  </body>
</html>
```

Hier folgt der Inhalt der `formate.css`-Datei.

```
h1,h2,h3,h4,p,ul,ol,li,div,td,th,address,blockquote,nobr,b,i {
 font-family:Arial,sans-serif; }
h1 { font-size:26px; margin-bottom:18px; color:red; }
h2 { font-size:21px; margin-bottom:18px; color:green; }
p,ul,ol,li,div,td,th,address,blockquote { font-size:13px; }
li { margin-top:3px; }
pre { font-family:Courier New,Courier; font-size:13px; color:brown; }
code,kbd,tt { font-family:Courier New,Courier; color:#0000C0; }
```

Abb. 3.6 deutet die Darstellung von `bsp01css.html` im Browser an.

Natürlich kann man sich viel weitergehende Anforderungen an die *Trennung von Inhalt, Struktur und Layout* vorstellen. Wünsche dieser Art führen uns zum *Publizieren aus einer Quelle* (single source publishing). Das Ziel besteht darin, ein geeignet repräsentiertes Dokument in unterschiedliche Ausgabemedien – oder allgemeiner gesagt – für verschiedene Anwendungszwecke nutzbar zu machen, ohne es manuell umschreiben zu müssen. Typische Ausgabemedien sind beispielsweise: Papierausdruck, Bildschirmdarstellung und Audioausgabe (Vorlesen mit sog. page reader). Allein bei der Bildschirmdarstellung kommen unterschiedliche Formate, etwa HTML, pdf oder postscript, in Betracht. Die Erzeugung solcher Zieldokumente sollte automatisch geschehen und neben den Inhalten auch grundsätzliche Struktur- und Layoutfestlegungen beibehalten[5].

Für LaTeX-Dokumente gibt es mehrere, zum Teil sehr leistungsfähige Übersetzer. Die dvi- und ps-Compiler gehören zum Systempaket. `pdflatex` übersetzt nach pdf, LaTeX2HTML

[5]Manchmal ist es auch wünschenswert, mit der Wahl des Zielmediums auch das Layout des Zieldokuments anzupassen. Layout- und sogar Strukturierungsbedürfnisse von Dokumenten können ganz unterschiedliche Erwartungen zu erfüllen haben.

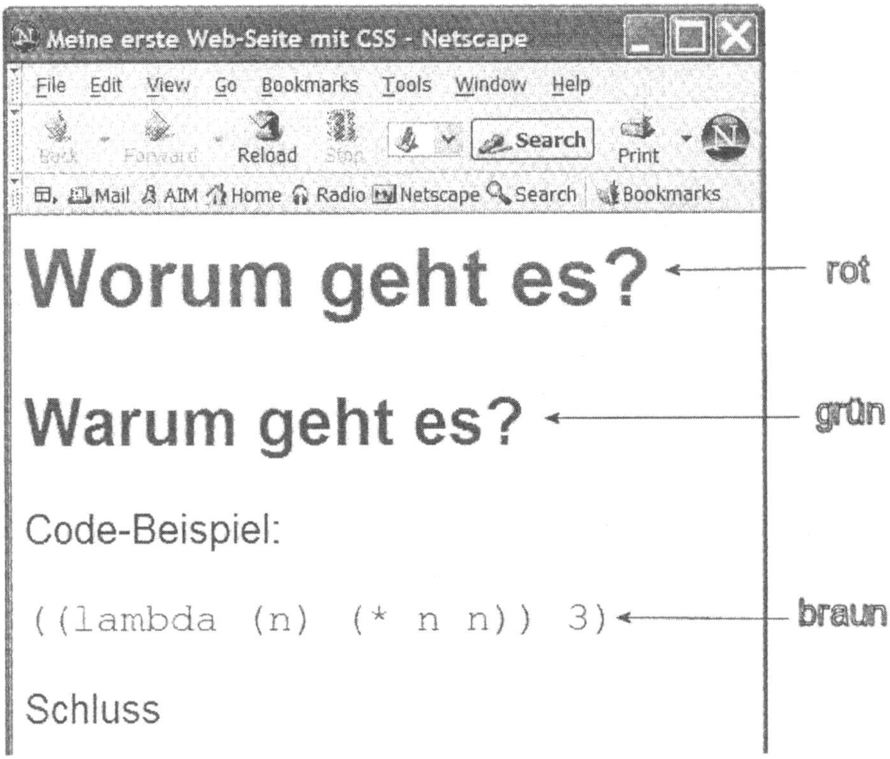

Abbildung 3.6: Darstellung einer HTML-Datei mit CSS

von Nikos Drakos erzeugt HTML-Dokumente. Neben der Installation eines vollständigen LaTeX-Systems wird für LaTeX2HTML zusätzlich Perl benötigt.

Um Scheme-Ausdrücke adäquat formatieren zu können, sind spezielle Markierungen, wie etwa `\begin{schemedisplay} ... \end{schemedisplay}`, erforderlich. Ein Programm, das solche Tags verarbeiten kann, ist `slatex` von Dorai Sitaram. Es benötigt neben einem LaTeX-System einen Scheme-Interpreter, wie beispielsweise DrScheme oder Chez Scheme.

Soll es darüber hinaus möglich sein, Scheme-Ausdrücke, die im Dokument vorkommen, bei der Textverarbeitung zu evaluieren, d. h. Scheme als Erweiterungssprache für LaTeX zu verwenden, benötigt man ein Programm wie `tex2page` von Dorai Sitaram. Es startet im Hintergrund ein Scheme-System, das die entsprechenden Teile angemessen interpretiert.

`tex2page` ist ein Programm zur Erzeugung von HTML-Dokumenten aus LaTeX-Dokumenten mit Zusatzmarkierungen. Es kann aus DrScheme direkt aufgerufen werden. Das PLT Help Desk hält eine entsprechende Anleitung bereit.

Obwohl man für HTML-Dokumente mit Formatvorlagen bzw. Stylesheets allerhand bewerkstelligen kann, ist deren Reichweite beschränkt. Verschiedene Anwendungszwecke können nämlich größere strukturelle Veränderungen erforderlich machen. Man denke etwa an die Umsetzung einer Tabelle in eine andere oder in einen Text oder ein Diagramm. Umgekehrt kann es wünschenswert sein, aus einem erläuternden Text bestimmte Daten herauszuziehen. Hierzu sind CSS nicht in der Lage. Allen o. g. Einsatzbeispielen von CSS oder auch Formatvorlagen ist gemein, dass sie *die Reihenfolge des Inhaltes nicht verändern können.*

In dem folgenden einfachen Beispiel sind in einem Text Wörter „dadurch versteckt", dass sie mit `<hidden>` markiert sind. Eine Scheme-Prozedur soll genau die so markierten Wörter in einer Liste zurückgeben.

```
<html>
<head><title>Wichtige Infos im Text</title></head>
<body>
<p>In diesem kleinen Text sind <hidden>Woerter</hidden> enthalten,
die mit dem hidden-tag markiert sind.
Die Aufgabe besteht nun darin, genau diese Woerter <hidden>in</hidden>
einer <hidden>Liste</hidden> zu sammeln.</p>
</body>
</html>
```

Wir wissen aus voranstehenden Betrachtungen, dass dieser HTML-Text nach Eingabe in einer XML-Box zu

```
(html
 ()
 (head () (title () "Wichtige Infos im Text"))
 (body
  ()
  (p
   ()
   "In diesem kleinen Text sind "
   (hidden () "Woerter")
   " enthalten,\ndie mit dem hidden-tag markiert sind.\nDie Aufgabe
   besteht nun darin, genau diese Woerter "
   (hidden () "in")
   "\neiner "
   (hidden () "Liste")
   " zu sammeln.")))
```

konvertiert wird. `\n` gibt einen Zeilenwechsel an.

`wortsucher` nimmt das HTML-Dokument, in dem nach versteckten Wörtern gesucht werden soll.

```
(define wortsucher
  (lambda (hdoc)
    (cond
      [(null? hdoc) '()]
      [(eq? (car hdoc) 'hidden)
       (cons (caddr hdoc)(wortsucher (cdr hdoc)))]
      [(and (list? (car hdoc))(not (null? (car hdoc))))
       (append (wortsucher (car hdoc))(wortsucher (cdr hdoc)))]
      [else
       (wortsucher (cdr hdoc))])))

> (wortsucher web05)
("Woerter" "in" "Liste")
```

Die hier an diesem sehr einfachen Beispiel illustrierte Technik findet man in der aktuellen Informatikpraxis unter den Stichworten XML, XSL, XSLT und XPath.

Aufgabe 3.5:
Entwerfen Sie ein HTML-Dokument, das aus obigem Text mit den `hidden`-Tags besteht und die Scheme-Prozedur `wortsucher` enthält. Die gewünschte Wortliste soll direkt unter dem Text (im gleichen Dokument) angezeigt werden.

4 Verteilte Anwendungen

4.1 Dezentralisierung von Systemen

Ist es nicht eigentlich vernünftig, Rechenleistung in Großrechnern zu konzentrieren, Software auf leistungsfähigen Rechnern laufen zu lassen und Rechenzentren einzurichten? Diese Frage wurde früher mit Ja, heute zunehmend mit Nein beantwortet: Software wird „zerstückelt“ und auf verschiedene Rechner, die zu einem Netz verbunden werden, verteilt. Die an den Hochschulen und Universitäten noch existierenden Rechenzentren werden zunehmend mit den Bibliotheken zu Medienzentren zusammengeschlossen und erhalten qualitativ neuartige Serviceaufgaben. Natürlich werden Hochleistungsrechner, die auf der ganzen Welt nur in wenigen Stückzahlen existieren, sinnvollerweise immer einer gewissen Zentralisation unterworfen sein. Das ist hier nicht gemeint.

Was ist der Grund für die fortschreitende Dezentralisierung von Systemen und wie wird sich das weiterentwickeln? Wir beobachten seit Jahren, dass – neben den Personalcomputern – immer mehr Geräte der Haushaltelektronik im weitesten Sinn mit einem eigenen leistungsfähigen Mikroprozessor ausgerüstet sind. Man denke beispielsweise an PKW, Waschmaschine und Fernsehgerät. Die Entwicklung auf dem Gebiet der Elektronik und die günstige Kostensituation machen dies möglich. Diese beiden Katalysatoren, nämlich Verfügbarkeit und geringe Kosten, haben schon so manche Entwicklung mit teils erheblicher gesellschaftlicher Konsequenz begünstigt.

Dezentrale Systeme haben einen entscheidenden Vorteil: Sie sind sehr robust. Bei zentralen Systemen ist alles tot, wenn die Zentrale tot ist. Verteilte Systeme, wie etwa das Internet, arbeiten munter weiter, wenn Teile durch Virenbefall und Datenflaschenhälse ausfallen. Umgekehrt kann es durchaus sinnvoll (oder sogar notwendig) sein, durch einen „zentralistischen Eingriff“ (broadcast) eine bestimmte Nachricht an alle oder ausgewählte Netzmitglieder zu übertragen, um eine ganz bestimmte Wirkung zu erzielen.

Die Verbindung einzelner Computer zu *Computernetzen* und die Kopplung solcher Netze haben das Bild vom Einzelplatz-PC im heimischen Arbeitszimmer beinahe vollständig abgelöst. Heute verfügen die meisten PC über einen mehr oder weniger leistungsfähigen Internetanschluss. Lediglich die Rahmenbedingungen (Gebühren usw.) beeinflussen die jeweilige Online-Dauer, mit der jeder standalone-Rechner zum Mitglied des weltweiten *Internet* wird. Verwendet man geeignete Software, kann man auf Daten und Programme eines entfernten Rechners im Büro oder irgendwo anders von zu Hause aus genauso zugreifen, als säße man dort direkt an dessen Tastatur.

Es liegt also auf der Hand, dass man aus der Vernetzung von Rechnern diversen Nutzen zieht. So werden manche Computer vorzugsweise mit der *Bereitstellung von Dateien*, die für bestimmte Nutzergruppen von Interesse sind, beauftragt. Einige besonders leistungsfähige Rechner können spezielle Dienste, etwa sehr aufwendige Berechnungen, übernehmen und Ergebnisse an die jeweiligen Auftraggeber zurücksenden. Diese Arbeitsteilung führt zu *verteilten Anwendungen*, die vor allem durch das Bild vom *Klient* (Kunde) und *Server* (Dienstleister) geprägt sind. Man spricht dann beispielsweise vom Druckerserver, wenn sich eine Software auf einem ausgewählten Computer gerade dem Druckdienst widmet.

Um zu verstehen, wie verteilte Anwendungen funktionieren, fragen wir zunächst, was eigentlich hinter dem Surfen im Internet steckt. Wie gelangt die gewünschte Seite auf unseren Bildschirm? Welcher Server hat uns dabei bedient und wie kommunizieren die Rechner auf dem Weg zu der manchmal extrem entfernten Datei untereinander? Wie erfolgt die Datenübertragung in beide Richtungen?

4.2 Webbrowser, Webserver und URL

Ein *Webserver* ist zunächst eine Software zum Anzeigen (view) von Web-Seiten auf dem Bildschirm. Netscape und Internet Explorer sind zwei der heute meistverwendeten Browser.

Dokumente, die in bestimmten Verzeichnissen auf dem PC liegen, öffnet man wie gewohnt durch Angabe des zugehörigen Pfades. Auch die Dateien, auf die von einem solchen Dokument aus ggf. verwiesen wird, können ohne Zusatzmaßnahmen angezeigt werden. Hierbei setzen wir natürlich voraus, dass die ggf. verwendeten Verweise (links) korrekt angegeben wurden. Solche Links werden in Form von Tags in HTML-Dokumente eingefügt, wie wir das in Kapitel 3 kennengelernt haben.

Neben der Darstellungkomponente verfügt ein Browser außerdem über ein Klient-Programm, mit dessen Hilfe Web-Dokumente von frei wählbaren Webservern angefordert werden können. Der Basisdienst eines *Webserver* besteht also darin, das von einem Klient angeforderte Webdokument bereitzustellen. Die Adressierung erfolgt mittels *URL*, was *Uniform Resource Locator* bedeutet und als eine der wichtigsten Erfindungen im Zusammenhang mit dem Thema Internet gilt. Dabei wird die physische Ebene, also die Struktur des Dateisystems, vollkommen verdeckt. Wir haben also keine Chance, das Verzeichnis, in dem sich die gewünschte Datei befindet, zu erfahren.

Wenn wir einen Webserver auf einem PC installieren, müssen wir festlegen, wer auf diesen Server zugreifen darf und wer nicht. Dieses „wer“ bedeutet hier natürlich „welcher Computer“. Wird hierzu keine Angabe gemacht, gibt es keine Zugriffsbeschränkung, so dass dieser Server von allen Computern aus erreichbar ist, die mit der richtigen URL eine Verbindung herzustellen versuchen.

Diese und weitere Festlegungen erfolgen in einer *Konfigurationsdatei*, die von außen normalerweise nicht erreichbar ist. Unberechtigtes Lesen dieser Datei wäre auch sehr unerwünscht, denn die Verzeichnisstruktur, auf die sich der Webserver bezieht und die vor fremden Augen verborgen werden soll, ist in der Konfigurationsdatei angegeben.

Auf sehr nützliche Erweiterungen des oben beschriebenen Basisdienstes eines Webservers gehen wir weiter unten ein.

4.3 Webserver ohne und mit DrScheme

4.3.1 Start des Webservers als ausführbare Datei

DrScheme besitzt einen eigenen Webserver, den wir starten, indem die Datei

`C:\Programme\PLT\web-server.exe`

ausgeführt[1] wird. Das DrScheme-System selbst wird hierfür nicht benötigt.

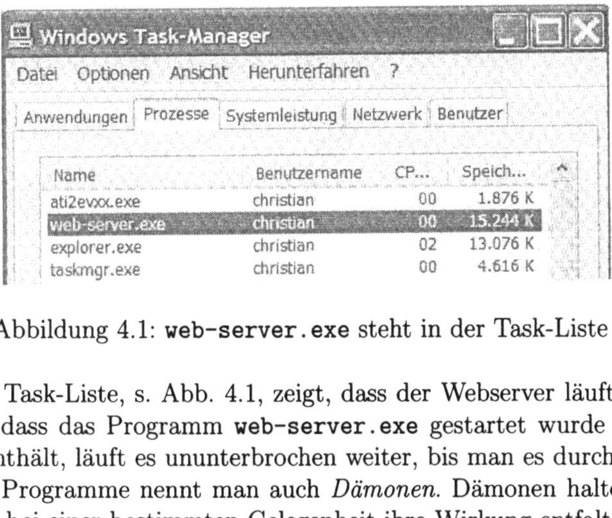

Abbildung 4.1: `web-server.exe` steht in der Task-Liste

Ein Blick in die Task-Liste, s. Abb. 4.1, zeigt, dass der Webserver läuft. Diese Sprechweise bedeutet, dass das Programm `web-server.exe` gestartet wurde und da es eine Endlosschleife enthält, läuft es ununterbrochen weiter, bis man es durch äußere Gewalt beendet. Solche Programme nennt man auch *Dämonen*. Dämonen halten sich im Hintergrund, bis sie bei einer bestimmten Gelegenheit ihre Wirkung entfalten.

Nun soll ein *Webclient*, der sich – wie oben gesagt – im Browser (z. B. Internet Explorer) befindet, einen ersten Kontakt zu unserem Webserver herstellen. Das Ergebnis ist in Abb. 4.2 zu sehen. Die dafür verwendete Adresse[2] (URL)

`http://localhost/`

[1]Falls Sie vom Systemadministrator erfahren, dass der sog. Port 80 aus irgendeinem Grund nicht zur Verfügung steht, so ergänzen Sie bitte `-p 8080` in obigem Aufruf.

[2]Hier schreiben Sie `http://localhost:8080/`, falls Sie beim Aufsetzen des Webservers `-p 8080` angegeben haben.

enthält den Namen des Rechners, den man auch als *Host* (Wirt) bezeichnet. Da der Server auf unserem lokalen PC läuft, heißt er `localhost`. Kennt man die (ggf. vorhandene) sog. IP-Adresse[3] dieses Rechners, z. B. 127.0.0.1, so kann man diese anstelle von `localhost` eingeben.

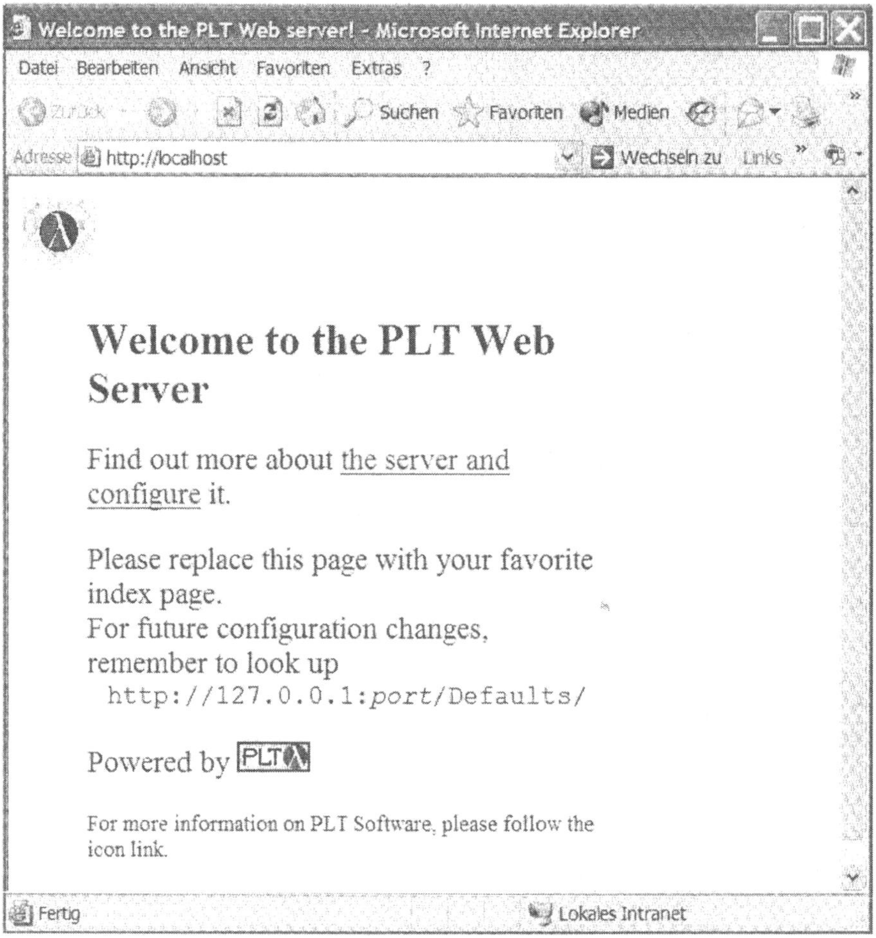

Abbildung 4.2: Klient bezieht Datei `index.html` vom Webserver

Den Anfang der URL bildet der Name des *Protokolls*, also der Sprache, in der Webclient und Webserver (in beiden Richtungen) miteinander kommunizieren. Es heißt `http` und bedeutet *HyperText Transfer Protocol.* Andere gängige Protokolle sind *telnet* oder *ftp*, die ihrerseits entsprechende Server erwarten.

[3]IP steht für Internet Protocol. Die IP-Adresse eines Rechners, der in ein bestimmtes Netz eingebunden ist, erfragt man beim Systemadministrator. Näheres findet sich in Abschn. 4.4.

Neben der formalen Kontaktaufnahme ist etwas geschehen, was als Standardmaßnahme vorgesehen ist: Die Datei `index.html` wurde automatisch beim Server angefordert, von diesem an den Klient gesendet und im Browser angezeigt. Der Webserver verfügt über diese Vorgabeeinstellung: „Sende `index.html` bzw. `index.htm`, wenn in der URL keine Datei angegeben wurde.“ Selbstverständlich kann auch die Langform, nämlich `http://localhost/index.html`, verwendet werden.

Wenn wir nun per Mausklick dem bei `the server and configure` hinterlegten Verweis folgen, wird die Datei `index.html` aus dem Unterverzeichnis `Defaults` geladen. Das Browseradressfenster zeigt die folgende URL.

```
http://localhost/Defaults/
```

Da wir über unseren PC verfügen, dürfen wir einen Blick auf die sonst so abgeschotteten Verzeichnisinhalte werfen. Das *Webserver-Wurzelverzeichnis* ist

```
C:\Programme\PLT\collects\web-server\default-web-root\
```

Dort findet man das Unterverzeichnis `htdocs`, in dem die Datei `index.html` (s. Abb. 4.2) liegt. In `htdocs` befindet sich auch das weiter oben verwendete `Defaults`-Verzeichnis.

Sämtliche Dateien, die von unserem Webserver für Client-Anforderungen bereitgehalten werden, liegen in diesem `htdocs`-Verzeichnis. Exemplarisch legen wir ein Verzeichnis `xxx` in `htdocs` an, in das wir die genannte `index.html`-Datei hineinkopieren. Mit

```
http://localhost/xxx/
```

wird diese Seite im Browser angezeigt.

Manchmal ist es wünschenswert, bestimmte Web-Seiten vor unberechtigtem Zugriff zu schützen. Hierfür ist ein Datenpaar in der Kennwort-Datei

```
C:\Programme\PLT\collects\web-server\default-web-root\passwords
```

einzutragen. Das Datenpaar besteht aus einem Nutzernamen (login) und einem Kennwort (password). Außerdem kann man einen kleinen Text, der den potenziellen Nutzer instruiert, angeben. Mit `alle` (login) und `geheim` (password) wollen wir alle Dateien im Verzeichnis `xxx` sichern. Deshalb *ergänzen* wir die bestehende `passwords`-Datei.

```
'(("secret stuff" "/secret(/.*)?" (bubba "bbq") (|Billy| "BoB"))
  ("Top secret!" "/xxx(/.*)?" (alle "geheim")))
```

Schließen Sie den Browser, bevor Sie weiterarbeiten! Im Anschluss daran muss der Webserver mit der veränderten `passwords`-Datei bekannt gemacht werden.

```
http://localhost/conf/refresh-passwords
```

Nach dieser Vorbereitung erscheint nach

```
http://localhost/xxx/
```

eine Eingabeaufforderung wie in Abb. 4.3.

Abbildung 4.3: Bereich mit Zugriffsschutz

Bei den unten folgenden Experimenten auf einem lokalen PC sollten wir immer daran denken, dass die beschriebenen Prozesse genauso stattfinden würden, wenn Webserver und -client auf zwei unterschiedlichen, räumlich voneinander entfernten Rechnern laufen.

4.3.2 Start des Webservers aus DrScheme heraus

Wenn wir Web-Kommunikation *in Scheme-Prozeduren* einbeziehen wollen, ist ein Webserverstart von der Kommandozeile nicht ausreichend. Deshalb stellt DrScheme entsprechende Sprachelemente bereit.

In den Dateien `web-server.ss` und `configuration.ss` finden sich die zugehörigen Prozeduren. Beide liegen in der `web-server`-Bibliothek. Bei Interesse kann man diese Dateien im sog. *Web-Verzeichnis*

```
C:\Programme\PLT\collects\web-server\
```

finden, was aber nicht nötig ist. Wir starten jetzt[4] DrScheme und geben im Interaktionsfenster die folgenden Ausdrücke ein:

```
> (require (lib "web-server.ss" "web-server"))
> (require (lib "configuration.ss" "web-server"))
```

Im Web-Verzeichnis liegt auch eine Konfigurationsdatei für den zu startenden Webserver. Sie heißt `configuration-table` und hat folgenden Inhalt:

[4]Um auszuschließen, dass wir bei nachfolgenden Experimenten doch mit dem extern gestarteten Webserver arbeiten, sollten wir den Browser zuerst schließen und den Webserver-Prozess in der Task-Liste beenden.

```
((port 80)
 (max-waiting 40)
 (initial-connection-timeout 30)
 (default-host-table
   (host-table
     (default-indices "index.html" "index.htm")
     (log-format parenthesized-default)
     (messages
       (servlet-message "servlet-error.html")
       (authentication-message "forbidden.html")
       (servlets-refreshed "servlet-refresh.html")
       (passwords-refreshed "passwords-refresh.html")
       (file-not-found-message "not-found.html")
       (protocol-message "protocol-error.html"))
     (timeouts
       (default-servlet-timeout 120)
       (password-connection-timeout 300)
       (servlet-connection-timeout 86400)
       (file-per-byte-connection-timeout 1/20)
       (file-base-connection-timeout 30))
     (paths
      (configuration-root "conf")
      (host-root "default-web-root")
      (log-file-path "log")
      (file-root "htdocs")
      (servlet-root ".")
      (password-authentication "passwords"))))
 (virtual-host-table))
```

Es ist nicht das Ziel, alle Einzelheiten dieser Konfigurationsliste zu verstehen. Auf einige besonders wichtige Angaben machen wir jedoch aufmerksam:

`port` legt den sog. *Port* fest, an dem der Webserver auf *Anforderungen* (*requests*) von Klienten wartet. Ports sind so etwas wie Eingangskanäle, an denen Dämonen darauf warten, einen request vorzufinden. Zu diesem Zweck „schauen" sie von Zeit zu Zeit immer mal wieder nach, ob etwas anliegt. Dieses Verhalten hat dazu geführt, dass dies von Systemgurus unter der Formulierung „Der Webserver lauscht oder gar schnarcht an Port 80." gefasst wird, s. Abschn. 4.4. Die Portnummer 80 ist der für Webserver übliche Wert. Prinzipiell kann er verändert werden.

`max-waiting` beschränkt die Anzahl der Klienten, die sich in einer Warteschlange darauf gedulden müssen, vom Webserver endlich bedient zu werden. Diese Zahl ist für unsere Experimente eher unbedeutend, da die Abfertigung des request sehr schnell geht und eine aufgebaute Verbindung zum Klient nach der *Serverantwort* (*response*) sofort wieder getrennt wird. Außerdem können mehrere requests quasiparallel behandelt werden.

`configuration-root` ist das Unterverzeichnis `conf` innerhalb des Webserver-Wurzelverzeichnisses. Dort finden sich die html-Dateien, die unter `messages` in der Konfigurationsliste genannt werden.

`initial-connection-timeout` legt die Wartezeit in Sekunden fest, die ein Webserver nach dem Herstellen einer Verbindung zu einem Klient aufbringt, um dessen request zu empfangen. Da ein Webclient unverzüglich nach dem Verbindungsaufbau seinen request an den Server schickt, braucht letzterer nicht lange zu warten.

`default-indices` wurden weiter oben beschrieben. Die hier verwendeten Werte sind typisch.

Wichtig sind alle Pfadangaben (paths), darunter:

`host-root` bestimmt das *Wurzelverzeichnis des Webservers* auf unserem Host. Das hier angegebene Verzeichnis `default-web-root` ist ein Unterverzeichnis unseres Web-Verzeichnisses. Wir finden es in dem weiter oben dafür angegebenen Verzeichnis.

`htdocs` ist das *Datei-Wurzelverzeichnis.* Es findet sich ebenfalls im Wurzelverzeichnis des Webservers. In diesem Verzeichnis und darunter werden sämtliche Dateien, die für den Webserver erreichbar sind, erwartet.

Die hier angegebene Konfiguration ist nur ein Beispiel, das wir leicht modifizieren könnten. Wir empfehlen jedoch, dies vorerst nicht zu tun.

Das Sprachelement, das einen Webserver erzeugt und schließlich startet, heißt `serve`. Es erwartet drei Eingaben: die Konfiguration, den Port und eine IP-Adresse[5]. Die beiden zuletzt genannten Argumente sind optional.

Die von `serve` erwartete Konfiguration ist allerdings nicht – wie man denken könnte – die in Datei `configuration-table` enthaltene Scheme-Liste. Es ist vielmehr so, dass aus dem Inhalt von `configuration-table` erst eine Konfiguration erzeugt werden muss. Dies geschieht mit `load-configuration`.

```
(define my-config
  (load-configuration
   "C:/Programme/PLT/collects/web-server/configuration-table"))
```

`serve` akzeptiert die so hergestellte Konfiguration.

```
(define my-server (serve my-config 8888))
```

Eine Mehrfachevaluation des Definitionsfenster-Inhaltes mittels Execute sorgt nicht etwa dafür, dass mehrere Webserver gestartet werden.

[5]Eine Portnummer würde, wenn beim Aufruf vorhanden, den in der Konfiguration festgelegten Wert überschreiben. Verwendet man beim Aufruf eine IP-Adresse, so werden vom Webserver nur solche requests empfangen, die von einem Webclient des damit spezifizierten Rechners stammen. Eine solche Einschränkung ist eher temporär und zu Test- oder besonderen Sicherheitszwecken üblich.

Nun läuft der Webserver auf Port 8888 und gibt uns unter der URL[6]

```
http://localhost:8888
```

die bekannte `index.html` aus dem Host-file-Verzeichnis zurück.

`my-server` ist eine nullstellige Prozedur, deren Aufruf dazu führt, dass der Webserver *heruntergefahren* wird. Wir prüfen diese Wirkung nach, indem wir nach

```
> (my-server)
```

auch den Webbrowser schließen und nach dessen Neustart mit obiger URL eine Verbindung zu unserem Webserver aufzubauen versuchen. Dies sollte in diesem Falle misslingen.

4.4 Kommunikationsprotokolle: TCP/IP

Geht man in der Netzwerkkommunikation noch eine Stufe tiefer, gelangt man zu *TCP/IP*. TCP bedeutet *Transmission Control Protocol* und IP steht für *Internet Protocol*. Jeder Rechner im Internet muss eine Implementation dieser Protokolle besitzen. Dabei werden so genannte *Sockets* – eine Art Software-Stecker oder -Steckdose für die Datenübertragung – verwendet.

Jeder Klient-request bewirkt, dass eine TCP-Verbindung eröffnet wird. Damit können die TCP-Dienste der Datenübertragung von HTTP genutzt werden. Nach Abschluss der Übertragung wird die Verbindung automatisch geschlossen. Da diese strikte Trennung des Webservers vom Klient ggf. unerwünscht ist, hat man sich Maßnahmen ausgedacht, die es dem Server gestatten, einen ihm bekannten Klient wieder zu erkennen. Zu diesem Zweck speichert der Server kleinere Datenmengen, *Cookies* genannt, auf der Klient-Seite, falls dieser damit einverstanden ist. Bei Verbindungsneuaufbau werden diese Daten an den Webserver übertragen. Auf diese Weise kann eine gewisse „Bekanntschaft" des Klienten simuliert werden, wodurch man die aus Anwendersicht (gelegentlich) unerfreulichen Konsequenzen des *zustandslosen Protokolls* HTTP abzufedern versucht.

DrScheme stellt uns Sprachelemente zur Verfügung, mit denen eine TCP/IP-Kommunikation mit geringem Aufwand installiert werden kann. Unsere Experimente finden zunächst auf ein und demselben Rechner statt.

Wir beginnen mit dem Server. Es soll ein Fibonacci-Server sein. Hat er eine natürliche Zahl vom Klient empfangen, ermittelt er die zugehörige Fibonacci-Zahl und sendet sie an den Klient zurück. Die Kommunikation wird beendet, nachdem der Klient `close connection` gesendet hat.

```
(define listener (tcp-listen 1234))
```

[6]Experimentieren Sie mit dem Internet Explorer. Falls es Probleme gibt, wenn Sie `localhost` verwenden, so schreiben Sie statt dessen `127.0.0.1`. Der Port darf keinesfalls weggelassen werden.

```
(define server
  (lambda ()
    (let-values
        ([(inport outport)(tcp-accept listener)])
      (let ([from-client (read inport)])
        (let-values
            ([(server-id client-id)(tcp-addresses inport)])
          (printf "Received from client ~s: ~a~n" client-id from-client)
          (cond
            [(string=? "close connection" from-client)
             (write "Connection closed!" outport)
             (tcp-close listener)]
            [(number? (string->number from-client))
             (write (servertask (string->number from-client)) outport)]
            [else
             (write "String does not represent a number!" outport)]))))
    (server)))

(define servertask
  (lambda (inp)
    (number->string (fib inp))))

(define fib
  (lambda (n)
    (if (< n 2)
        1
        (+ (fib (- n 1))(fib (- n 2))))))
```

Mit `tcp-listen` definieren wir einen an Port 1234 „lauschenden“ Server. Auf die Formulierung „lauscht an Port n“ haben wir weiter oben schon kurz hingewiesen. Dies darf man sich jedoch nicht als einen Abschluss in physikalisch-technischem Sinn vorstellen. Es handelt sich vielmehr um Prozesse, die solchen Portnummern zugeordnet werden. Diese Prozesse laufen als Dämonen und werden durch ein übergeordnetes Programm zur Ablaufkontrolle auf Anforderung vermittelt. Trifft also ein Klient-request ein, so wechselt der *zuständige* Prozess seinen *Zustand* von „vorhanden“ (exist) zu „bereit“ (ready). Prozesse, die zur Ausführung bereit sind, erhalten vom Betriebssystem zeitlich begrenzte Rechnerleistung (Prozessorzugriff). In Wirklichkeit wird nicht mit einem einzigen Prozess je Port gearbeitet, sondern mit mehreren dementsprechenden *Kindprozessen*, deren Anzahl in der Konfiguration begrenzt werden kann.

Unser Server läuft auf dem Rechner, auf dem er gestartet wurde. Die Klienten, die auf diesen Server zugreifen dürfen, wurden nicht reglementiert. Die Warteschlange für interessierte Klienten hat die Vorgabelänge 4. Nicht alle Einzelheiten der oben angegebenen Prozedur sind für das konzeptionelle Verständnis erforderlich.

`tcp-accept` nimmt einen `tcp-listener`-Wert und antwortet in einem *Zweiwertkontext.* D. h., dass zwei Port-Werte zurückgegeben werden, ein Eingabeport, über den Klientanforderungen empfangen, und ein Ausgabeport, über den Serverantworten abgesetzt werden. Um die Suche hierfür verfügbarer freier Ports brauchen wir uns nicht zu kümmern.

`tcp-addresses` gibt zwei Zeichenketten zurück, eine für die IP-Adresse des Rechners auf dem der Server läuft und eine für den Klient-Rechner. Bei unseren Experimenten, die auf dem Arbeitsplatz-PC stattfinden, werden diese beiden Adressen übereinstimmen.

Der Klient verwendet `tcp-connect`, um eine Verbindung zum Server herzustellen.

```
(define client
  (lambda (data)
    (if (string? data)
        (let-values
            ([(inport outport)(tcp-connect "localhost" 1234)])
          (write data outport)
          (let waiting-for-server-response ()
            (if (eof-object? inport)
                (waiting-for-server-response)
                (let-values
                    ([(client-id server-id)(tcp-addresses inport)])
                  (printf
                    "Received from the server ~s: ~s~n"
                    server-id
                    (read inport))))))
        (display "The input is not a string."))))
```

Obwohl der Server mit natürlichen Zahlen rechnet, muss der Klient die Argumente in Zeichenketten verpacken. Abb. 4.4 zeigt eine Beispiel-Kommunikation. Hierfür wurden zwei DrScheme-Instanzen verwendet. Im linken Fenster läuft der Server, im rechten nimmt ein Klient Kontakt mit dem Server auf und empfängt dessen Antworten.

Man sollte sich vor Experimenten mit all zu großen Eingabezahlen hüten, da sie u. U. einen sehr langen Berechnungsprozess der zugehörigen Fibonaccizahlen erfordern. Muss man ihn mit dem Break-Knopf abbrechen, ist ein Serverneustart dringend zu empfehlen.

Aufgabe 4.1:
Es ist völlig gleichgültig auf welchem Rechner der Server läuft. Lediglich der Name dieses Rechners ist in der Definition von `client` anzupassen. Übertragen Sie das beschriebene Client-Server-Kommunikationsbeispiel auf die Gegebenheiten im Netz: Wählen Sie einen Rechner aus, auf dem der Fibonacci-Server läuft und beanspruchen Sie dessen Dienste von mehreren Computern im Computerkabinett.

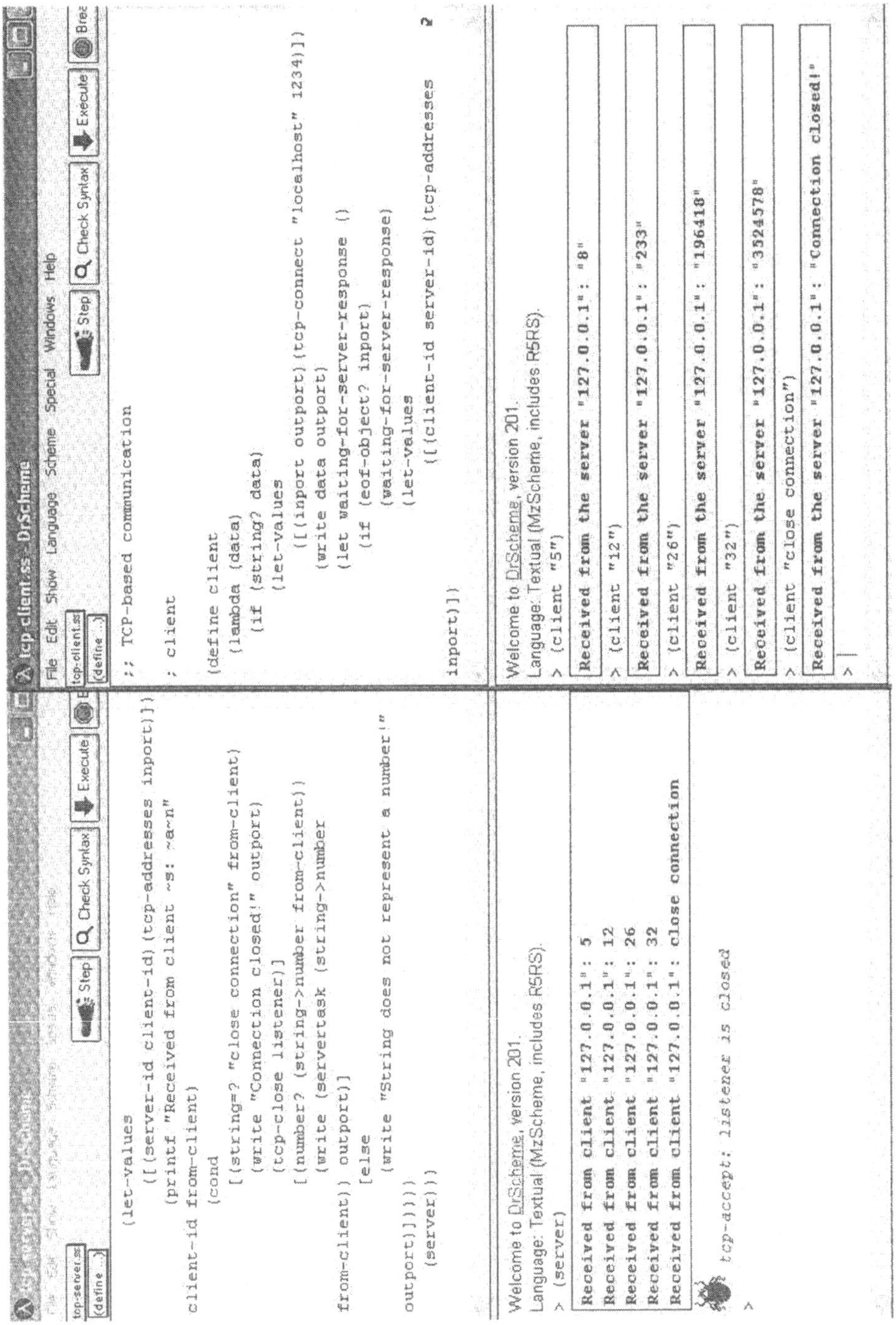

Abbildung 4.4: TCP-basierte Client-Server-Kommunikation

4.5 Webserver mit Zusatzdiensten

4.5.1 Common gateway interface (CGI)

In der Tat kann man einen Webserver zu mehr als zum schlichten Zustellen gewünschter Dateien veranlassen. Er könnte beispielsweise irgendwelche Werte empfangen, damit eine ganz bestimmte Rechnung ausführen und das Ergebnis in das Antwortdokument einfügen. Ebenso sind *Datenbankabfragen* denkbar, so wie das im Internet beispielsweise bei Auskunfts- oder Einkaufssystemen der Fall ist.

In jedem Fall muss der Webserver nach entsprechender Anforderung des Klienten eine ganz bestimmte, vorbereitete Aktion ausführen und im Anschluss daran die Antwort für den Klient zusammenstellen.

Eine erste Idee zur Realisierung von Zusatzdiensten eines Webservers führt uns zum *CGI*, dem *common gateway interface.* Wie der Name schon vermuten lässt, handelt es sich dabei nicht um ein Programmiersystem, das serverseitige Programmierung solcher Dienste ermöglicht. Es ist vielmehr eine *Schnittstelle*, an der Eingabedaten in Empfang genommen werden können. Nach deren Verarbeitung durch das dafür ausgewählte Programm wird ein Ergebnisdokument an dieser Schnittstelle zur Abholung bereitgehalten.

Das verarbeitende Programm kann in einer nahezu beliebigen Programmiersprache geschrieben sein. Die einzige Voraussetzung ist, dass es auf dem Server einen entsprechenden Interpreter dafür gibt. In der Praxis verwendet man vor allem Perl, C und Maschinencode. Unter Unix kommen außerdem shell scripts zum Einsatz. Das Windows-Pendant sind Batch-Dateien. Für uns ist klar, dass wir CGI-Scheme-Skripten verwenden werden.

Die eigentliche Aktion von CGI-Programmen ist oftmals bescheiden. Im einfachsten Fall werden überhaupt keine Daten an das CGI-Programm übergeben und lediglich eine Nonsense-Seite mit einer Hallo-Begrüßung zurückgegeben. Üblicherweise wird ein solches CGI-Skript aus einem HTML-Dokument heraus aufgerufen. Ein Direktaufruf über die URL-Eingabe eines Browsers ist ebenso möglich. Wichtig ist nur, dass ein entsprechender Webserver läuft.

Das erste CGI-Skript-Beispiel mit mzscheme[7] ist ein solches „Say-Hello-World!"-Programm.

```
#!C:/Programme/PLT/mzscheme -r
(require (lib "cgi.ss" "net"))
(display  "content-type: text/html") (newline)
(newline)
(display "<HTML>")(newline)
(display "<HEAD><TITLE>cgi-script's response</TITLE></HEAD>")(newline)
```

[7]MzScheme ist der eigentliche Scheme-Kern von DrScheme.

```
(display "<BODY>")(newline) (display "Hello world!")(newline)
(display "</BODY>")(newline) (display "</HTML>")(newline)
```

Die Datei nennen wir `hello.cgi`. Sie gehört in das `cgi-bin`-Verzeichnis des Webservers[8], das im Allg. durch besonders eingeschränkte Rechte vor unzulässigen Zugriffen geschützt wird. Ein Direktaufruf dieser Datei erzeugt den in Abb. 4.5 dargestellten Browserinhalt. Man beachte auch die URL.

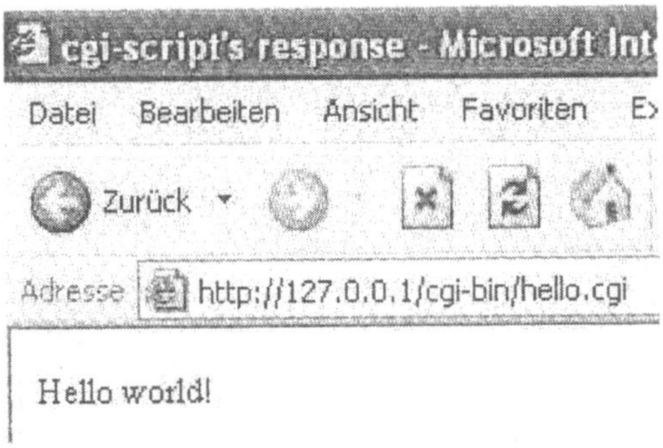

Abbildung 4.5: Sehr einfaches, CGI-Skript-generiertes HTML-Dokument

In der ersten Zeile des Skripts wird der Interpreter festgelegt, der das CGI-Skript verarbeiten soll. In unserem Fall wird mzscheme mit der r-Option aufgerufen, was die Interpretation des sich anschließenden Codes anstößt ohne die sonst üblichen Banner-Infos auszugeben. Zur Arbeit mit CGIs ist `cgi.ss` aus der `net`-Bibliothek einzubinden.

Die dann folgende Zeile schreibt den sog. *HTTP-Header*. Man beachte, dass diesem nicht nur ein Zeilenwechsel, sondern eine komplette Leerzeile folgt. Dies wird grundsätzlich so gefordert. Neben der Generierung des eigentlichen Antwortdokuments muss etwas für die Kommunikation zwischen Webserver und -Browser getan werden. Wie wir bereits ausgeführt haben, findet diese Client-Server-Kommunikation in der Sprache HTTP statt. Dem eigentlichen HTML-Dokument muss also ein HTTP-Header mit wichtigen Informationen für den Browser vorangestellt werden. Dies alles muss durch das jeweils ausgewählte CGI-Programm an die Standardausgabe geschrieben werden. Über diesen Kanal wird es dann weitergeleitet. Einzelheiten finden sich in Abschn. 4.4. Dies alles gehört zu dem Konzept *dynamischer Webseiten*, s. Abschn. 4.5.2.

Der folgende HTTP-Header wurde mit einem Webclient (in DrScheme) sichtbar gemacht. Die einzelnen Bestandteile sind selbsterklärend und an dieser Stelle im Detail nicht wichtig.

[8] Dieses Skript läuft auf einem Apache-2-Webserver unter Windows XP. Die Installation des genannten Servers in der jeweils aktuellen Version wird dringend empfohlen, da sich ansonsten technische Probleme ergeben, die unnötigerweise kostbare Zeit beanspruchen. Im Wurzelverzeichnis des Apache-Webservers finden sich ebenfalls die bekannten Verzeichnisse `htdocs` und `cgi-bin`.

```
HTTP/1.1 200 Okay
Date: Sat, 03 Jan 2004 09:40:11 GMT
Last-Modified: Tue, 19 Feb 2002 13:17:14 GMT
Server: PLT Scheme
Content-type: text/html

Connection: close
Content-length: 880
```

Dieser Header wird (vor dem Body-Teil) vom Webserver in die Standardausgabe geschrieben, falls die Datei

```
C:\Programme\PLT\collects\web-server\default-web-root\htdocs\index.html
```

vom Klient angefordert wurde. Die folgenden Scheme-Ausdrücke sorgen dafür, dass ein Klient erzeugt wird, der genau dies erledigt.

```
(require (lib "url.ss" "net"))
(display
 (purify-port
  (get-impure-port
   (string->url "http://localhost:8888/index.html"))))
```

Zunächst wurde nur der Header-Teil behandelt.

Aufgabe 4.2:
Verändern Sie den Namen dieser Datei `index.html` kurzzeitig, so dass die Datei bei obigem Aufruf nicht mehr gefunden wird. Lassen Sie sich den Header nochmals anzeigen und interpretieren Sie die veränderte Ausgabe gegenüber dem Beispiel.

Da für jedes CGI-Programm ein HTTP-Header „per Hand“ angegeben werden muss, liegt es nahe, Header automatisch zu erzeugen. Dies geschieht bei *Servlets*, die wir in Absch. 4.5.2 einführen, wobei uns die DrScheme-Arbeitsumgebung sehr unterstützt. Dadurch kann man ein höheres Abstraktionsniveau einnehmen und ganz bewusst von den Details der zugrunde liegenden Kommunikationstechniken absehen. Für das Verständnis der *Client-Server-Kommunikation* ist es aber schon wichtig zu wissen, dass es HTTP gibt, welche Rolle diese Sprache spielt und wie man sie benutzt. Dies wird in einem eigenständigen Lehrgebiet vertieft.

CGI-Programme können außerdem durch Zeichenkettenoperationen aufgebläht werden. Solche Operationen sind besonders dann notwendig, wenn aus *Formularen* (form) des HTML-Dokuments übertragene *Name-Wert-Paare* verarbeitet werden müssen. Die Übergabe dieser Paare (Name = Wert) erfolgt im *Query-String* als *Zeichenkette mit Trennzeichen* `&`. Da Perl besondere Stärken in der Zeichenkettenverarbeitung besitzt, wundert es nicht, dass sehr viele CGI-Skripten in dieser Sprache geschrieben wurden.

```
#!C:/Programme/PLT/mzscheme -r
(require (lib "cgi.ss" "net"))
(display  "content-type: text/html") (newline)
(newline)
(display "<HTML>")(newline)
(display "<HEAD><TITLE>cgi-script's response</TITLE></HEAD>")(newline)
(display "<BODY>")(newline)
(display "QUERY_STRING")(display " = ")(display (getenv "QUERY_STRING"))
(display "<BR>")(newline)
(display "</BODY>")(newline)
(display "</HTML>")(newline)
```

Wir verabreden, dass der Inhalt dieses Beispiels in einer Datei **arguments.cgi** im cgi-bin-Verzeichnis des Webservers gespeichert wird. Die einzige Zeile, die etwas Neues enthält ist

```
(display "QUERY_STRING")(display " = ")(display (getenv "QUERY_STRING"))
```

Hier geht es um die Ausgabe des Wertes der *Umgebungsvariablen* QUERY_STRING. Dabei handelt es sich um Variablen, auf die das aufgerufene CGI-Skript zugreifen kann und Werte erhält. Es gibt eine Reihe solcher Variablen, auf die wir hier aber nicht eingehen.

In QUERY_STRING werden die in einem HTML-Formular

```
<form action="http://127.0.0.1/cgi-bin/arguments.cgi">
  Your Firstname: <input type="text" name="firstname" size="30"><BR>
  Your Surname: <input type="text" name="surname" size="40"><BR>
  <input type="submit" value="Invoke!">
</form>
```

erfassten Name-Wert-Paare in der oben beschriebenen Form aufgeführt. Beim Aufruf des entsprechenden Web-Dokuments werden zwei Fenster zur Eingabe eines Vor- und eines Nachnamens angeboten. Nach Eingabe von Bob und Dylan wird das im action-Attribut von form spezifizierte CGI-Skript per Submit-Knopf ausgeführt. Dies führt schließlich zu der Server-Antwort in Abb. 4.6.

Abbildung 4.6: Wertübergabe an ein CGI-Skript via Query-String

Wie auf die einzelnen Elemente des Query-Strings zugegriffen wird, um die übergebenen Werte weiterverarbeiten zu können, zeigt das folgende Beispiel:

```
#!C:/Programme/PLT/mzscheme -r
(require (lib "cgi.ss" "net"))
(display  "content-type: text/html") (newline)
(newline)
(display "<HTML>")(newline)
(display "<HEAD><TITLE>cgi-script's response</TITLE></HEAD>")(newline)
(display "<BODY>")(newline)
(display "Hello, I'm Mr. ")
(display (extract-binding/single 'surname (get-bindings)))
(display ". <BR>")(newline)
(display "Just call me ")
(display (extract-binding/single 'firstname (get-bindings)))
(display ". <BR>")(newline)
(display "</BODY>")(newline)
(display "</HTML>")(newline)
```

Die Server-Antwort zeigt Abb. 4.7.

Aufgabe 4.3:
Schlagen Sie im Manual (Suchwort: cgi) die in diesem Beispiel verwendeten und bisher noch nicht vorgestellten Sprachelemente nach.

Abbildung 4.7: Verarbeitung übernommener Werte im CGI-Skript

4.5.2 Servlets

Servlet ist ein Kunstwort, das wohl analog zu Applet (aus der Java-Programmierung) gebildet wurde. Es bezeichnet kleinere Programme, die auf Server-Seite laufen. Weiter oben haben wir bereits darauf hingewiesen, dass uns Servlets von den Details der TCP/IP-basierten Kommunikation verschonen. Wir können uns also voll auf den Inhalt des HTML-Dokuments konzentrieren.

Servlets gibt man aber noch aus einem anderen Grund den Vorzug gegenüber CGI: Bei jedem Start (auch wiederholtem Start) eines CGI-Programms wird ein neuer Prozess erzeugt. Dies kostet vor allem Performance, reduziert also die Ausführungsgeschwindigkeit, denn die Prozesserzeugung und -verwaltung verbrauchen erhebliche Ressourcen.

Servlets werden hingegen so implementiert, dass sie – einmal geladen – im Speicher verbleiben und keinen neuen Prozess bewirken. Sie wirken also wie dynamisch ladbare Dateien. Dies hat natürlich den (unerheblichen) Nachteil, dass Veränderungen an einem bereits gestarteten Servlet beim Webserver angemeldet werden müssen.

Wir beginnen mit zwei Beispielen, die zum „Lieferumfang" von DrScheme gehören.

```
http://localhost:8888/servlets/examples/hello.ss
```

Den Inhalt der Datei `hello.ss` sehen wir uns im Servlet-Verzeichnis unseres DrScheme-Webservers an. Es befindet sich direkt unter dem Webserver-Wurzelverzeichnis und heißt `servlets`, so dass für unsere Datei der vollständige Pfad

```
C:\Programme\PLT\collects\web-server\default-web-root\
      servlets\examples\hello.ss
```

lautet. `hello.ss` hat folgenden Inhalt.

```
(require (lib "unitsig.ss")(lib "servlet-sig.ss" "web-server"))
(unit/sig () (import servlet^)
  (define the-text "Hello, Web!")
  `(html (head (title ,the-text))
         (body ([bgcolor "white"])
               (p ,the-text))))
```

Nach dem Laden der erforderlichen Bibliotheken folgt der mit `unit/sig` eingeleitete Kern des Servlets. Die `import`-Angabe ist für jedes Servlet in der hier verwendeten Form zu übernehmen. Danach wird die eigentliche Servlet-Funktionalität festgelegt. Sie ist hier sehr spartanisch und besteht lediglich in der Erzeugung einer sehr einfachen Web-Seite mit einer Begrüßungsmeldung. Ein solcher HTML- oder auch XML-Wert muss immer am Ende einer Servletdefinition – also als letzter Wert – stehen.

Gegenüber *statischen Webseiten*, die irgendwo auf dem Server liegen und bei Bedarf – also auf Anforderung – an den Klient gesandt werden, wird die Webseite in unserem Beispiel serverseitig erzeugt und danach ausgeliefert. Man nennt dies eine *dynamische Webseite*. Das Attribut „dynamisch" bezieht sich also *nicht* etwa auf die Gestaltung von Seiten, auf denen es dann tüchtig blitzt und blinkt.

Dieses einfache Beispiel illustriert bereits den prinzipiellen Aufbau eines Servlets. Ein volles Verständnis dieses Programmabschnitts kann nur dann erreicht werden, wenn man sich mit den Themen *Units* und *Signaturen* in DrScheme beschäftigt hat. Erst dann ist die Sprechweise „Ein Servlet ist eine `unit/sig`, die die `servlet^`-Signatur importiert und nichts exportiert.“ wirklich klar. Dies ist aber an dieser Stelle nicht gefordert.

Wir kommen noch einmal zu obigem Einführungsbeispiel zurück. Anstelle der Begrüßung mit `Hello, Web!` bevorzugen wir `Guten Tag!`. Die Änderung ist simpel und mit einem beliebigen Texteditor auch außerhalb von DrScheme erreichbar. Mit dem Ergebnis

```
(require (lib "unitsig.ss")(lib "servlet-sig.ss" "web-server"))
(unit/sig () (import servlet^)
  (define the-text "Guten Tag!")
  `(html (head (title ,the-text))
         (body ([bgcolor "white"])
               (p ,the-text))))
```

überspeichern wir den Inhalt der Datei `hello.ss`.

Wenn wir nun im Webbrowser durch Aktualisierung von

`http://localhost:8888/servlets/examples/hello.ss`

die veränderte Begrüßung erwarten, wird man enttäuscht. Es bleibt bei `Hello, Web!` Dies liegt an der eingangs bereits erwähnten, sehr wichtigen Eigenschaft von Servlets *nach dem ersten Laden im Speicher zu verbleiben.* Hieraus folgt, dass eigentlich nur ein Neustart des Webservers helfen kann. In der Praxis ist ein Herunterfahren des Webservers allerdings nicht so einfach möglich. Hat nämlich – im Gegensatz zu unserem Experimentalserver – der Webserver echte und zahlreiche Nachfragen zu bearbeiten, wären sehr viele Nutzer enorm verärgert, wenn er plötzlich für eine gewisse Zeit ausfällt.

Eine Alternative ist ein spezielles Aktualisierungsprogramm, was in DrScheme mittels

`http://localhost:8888/conf/refresh-servlets`

bei laufendem Webserver ausgeführt wird. Nun ist ein erneuter Aufruf der o. g. URL erfolgreich und liefert den gewünschten Gruß.

Im nächsten Beispiel aus Datei `count.ss`

```
(require (lib "unitsig.ss")
         (lib "servlet-sig.ss" "web-server")
         (lib "date.ss"))
(let ([count 0]
      [date (date->string (seconds->date (current-seconds)) 'time-too)])
  (unit/sig () (import servlet^)
  (set! count (add1 count))
  `(html (head (title "Counter"))
         (body ([bgcolor "white"])
               (p "This servlet was called " ,(number->string count)
                  " times since loaded on " ,date "."))))))
```

findet schon etwas mehr Kommunikation statt.

Zuerst wird der mit Null initialisierte Zähler um eins erhöht. In die danach erzeugte Webseite werden der aktuelle Zählerstand und das Datum (mit genauer Uhrzeit) eingefügt. Da das Servlet innerhalb einer Umgebung, die `count` enthält, definiert wurde, wird der Zählerstand bei jedem Neuaufruf inkrementiert.

Aufgabe 4.4:
Warum wird bei einem Neuaufruf der Webseite das Datum nicht aktualisiert?

Gegenüber dem ersten Beispiel werden hier serverseitig berechnet Werte in die Webseite eingefügt. Der Nutzer auf Klientseite hat auf die Gestaltung dieser Werte allerdings keinen Einfluss.

Wenn wir erneut die oben beschriebene Servlet-Aktualisierung vornehmen, beginnt die Zählung wieder bei 1 unter Verwendung des dann aktuellen Datums.

Das dritte Beispiel verwendet *Formulare*, engl. forms, wie wir sie aus vielen Webseiten als Eingabefenster kennen. Gegenüber dem vorhergehenden Beispiel kommt hier eine neue Möglichkeit für den Nutzer hinzu, nämlich bestimmte Eingabedaten an den Webserver schicken zu können, um sie dort zu verarbeiten. Die übermittelten Daten werden entweder direkt in die auf der Serverseite zu erzeugende Webseite geschrieben oder zur Berechnung neuer Daten benutzt.

In unserem Beispiel in Datei `hi.ss` zeigen wir zunächst die direkte Einbettung der Klient-Daten in das Zieldokument.

```
(require (lib "unitsig.ss")
         (lib "servlet-sig.ss" "web-server")
         (lib "servlet-helpers.ss" "web-server"))

(unit/sig () (import servlet^)
  ; build-request-page : str -> str -> response
  (define (build-request-page)
    (lambda (k-url)
      `(html (head (title "Enter both your firstname and surname."))
             (body ([bgcolor "white"])
                   (form ([action ,k-url][method "get"])
                         "Firstname: "
                         (input
                          ([type "text"][name "firstname"][value ""]))
                         " Surname: "
                         (input
                          ([type "text"][name "surname"][value ""]))
                         (input
                          ([type "submit"]
```

```
                                    [name "enter"][value "Enter"])))))))
 (send/suspend
   (lambda (k-url)
     '(html (head (title "Personalien"))
            (body ([bgcolor "white"])
                  (p "Hello, "
                     ,(let ((bindings
                             (request-bindings
                              (send/suspend (build-request-page)))))
                        (string-append
                         (extract-binding/single 'firstname bindings)
                         " "
                         (extract-binding/single 'surname bindings)))
                     ". "
                     (br)
                     "Have a nice day!"))))))
```

Aufgabe 4.5:
Laden Sie die Datei `hi.ss` in das Servlet-Verzeichnis und geben Sie die zugehörige URL im Browser an.
Empfehlung: Falls bei Ihren Experimenten wiederholt unerwartete Systemreaktionen auftreten, lohnt es sich ganz gewiss, den Webserver z. B. mit `(my-server)` zu stoppen und danach wieder zu starten.

Im Scheme-Code des Beispiels kommen einige neue Sprachelemente vor. `send/suspend` drückt aus, dass die Name-Wert-Paare eines auszufüllenden HTML-Formulars an den Klient gesandt werden. Die Abarbeitung des Skriptlets wird an dieser Stelle solange aufgeschoben, bis die gewünschten Formulardaten vorliegen.

Das Formular wird mit dem Sprachelement `form` beschrieben. Es enthält *Name-Wert-Typ-Tripel*. Sie bestimmen den jeweiligen *Namen* der *Formularkomponente*, deren *Anfangswert* und *Typ*. Welche Typen es gibt, kann man im HTML-Manual nachschlagen. Dies gilt auch für die Bedeutung der beiden möglichen Übertragungsmethoden, nämlich `get` und `post`. Dies muss ebenfalls im Formular angegeben werden.

Schließlich erwartet das Formular die Angabe der URL, unter der die Aktion, also das, was mit den Name-Wert-Paar geschehen soll, zu finden ist. Da diese Aktion bei Scheme-Webseiten im aufrufenden `send/suspend` definiert ist, erübrigt sich eine explizite Angabe einer URL. Scheme kümmert sich selbst darum. Wir können dies an der URL-Eingabezeile im Browser überprüfen.

Die Wertbindungen werden mittels `request-binding` empfangen und mit Hilfe von `extract-binding/single` zurückgewonnen. `extract-bindig/single` erwartet also einen (gültigen) Namen einer Formularvariablen und die Bindungen, in der dieser Name gesucht wird. Der zugehörige Wert wird zurückgegeben.

Eine folgerichtige Fortsetzung unserer Betrachtung zur Webprogrammierung mündet in den Wunsch, das Ergebnis serverseitiger Datenbankabfragen via Servlet in die Antwort-Webseite einzufügen. Dies ist in der Tat möglich, wird aber hier nicht vertieft.

4.6 Webservices

Die Idee, die hinter *Webservices* steckt, ist nahe liegend: Man benutze das mit dem Internet vorhandene Netzwerk von Rechnern, auf denen über Interfaces bestimmte Dienste angeboten werden. Ein potenzieller Klient muss zunächst feststellen, ob und wo der gewünschte Dienst existiert. Hierfür stellen die Webservices, die als sog. Software-*Komponenten* implementiert sind, Erklärungen bereit, denen der Klient alle erforderlichen Informationen entnimmt.

Danach sendet ein Klient seine Daten via *HTTP* an das entsprechende Interface und erhält das Resultat von dort zurück. Um diese Interfaces für möglichst viele Anwendungen offen zu halten, werden sämtliche Daten in beiden Richtungen im *XML-Format* verschickt. Dies setzt eine entsprechende Typkonvertierung (marshalling) beim Senden bzw. beim Empfangen (unmarshalling) in entgegengesetzter Richtung voraus.

Von all dem merkt der Nutzer nichts. Wenn wir also aus Scheme heraus Daten an einen bestimmten Webservice senden, dann finden die oben beschriebenen Prozesse statt. Um nun selbst einen solchen Webservice einzurichten, benötigen wir einen entsprechenden Server. Grundsätzlich ist es völlig gleichgültig mit welcher Programmiersprache dieser Server geschrieben wurde. Man erreicht also echte *Sprach- und Plattformunabhängigkeit.* Für uns ist es von daher wichtig, dass wir mit Scheme arbeiten können.

Aus informationstechnischer Sicht gibt es verschiedene Realisierungsmöglichkeiten für Webservices. Die wichtigsten sind *SOAP* (Simple Object Access Protocol) und *XML-RPC* (Remote Procedure Call). Tiefgründig befassen wir uns mit keiner von beiden, aber den weiter unten folgenden praktischen Übungen liegt XML-RPC zugrunde.

Aufgabe 4.6:
Vertiefen Sie Ihre Kenntnisse zu XML-RPC (`http://www.xmlrpc.com/`) und installieren Sie `xmlrpc.plt`, `iu-mathc.plt` in DrScheme (File, Install .plt file ...).

Um einen XML-RPC-Server in Scheme aufzusetzen, gibt es verschiedene Möglichkeiten. Die hier implementierte verwendet ein Servlet für den PLT Webserver. Von daher werden wir vor keine neuen technischen Probleme gestellt: Es ist schlicht eine Servlet-Anwendung.

Das folgende Beispiel ist Inhalt der Datei `service.ss`.

```
(require (lib "unitsig.ss")
         (lib "xmlrpc.ss" "web-server"))
(unit/sig ()
  (import servlet^)
  (handle-xml-rpc initial-request
   ([service.square (lambda (x) (* x x))]  ; unnamed proc, number
    [service.addlist (lambda (ls) (list ls (apply + ls)))]  ; list
    [service.power pow] ; inside of the service definition defined proc
    [service.substr substring]) ; string
   (define pow
     (lambda (x y)
       (if (zero? y)
           1
           (* x (pow x (sub1 y)))))))))
```

Aufgabe 4.7:
Legen Sie im Servletverzeichnis unseres Webservers das Unterverzeichnis `rpc` an und kopieren Sie die Datei `service.ss` dort hinein.

Das wichtige neue Sprachelement ist **`handle-xml-rpc`**. Danach folgt stets das Wort `initial-request`, so wie in unserem Beispiel. Die Services haben wir so ausgewählt, dass sie verschiedene Fälle illustrieren:

square bezeichnet eine unbenannte Prozedur zum Quadrieren und gibt eine Zahl zurück.

addlist liefert eine Liste.

pow wird innerhalb der Servicedefinition definiert und ist folglich eine benannte Prozedur.

substr liefert eine Zeichenkette zurück.

Die Verwendung der service-Präfixe ist nicht zwingend erforderlich aber sinnvoll, um sich an den Dateinamen zu erinnern.

Da der XML-RPC-Server als Servlet implementiert ist, wird er beim ersten Request eines XML-RPC-Klient geladen und ist somit betriebsbereit. Solange der Webserver nicht herunter gefahren wird, steht das Servlet (XML-RPC-Server) zur Verfügung.

Dies bedeutet natürlich auch, dass eventuelle Modifikationen in der Datei `service.ss` bis zum Neustart des Webservers unbeachtet bleiben.

Zum Aktualisieren von Servlets bei laufendem Webserver verwenden wir die bereits bekannte URL:

`http://localhost:8888/conf/refresh-servlets`

Dies haben wir ja weiter oben schon kennengelernt und erinnern daran, dass ggf. vorhandene Variablenwerte dann nicht mehr zur Verfügung stehen. Läuft der Webserver auf einem anderen Host oder Port als dem hier genannten, sind entsprechende Anpassungen nötig.

Auf der *Klient-Seite*, die im Allgemeinen auf einem anderen Rechner im weltweiten Internet vertreten ist, hat man nicht sehr viel zu tun. Wir finden alles in der Datei `xml-rpc-client.ss`.

```
(require (lib "xmlrpc.ss" "xmlrpc"))

(define remote
  (xml-rpc-server
    "localhost"
    8888
    "/servlets/rpc/service.ss"))

(define square (remote 'service.square))
(define addls  (remote 'service.addlist))
(define pow    (remote 'service.power))
(define my-substring (remote 'service.substr))

(printf "Square: ~s~n" (square 9))
(printf "Sum of items: ~s~n" (addls '(1 2 3 4)))
(printf "Power: ~s~n" (pow 2 10))
(printf "Substring: ~s~n" (my-substring "hallo otto" 2 7))
```

An obiger XML-RPC-Serverdefinition sehen wir genau, welche Dienste angeboten werden. Einige oder alle davon auszuwählen ist nun Sache des XML-RPC-Klienten. Die Auswahl erfolgt unter Ausnutzung der Scheme-Eigenschaft, Prozeduren als Werte erster Klasse zur Verfügung zu stellen. `remote` liefert hier die „entfernten" Prozeduren.

Die obigen Aufrufbeispiele werden also auf einem (beliebig weit) entfernten Rechner bearbeitet, obgleich sich die Art der Verwendung äußerlich (syntaktisch) nicht von der lokal vorhandener Sprachelemente unterscheidet.

Wir erhalten die folgenden Ergebnisse:

```
Square: 81
Sum of items: ((1 2 3 4) 10)
Power: 1024
Substring: "llo o"
```

Die Diskussion zum Einsatz von Webservices läuft derzeit auf Hochtouren. Neben den offensichtlichen Vorteilen wird vor allem beklagt, dass bestimmte Sicherheitstechniken (firewall) diesbezüglich vorerst machtlos sind.

5 Datenbanken

5.1 Nutzer, Verwalter und Entwickler von Datenbanken

Die Anwendung von Informatik im täglichen Leben ist ohne Einsatz von Datenbanken nicht mehr vorstellbar. In fast allen Branchen hat man mehr oder weniger umfangreiche Datenbestände zu verwalten, d. h. zu sammeln, geeignet zu speichern, für den Zugriff auf bestimmte Teile bereitzuhalten, untereinander in Beziehung zu setzen, zu modifizieren usw.

Datenbanksysteme, kurz: *DBS*, werden also zur wohlstrukturierten Verwaltung verwandter Daten benötigt. Aus Anwendersicht findet man eine dem Anwendungszweck entsprechende *Datenbankstruktur* vor, die dem Auge des Nutzers weitestgehend verborgen bleibt. Die Aufgabe des Anwenders besteht darin, die allgemeinen Prinzipien zur Recherche in Datenbanken einzusetzen. Dies geschieht mit Hilfe von *Anfragen* (query) an die Datenbank und sog. *views* (Sichten), zu deren Festlegung bestimmte Werkzeuge bereitstehen. Für die reine Präsentation des Anfrageergebnisses spielen weder die logische noch die physikalische Struktur der Datenbank eine Rolle.

Die *Datenbestandsverwaltung* kümmert sich um die Aktualität des gespeicherten Datenmaterials das Einpflegen und Modifizieren von Daten. Der damit befasste Personenkreis erwartet Bedienelemente für die Pflege des Datenbestandes und verfügt im Allg. nicht über die Informatikkenntnisse, die ein Administrator besitzen muss. Die Struktur der Datenbank kann der Datenbestandsverwalter nicht verändern, sehr wohl aber deren Inhalt.

Datenbankentwickler sind Informatik-Fachleute. Sie müssen als erstes den interessierenden Realitätsausschnitt analysieren und danach auf ein geeignetes Datenmodell abbilden. Hierfür gibt es Hilfsmittel, deren Gebrauch theoretische Kenntnisse und praktische Erfahrung erfordert.

Nach dem Entwurf einer Datenbankstruktur wird die Einhaltung bestimmter Eigenschaften geprüft und ggf. nachgebessert. Diese *Normalisierung* genannte Arbeitstechnik ist ebenfalls theoretisch fundiert und sichert die Funktionsfähigkeit des Systems für den Anwender. Wird beim Datenbankentwurf ein bestimmtes Modell verwendet, so ist anschließend eine Transformation erforderlich, die dem Typ des DBS (hier: relationales Modell) Rechnung trägt. Dies ist das heute typische Vorgehen.

Eine eher ingenieurmäßige Aufgabe besteht darin, einen Datenbankentwurf zu implementieren und ggf. zu modifizieren. Auch dies ist Sache von Fachleuten mit Informatikkenntnissen. Im späteren Betrieb entstehen immer wieder Aufgaben für diesen Personenkreis, der in kleineren Betrieben oft nur aus einem Mitarbeiter besteht.

5.2 Grundbegriffe

Wenn wir im Folg. einige Grundbegriffe thematisieren, so geschieht dies aus der Entwicklerperspektive.

Eine *Datenbank*, kurz: *DB*, ist eine Ansammlung „verwandter" Daten in wohlstrukturierter Form. Aus technischer Sicht kann man sich eine DB als eine (große) Datei vorstellen.

Daten gelten dann als „verwandt", wenn sie sich nach bestimmten Merkmalen oder Eigenschaften, man sagt: *Attributen*, einordnen oder strukturieren lassen. Wenn wir beispielsweise an eine Adressdatenbank denken, die die Wohnanschriften der erfassten Personen enthält, so sind Postleitzahl, Ort und Straße mit Hausnummer gängige Attribute.

Attribute nehmen bestimmte *Attributwerte* an. Wenn wir an in Deutschland lebende Personen denken, so haben wir beispielsweise eine recht klare Vorstellung davon, wie die Postleitzahl aussieht. Der Wert für das Attribut Postleitzahl entstammt also einem ganz bestimmten *Wertebereich*, auch *Domäne* genannt.

Natürlich ist es zweckmäßig, eine solche Adressverwaltung in *Tabellengestalt* zu notieren. Die untereinander verwandten Daten erscheinen dann als *Zeilen* in dieser Tabelle, die wir mit einem unverwechselbaren Namen[1] versehen. Die Zeilen werden *Datensätze* genannt. Die Strukturierung erfolgt durch die *Spalten* der Tabelle. Man spricht von den *Feldern* eines Datensatzes. Abb. 5.1 illustriert einige dieser und weiter unten noch folgender Begriffe.

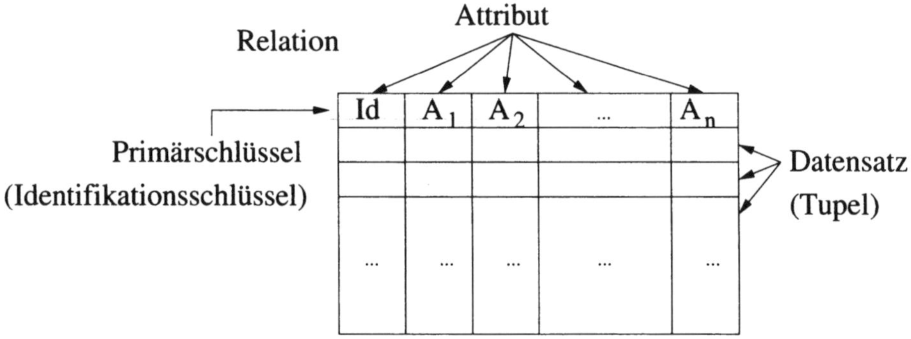

Abbildung 5.1: Tabelle aus einer relationalen Datenbank

[1]Weshalb wir diesen Tabellennamen in Abb. 5.1 *Relation* nennen, wird weiter unten erklärt.

Das oben angeführte Beispiel der Wohnanschriften wird nun (gedanklich) zu einer Kunden-Datenbank ausgeweitet. In Tab. 5.1 haben wir zwei Beispiel-Datensätze angegeben. In der Praxis sind es oft tausende.

Nr.	Name	Vorname	PLZ	Ort	Straße
1	Meier	Udo	08615	Database Village	Am Bit 3
2	Schulze	Mike	30814	Monitorcity	Im Floppy 34

Tabelle 5.1: Kunden-Datenbank

Die im Beispiel „Kunden-Datenbank" (s. Tab. 5.1) verwendete laufende Nummer dient als *Primärschlüssel*. Der (nur genau einmal vorkommende) Wert eines Primärschlüssels, wie etwa 2 im Beispiel, identifiziert genau einen bestimmten Datensatz. Man spricht daher auch von *Identifikationsschlüssel*. Im Beispiel wird der Datensatz für Herrn Schulze identifiziert.

Ein Primärschlüssel darf aus mehreren Attributen bestehen, wovon in unserem einfachen Beispiel jedoch kein Gebrauch gemacht wird. Zwei IDs sind verschieden, wenn sie sich in wenigstens einem Attributwert unterscheiden. Wenn es z. B. zwei Herren namens Meier, mit dem gleichen Vornamen Bodo im gleichen 4-Familien-Mietshaus gibt, ist eine Identifikation sehr problematisch. Dann greifen wir eben auf die ID im Personalausweis zurück, falls uns diese zur Verfügung steht.

Vielleicht wäre es auch besser, die Datenbank aus Tab. 5.1 in mehrere Tabellen zu zerlegen? Beispielsweise könnte man die Datensätze für alle Personen, die in jeweils einem bestimmten Haus wohnen, in einer Haus-bezogenen Extratabelle sammeln. Ebenso wären Tabellen für die einzelnen Dörfer und Städte möglich. „Untertabellen" dieser Art werden über *Fremdschlüssel* an andere Tabellen „angedockt". Als *Fremdschlüssel* wird der Primärschlüssel der „andockenden" Tabelle genommen und erscheint als *Attribut* in der aufnehmenden Tabelle.

Wie unsere auf Tab. 5.1 basierende Beispielbetrachtung zeigt, steht ein DB-Entwickler vor einer schwierigen Modellierungsaufgabe, für die es fast nie nur eine einzige Lösung gibt. Für komplexere Datenbanken sind deshalb Entwurfshilfsmittel unerlässlich. Das bedeutendste Modellierungswerkzeug ist das *Entity Relationship Model*, kurz: *ERM*, von P. P. CHEN. Es bringt einige neue Begriffe mit, die wir weiter unten kurz vorstellen.

Zunächst wenden wir uns aber den theoretischen Grundlagen sog. *relationaler Datenbanken* zu. Diese Grundlagen liefert der CODD*sche Relationenkalkül* (1970). Tabellen sind eine angemessene Repräsentationsform für *Relationen*.

Der Begriff „Relation" ist in der Mathematik als Teilmenge eines kartesischen Produkts bekannt. Eine n-stellige Relation R wird allgemein wie folgt definiert:

$$R \subseteq M_1 \times M_2 \times \ldots \times M_n$$
$$R \subseteq \{(x_1, x_2, \ldots, x_n) \mid x_i \in M_i \text{ für alle } 1 \leq i \leq n\}$$

Es ist wirklich nahe liegend, diese n-Tupel-Struktur in Tabellenform darzustellen. Ein Datensatz wird somit als n-Tupel durch je einen Wert für die n Attribute $A_1, A_2, \ldots, A_n$ repräsentiert.

Aufgrund dieser mengentheoretischen Fundierung von Datenbanken ist es nicht verwunderlich, dass auch komplexere *Datenbankabfragen*[2], die sich durchaus auf mehrere Tabellen beziehen können, mit Mengenoperationen beschrieben werden. Außerdem ist klar, dass die Reihenfolge der Tabellenzeilen – wie bei Mengen üblich – keine Rolle spielt. Wichtig ist lediglich, dass es nicht zwei identische Einträge gibt, denn das verbietet die CANTORsche Mengendefinition.

Vor der Arbeit mit Datenbanken steht die schwierige Aufgabe, den betrachteten Realitätsausschnitt geeignet zu modellieren. „Minibeispiele" werden oftmals direkt angegangen, indem man versucht, entsprechende Tabellen anzugeben. Diese intuitive Methode ist allerdings nur auf leicht überschaubare Aufgaben beschränkt. Für echte Projekte wird das *Entity-Relationship-Model* als Entwurfsmethode eingesetzt. Der Name assoziiert eine erste Vorstellung davon, wie das Modellierungsergebnis aussieht. Die Tabellen könnten nun daraus (sogar automatisiert) gewonnen werden. Vorher muss jedoch geprüft werden, ob die Datenbank einer bestimmten Normalform(stufe) genügt. Ist dies nicht der Fall, sind entsprechende Transformationen erforderlich. Dieser Prozess erfordert Kenntnisse aus der Datenbanktheorie und wird als *Normalisierung* bezeichnet. Die Normalisierung beseitigt also eventuelle Anomalien in dem konkret entworfenen ERM und sichert somit eine gewisse Entwurfsqualität.

Ein fundamentaler Begriff im ERM ist der der *Entität* (entity = Wesen, Ding). Darunter verstehen wir ein identifizierbares Objekt, das für den zu modellierenden Realitätsbereich relevant ist. So ist beispielsweise Herr Meier in Tab. 5.1 eine Entität, Herr Schulze eine weitere.

Die Menge aller Entitäten, die die gleichen charakteristischen Eigenschaften besitzen, nennt man *Entitätstyp*. In obigem Beispiel (s. Tab. 5.1) handelt es sich um den Entitätstyp „Kunde" (`customer`). Tabellen müssen eindeutig benannt werden. Der dafür verwendete Name steht sowohl für die *Entitätsmenge* (s. Tab. 5.2) als auch den Entitätstyp.

Zwischen Entitäten, die unterschiedlichen Entitätstypen angehören, gibt es *Beziehungen*[3] (relationship). Gleichartige Beziehungen zwischen Entitäten fasst man zu einem *Beziehungstyp* zusammen und modelliert ihn zwischen den zugehörigen Entitätstypen.

Jeder Beziehungstyp nimmt eine der folgenden *Komplexitäten* an: 1:1, 1:n (one-to-many) oder n:m (many-to-many). Dies richtet sich danach, wie viele Entitäten des einen Entitätstyps mit wie vielen Entitäten des anderen Entitätstyps in Beziehung stehen.

Dem Datenbankentwurf folgt schließlich die Umsetzung des ERM ins relationale Modell.

[2]Was es mit solchen Abfragen auf sich hat, behandelt Abschn. 5.3 einführend.

[3]Der Begriff „Beziehung" wird hier *nicht* etwa synonym zu „Relation" im relationalen Modell verwendet, sondern in Abgrenzung dazu.

Während Entitäten bzw. Entitätstypen direkt auf Relationen bzw. Relationstypen abgebildet werden können, erfordern Beziehungen bzw. Beziehungstypen mit Bezug auf deren Komplexität ein differenziertes Vorgehen. Darauf gehen wir hier jedoch nicht näher ein.

Der Gebrauch all' dieser Begriffe richtet sich nach dem Modell, auf das man sich stützt. In der Praxis findet man oft einen sehr gemischten Gebrauch vor, was dem Verständnis aber keinen Abbruch tut, wenn man die Analogien kennt. Eine unvollständige Zusammenschau gibt Tab. 5.2.

Relationales Modell	ERM-Terminologie	Tabellendarstellung	Algorithmen und Datenstrukturen
Relation	Entitätsmenge	Menge aller Tabellenzeilen	Datensatzmenge
Relationsschema	Entitätstyp	Tabellendefinition	Datentyp
Tupel	Entität	Inhalt einer Zeile	Datensatz (record)
Attribut	Eigenschaft	Spaltenüberschrift	record-Komponente
Attributwert	Eigenschaftswert	Element eines Wertebereichs	Wert einer Komponente
Wertebereich/ Domäne	Menge aller möglichen Eigenschaftswerte	–	–

Tabelle 5.2: Wichtige Begriffe und Analogien

Während das *relationale Modell* eher die mathematische Seite bedient, findet man unter „Algorithmen und Datenstrukturen" die Entsprechung aus der klassischen Informatik. Unter „Tabellendarstellung" stehen die Begriffe, die unsere Anschauung ganz besonders ansprechen.

5.3 Datenbankprogrammierung

Im Unterschied zur klassischen „Programmierung im Kleinen", bei der man in einer bestimmten Programmiersprache eine algorithmische Problemlösung herzustellen versucht, basiert die DB-Programmierung auf der Idee des *information retrieval* – der *Wiedergewinnung von Information.* Dabei sollen Daten möglichst *redundanzfrei* und nur *an einem einzigen Ort* bereitgehalten werden. Dies ist vorzugsweise dort, wo der Datenbestand gewartet wird, d. h. wo neue Datensätze eingepflegt und Daten aktualisiert werden.

Weltweite Rechnernetze gestatten den Zugriff auf eine DB an einem beliebigen Ort, wenn die entsprechende Berechtigung dafür vorhanden ist. Häufig ist ein Nutzer nur mit einigen Informatikkenntnissen in der Lage, den tatsächlichen Ort der Daten, auf die er zugreift, grob zu bestimmen.

Außerdem gibt es verschiedene *Zugriffstechniken* auf Datenbanken. Hier sind vor allem *ODBC* (open database connection) und *JDBC* (java database connectivity) zu nennen.

In beiden Fällen handelt es sich um *Schnittstellenspezifikationen*, die einen standardisierten Zugriff auf DB aus Anwendungsprogrammen heraus gewährleisten.

Die Grundlagen für verteilte Anwendungen haben wir in Kap. 4 vorgestellt. Bei Web-Datenbank-Anwendung werden serverseitig Web-Seiten, die ausgewählte Datensätze bzw. Teile davon in vorher bestimmbarer Weise aufnehmen, dynamisch generiert und an den Client zurückgesandt.

Client-Server-Anwendungen können die angeforderten Daten auch in Form von XML-Dateien austauschen. Bei XML (Extensible Markup Language) handelt es sich um eine Metasprache, die Markup-Sprachen, wie HTML (Hypertext Markup Language) definiert, s. Abschn. 3.4. Markup-Sprachen sorgen hierbei für den Erhalt der Struktur der Datensätze. Mit XML-RPC (remote procedure call), s. Abschn. 4.6, liegt inzwischen eine Spezifikation vor.

Die Konvertierung von relationalen DB in XML-Strukturbeschreibungen und umgekehrt ist allerdings ein derzeit noch unbefriedigend gelöstes Problem. Manche meinen sogar, man solle es gar nicht versuchen und sich lieber von relationalen Datenbanken verabschieden. Es gibt aber auch eine Reihe von Gründen, die dagegen sprechen. Einer davon ist die solide Fundierung und enorme Verbreitung des relationalen DB-Typs.

Zur Identifikation einer Menge von Datensätzen mit ausgewählten Attributwerten wird eine strukturierte Anfragesprache *SQL* (Structured Query Language) eingesetzt. Obwohl heute kaum noch wahrgenommen, stellt sie einen wertvollen Standard dar. Gäbe es ihn nicht, müssten wir wohl hinnehmen, dass jeder Hersteller eines Datenbanksystems seine eigene Sprache mitliefert. Solche Inkompatibilitäten können in der praktischen Arbeit sehr hinderlich sein. SQL ist eine Sprache, die auch die Datendefinition auszudrücken gestattet. Sie umfasst also eine *DDL* (Data Definition Language) gleich mit.

Nicht selten werden DB mit einer „intelligenten Komponente“ (Expertensystem, Abfrageagent) ausgerüstet, um auch Wissen, das nicht in expliziter Form als Daten in der DB vorhanden ist, durch mathematische Deduktion ableiten zu können.

Für Administration und Bestandsverwaltung von Datenbanken wird ein Programm benötigt. Man spricht von einem *Datenbankmanagementsystem*, kurz: *DBMS*. Beispiele sind PostgreSQL, MySQL, Sybase, Oracle, Access. Neben der Möglichkeit, Abfragen auch im Dialog und unterstützt durch entsprechende Eingabemasken vornehmen zu können, stellt ein DBMS eine sprachliche Schnittstelle für *SQL*-Ausdrücke bereit.

DBMS und Datenbanken werden durch den Begriff *Datenbanksystem* (DBS) zusammengefasst, kurz: $DBMS + DB = DBS$.

Folgende Operationen sollen durch ein DBMS ermöglicht werden:

- Erzeugen, Speichern, Verändern, Überprüfen von Datenbanken mit eventuellen Auswirkungen auf die Tabellengestalt bzw. -anzahl.
- Eingabe neuer Datensätze, Löschen, Sortieren und Suchen von Datensätzen mit eventuellen Auswirkungen auf den Inhalt der Tabelle(n).

- Herstellung von Verbindungen zwischen Datenbanken.

Für die aufgeführten Operationen gibt es entsprechende Sprachelemente in SQL. Die Frage nach dem Vor- und Familiennamen aller Personen, die in Monitorcity wohnen, lautet in SQL:

```
SELECT Name, Vorname
FROM <Name der Tabelle>
WHERE Ort='Monitorcity';
```

Für die Kunden-Datenbank in Tab. 5.1 heißt die Antwort 'Schulze, Mike'.

Die Sprache SQL ist in verschiedenen Quellen dokumentiert. Im Internet findet man Tutorials und eine Reihe weiterer Hinweise.

5.4 Mini-DBS mit Scheme

Die Implementation erfolgt am Beispiel der Kunden-DB aus Tab. 5.1 auf S. 143.

Wir wollen zuerst die *Repräsentationsform der Datensätze* festlegen. Dafür gibt es in DrScheme den Struktur-Typ und in Chez Scheme[4] den Record-Typ. In beiden Fällen handelt es sich um einen *Verbund-Typ*, der mehrere *Felder* zu einem komplexeren Datentyp zusammenfasst. Die uns bereits bekannten Datentypen „Paar“ und „Liste“ sind ebenfalls Verbund-Typen. Der Name des neuen Datentyps wird frei gewählt und bei der Definition angegeben.

Im Folgenden geben wir nur die für DrScheme gültigen Ausdrücke an. Falls Sie Chez Scheme verwenden, sind nur geringfügige Anpassungen notwendig.

```
(define-struct customer (id surname firstname ZIPcode city street))
```

Nun steht der Datentyp `customer` mit den Feldern `id`, `surname`, `firstname`, `ZIPcode`, `city` und `street` zur Verfügung. Dabei sind automatisch folgende Operationen bereitgestellt worden:

Konstruktor:	`make-customer`		
Selektoren:	`customer-id`	`customer-surname`	`customer-firstname`
	`customer-zipcode`	`customer-city`	`customer-street`
Prädikat:	`customer?`		

Der Konstruktor erwartet genau so viele Argumente, wie dies durch die Typ-Definition festgelegt wurde.

Die Selektoren sind einstellige Prozeduren, die einen Datensatz vom Typ `customer` erwarten und die entsprechende Feldkomponente (Attributwert) zurückgeben.

---

[4]Sprachelemente für Records sind in Chez Scheme eingebaut und werden im Manual angemessen dokumentiert. Sollten Sie Chez Scheme benutzen wollen, sollten die Definitionen aus der Datei `record.ss` geladen werden.

Darüber hinaus werden die folgenden *Mutatoren*, also Operationen zur Veränderung der Feldwerte erzeugt.

```
set-customer-id!        set-customer-surname!  set-customer-firstname!
set-customer-zipcode!   set-customer-city!     set-customer-street!
```

Der erste Kunde in obiger Tabelle kann als `customer k1` wie folgt implementiert werden.

```
(define
  k1
  (make-customer 1 "Meier" "Udo" "08615" "Database Village" "Am Bit 3"))
```

Die externe Darstellung dieses Datensatzes geschieht eher nüchtern aber zweckmäßig.

```
> k1
#(struct:customer 1 "Meier" "Udo" "08615" "Database Village" "Am Bit 3")
```

Falls man einen Datensatz lieber als Liste beschreiben möchte, wird die Prozedur `list->customer` benötigt. Sie übernimmt die entsprechende Konvertierung.

```
(define list->customer
  (lambda (ls)
    (apply make-customer ls)))

> (list->customer
     '(1 "Meier" "Udo" "08615" "Database Village" "Am Bit 3"))
#(struct:customer 1 "Meier" "Udo" "08615" "Database Village" "Am Bit 3")
```

Zur Anwendung einiger der o. g. Sprachelemente dient folgender Dialog:

```
> (customer? k1)
#t
> (customer-surname k1)
"Meier"
> (customer-zipcode k1)
"08615"
```

Aufgabe 5.1:
Definieren Sie eine Scheme-Prozedur `customer->list`, die ein Datum vom Typ `customer` nimmt und die zugehörige Liste zurückgibt. Aufrufbeispiel:

```
> (customer->list k1)
(1 "Meier" "Udo" "08615" "Database Village" "Am Bit 3")
```

Zur Repräsentation einer *Entitätsmenge* (Tabelleninhalt, Menge aller Zeileninhalte) verwenden wir eine Scheme-Liste[5].

[5]Dies entspricht der üblichen Implementation von Mengen, ist jedoch sehr ineffizient. In der Praxis werden daher Indices generiert, die einen sehr schnellen Zugriff auf den zugehörigen Datensatz ermöglichen. Als Primärindex kann der Primärschlüssel dienen. Eine Effizienzverbesserung würde sich

Vereinfachend betrachten wir hier nur solche Datenbanken, die aus genau einer Tabelle bestehen, wie dies in Tabelle `customers` der Fall ist.

Wir beginnen mit einigen Initialisierungen: Die Tabelle muss anfangs leer sein, der erste freie Primärschlüssel ist 1.

```
(define customers '())
(define next_id 1)
```

Die Eingabe der Datensätze soll im Dialog über die Tastatur erfolgen, s. Abb. 5.2. Dabei müssen die entsprechenden Datentypen respektiert werden. In unserem Fall handelt es sich ausschließlich um Zeichenketten, so dass die Hochkommata mit anzugeben sind.

```
Welcome to DrScheme, version 206p1.
Language: Pretty Big (includes MrEd and Advanced).
> (insert!)
First name: "Mike"
Surname: "Schulze"
ZIP code: "30814"
Place where Mike is living: "Monitorcity"
Street: "Am Floppy"
> |
```

Abbildung 5.2: Dialog zur Eingabe eines Datensatzes

Hierfür benötigen wir die Prozedur `insert!`. Das angehängte Ausrufezeichen macht auf die Nebenwirkung aufmerksam: Der Wert der Variablen `customers` wird verändert.

```
(define insert!
  (lambda ()
    (let ([id 0][fn ""][sn ""][zip ""][city ""][street ""])
      (set! id next_id) (set! next_id (+ 1 next_id))
      (printf "First name: ")(set! fn (read))
      (printf "Surname: ")(set! sn (read))
      (printf "ZIP code: ")(set! zip (read))
      (printf "Place where ~a is living: " fn)(set! city (read))
      (printf "Street: ")(set! street (read))
      (set!
        customers
        (cons (make-customer id fn sn zip city street) customers)))))
```

Aufgabe 5.2:
Geben Sie den in Tab. 5.1 angegebenen ersten Datensatz als nächsten ein. Die einzelnen Attributwerte sollen Zeichenketten sein. Verwenden Sie also Hochkommata.

ergeben, wenn wir mit Vektoren anstelle von Listen arbeiten würden und die Kundennummer als Index benutzten.

Zur Bildschirmausgabe der gesamten Datenbank brauchen wir eine Prozedur `list-table`, die ihrerseits `print-customer` verwendet.

```
(define list-table
  (lambda ()
    (for-each
     (lambda (cust) (print-customer cust))
     customers)
    (printf "~a~n" "Table 'customers' printed!")))

(define print-customer
  (lambda (c)
    (printf "~s: ~s, ~s, ~s, ~s, ~s ~n"
            (customer-id c)
            (customer-surname c)
            (customer-firstname c)
            (customer-ZIPcode c)
            (customer-city c)
            (customer-street c))))
```

Das darin vorkommende neue Sprachelement `for-each` erwartet eine einstellige Prozedur und eine Liste. Die Prozedur wird auf jedes Listenelement angewandt. Insofern ähnelt `for-each` der Prozedur `map`, die im Unterschied zu `for-each` eine Liste aus den einzelnen Prozeduranwendungen zurückgibt.

Die `print-customer`-Prozedur kann man den individuellen Anzeigewünschen anpassen.

```
> (list-table)
1: "Mike", "Schulze", "30814", "Monitorcity", "Am Floppy 34"
Table 'customers' printed!
```

Ein einzelner Datensatz wird mit `get` über seine ID – also ein bestimmter (einmaliger) Wert des Primärschlüssels – angesprochen und mit `print-customer` auf den Bildschirm geschrieben, falls er existiert. Anderenfalls geschieht nichts.

```
(define get
  (lambda (id)
    (for-each
     (lambda (cust)
       (if (= id (customer-id cust))
           (print-customer cust)))
     customers)))

> (get 1)
1: "Mike", "Schulze", "30814", "Monitorcity", "Am Floppy 34"
```

Das Löschen von Datensätzen ist nur unter Angabe des Primärschlüssel (ID) möglich.

```
(define delete!
  (lambda (id)
    (letrec
        ((helper
          (lambda (custs)
            (cond
              ((null? custs) '())
              ((= id (customer-id (car custs)))(cdr custs))
              (else
               (cons (car custs) (helper (cdr custs))))))))
      (set! customers (helper customers))
      'done)))
```

```
> (delete! 1)
done
> (get 1)
```

Zu beachten ist, dass der nach dem Löschen eines Datensatzes nächste freie Primärschlüssel (**next_id**) unverändert bleibt. Die gelöschten ID's werden also nicht wieder vergeben. Selbst die Prozedur **delete-table!**, mit der man wirklich sehr vorsichtig umgehen sollte, ändert nichts am Weiterzählen in **next_id**.

Aufgabe 5.3:
Diskutieren Sie potenzielle Gründe für diese Entscheidung.

Die einzige Ausnahme findet im Zusammenhang mit **delete-table!** statt.

```
(define delete-table!
  (lambda ()
    (set! customers '())
    (set! next_id 1)
    'done))
```

Wenn wirklich alle Datensätze gelöscht wurden, wird auch **next_id** auf 1 zurückgesetzt.

Datenbanken sind meist viel zu groß, um im Arbeitsspeicher eines Computers Platz zu finden. Eine externe Speicherung ist unbedingt erforderlich. Dabei kann es eine Rolle spielen, ob die gesamte Datei im Sinne einer Sicherheitskopie in einer Datei ausgelagert werden soll, oder ob während des Betriebs Teile der Datenbank nachgeladen werden müssen. In diesen beiden Fällen gibt es ganz unterschiedliche Anforderungen an die Performance und damit an die Art der Speicherung. Solche Fragen diskutieren wir hier nicht.

Die im Folgenden definierte Prozedur **save-table** schreibt unsere Beispieldatenbank in eine Datei, deren Name frei wählbar ist.

```
(define save-table
  (lambda (filename)
    (call-with-output-file filename
      (lambda (port)
        (for-each
         (lambda (cust)
           (write (customer->list cust) port))
         customers)
        'saved)
      'replace)))
```

```
> (save-table "C:/Temp/cust.dat")
```

Achtung: Existiert eine Datei mit dem beim Aufruf von `save-table` übergebenen Namen, wird sie unweigerlich überschrieben. Wünscht man dies nicht, sondern möchte neue Datensätze hinzufügen, so muss `replace` durch `append` ersetzt werden. Dies lässt sich natürlich über einen zweiten Parameter von `save-table` eleganter lösen.

Die Arbeit mit Dateien geschieht in Scheme über *Ports*: Zum Schreiben in eine Datei wird ein *Ausgabeport* und zum Lesen aus einer Datei ein *Eingabeport* geöffnet. Die Schreib- bzw. Leseoperation geschieht mit `write` bzw. `read`, allerdings verwenden die beiden Sprachelemente als zweiten Parameter den entsprechenden Port. Dieser wird nach Ausführung von `call-with-output-file`[6] an den formalen Parameter `port` der einstelligen Prozedur gebunden. Nach dem Schreib- bzw. bei `call-with-input-file` dem Lesevorgang wird der Port automatisch geschlossen.

Da wir die Datensätze in der externen Datei als Listen speichern möchten, sorgt `customer->list` vor dem Schreiben für die erforderliche Konvertierung.

Den Inhalt der Datei `cust.dat`, die im angegebenen Verzeichnis angelegt wurde, kann man sich mit einem beliebigen Texteditor ansehen. Es ist sogar möglich, diese Datei zu editieren, d. h. Datensätze „per Hand“ oder durch ein anderes Programm zu verändern, zu löschen oder hinzuzufügen.

Zum Einlesen der Datenbank eignet sich `load-table!`. Das Ausrufungszeichen am Ende des Prozedurnamens weist hier darauf hin, dass der Wert der Variable `customers` verändert wird. Sämtliche Datensätze von `customers` werden vor dem Laden der Tabelle gelöscht. `load-table!` sorgt auch dafür, dass `next_id` nach dem Einlesen der Datensätze die nächste freie ID bestimmt.

```
(define load-table!
  (lambda (filename)
    (call-with-input-file filename
      (lambda (port)
```

[6] Es gibt noch weitere Sprachelemente für die Arbeit mit Dateien via Ports, die wir hier aber nicht explizit behandeln.

```
        (letrec
            ([read-loop
              (lambda (cust)
                (if (eof-object? cust)
                    '()
                    (let ([id (car cust)])
                      (if (> id next_id) (set! next_id id))
                      (cons cust (read-loop (read port))))))])
          (delete-table!)   ; !!!!!
          (set!
           customers
           (map
             (lambda (ls) (list->customer ls))
             (read-loop (read port)))))
        (set! next_id (+ 1 next_id))
        'loaded))))

> (load-table! "C:/Temp/cust.dat")
loaded
> (list-table)
1: "Mike", Schulze, "30814", "Monitorcity", "Im Floppy 34"
2: "Udo", Meier, "08615", "Database Village", "Am Bit 3"
Table 'customers' printed!
> next_id
3
```

Aufgabe 5.4:
Experimentieren Sie weiter mit dieser Datenbank und erweitern Sie ggf. den Sprachumfang.

Wir könnten unsere Betrachtung über DBMS mit Scheme fortsetzen. Dies würde jedoch einen enormen Aufwand zur Herstellung leistungsfähiger Sprachelemente erfordern, prinzipiell wäre es aber möglich.

Sinnvoller ist es aber, ein vorhandenes, leistungsfähiges und frei verfügbares DBMS zu verwenden. Vorbereitete Sprachelemente erlauben es uns mit Scheme auf einen solchen Datenbank-Server zuzugreifen. Diese Scheme-DB-Schnittstelle ist auch für echte praktische Anwendungen sehr nützlich.

5.5 Scheme-MySQL-Verbindung

5.5.1 Technische Voraussetzungen

Um nun einen ersten Kontakt mit einem in der Praxis weit verbreiteten DBMS aufnehmen zu können, sind einige zusätzliche Installationen erforderlich.

1. Zuerst installieren wir das DBMS *MySQL* in der für unser Betriebssystem passenden Ausgabe.
2. Um von irgendeinem Programm, etwa von Schemeprozeduren aus, auf eine Datenbank dieses DBMS zugreifen zu können, benötigen wir einen *ODBC-Treiber.*
3. Auf der Scheme-Seite ist Software erforderlich, die mit dieser ODBC-Schnittstelle kommunizieren kann. Dies leistet *SrPersist.* Damit wäre allerdings nur eine sehr einfache, technisch ausgerichtete Kommunikation möglich. Menschenfreundlichere Sprachelemente gewinnen wir, wenn wir *SchemeQL* „darüber legen".

Das DBMS wird in einem Eingabefenster im MySQL-Verzeichnis `C:\mysql\bin` aufgerufen. Beim ersten Start (direkt nach der Installation) wird ein Administrator festgelegt, der – und das ist wichtig – automatisch als DBMS-Nutzer angelegt wird. In unserem Falle haben wir `wagenkn` als Administratornamen mit dem Kennwort `logo` gewählt.

Den Administrationsmonitor startet man mit

```
C:\mysql\bin>winmysqladmin.exe
```

Abb. 5.3 auf Seite 155 zeigt dieses Tool, das weitere Überwachungsaufgaben übernimmt. Mit dem nächsten Windows-Neustart wird es automatisch gestartet und erscheint als kleine Ampel im rechten Teil der unteren Statusleiste.

Zu erwähnen ist noch das eigentliche Administrationsprogramm `mysqladmin.exe` in o. g. Verzeichnis. Bei dessen Benutzung sollte sich der Administrator der gravierenden Folgen einer Fehlbedienung bewusst sein. Schließlich können damit ganze Datenbanken oder Tabellen gelöscht werden. Besonders nützlich ist `mysqladmin.exe`, um veraltete und unerwünschte Zugriffsprozesse zu beenden. Die Prozesse kann man im Administrationsmonitor (Process, refresh) beobachten.

ODBC steht für *open database connectivity* und stellt eine standardisierte Schnittstelle dar. Mit deren Hilfe gelingt es, mit verschiedenen DBMS gleichermaßen zu kommunizieren. Ein DBMS, für das es eine Implementation dieser Schnittstelle gibt, definiert die Sprache, in die die Datenbankanfragen übersetzt werden. Datenbankanfragen sind oft in SQL oder – wie in unserem Falle – in SchemeQL formuliert. Um für MySQL (localhost, Port: 3306) den erforderlichen ODBC-Treiber zu installieren, ist lediglich ein Doppelklick auf `MyODBC-standard-3.51.9-win.exe` notwendig.

Ein Administrator aus Systemsteuerung–Verwaltung–Datenquellen(ODBC) hilft uns bei der Konfiguration unserer Datenquelle, deren Existenz vorausgesetzt wird. Im nächsten

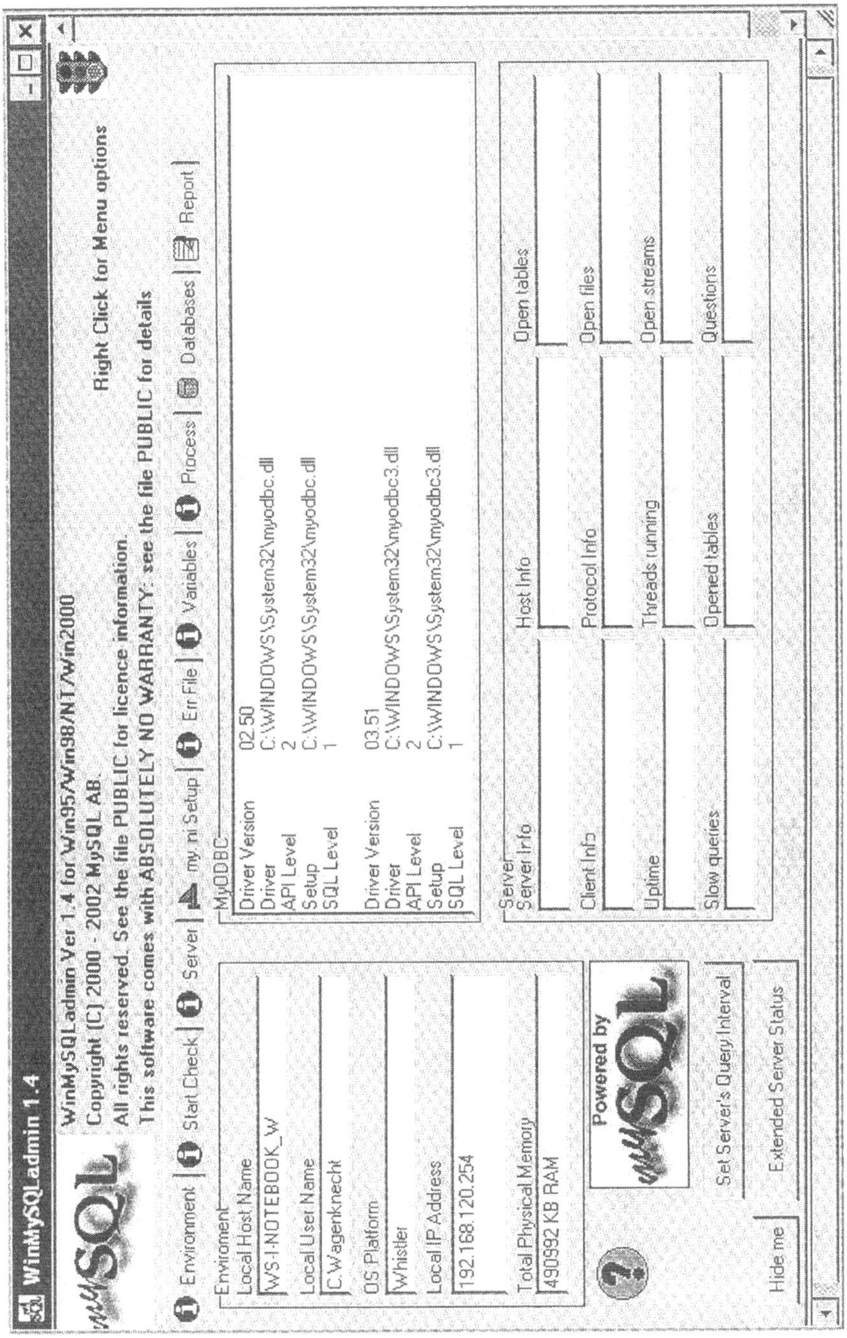

Abbildung 5.3: WinMySQLadmin

Abschnitt wird ein (nicht gerade komfortabler) Weg beschrieben, wie man die hier verwendete Datenbank **`studierende`** anlegt. In der Praxis stehen dafür diverse Werkzeuge zur Verfügung.

Zum Hinzufügen einer neuen Datenquelle im ODBC-Datenquellen-Administrator wählen wir anschließend den erforderlichen Treiber (MySQL ODBC 3.51 Driver) aus. In Zukunft soll die o. g. Datenquelle unter dem Namen **`studis`** ansprechbar sein. Abb. 5.4 zeigt, welche Einträge zur Konfiguration erforderlich sind. Die Angaben zu User und Password findet man im Folgeabschnitt.

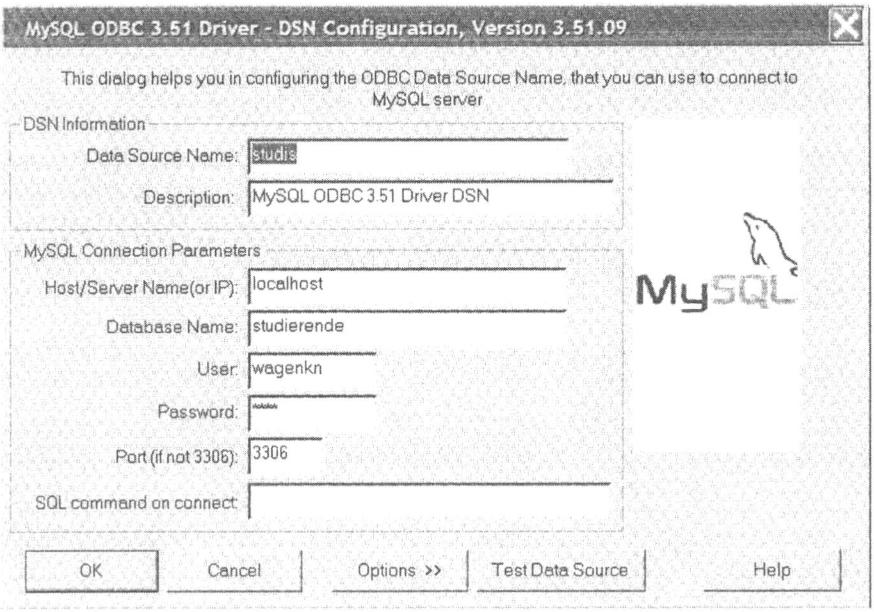

Abbildung 5.4: Konfiguration des MySQL-ODBC-Treibers

5.5.2 Anlegen einer Beispieldatenbank

Zuerst starten wir den MySQL-DBMS-Server inkl. das Admin-Tool, falls dies nicht schon beim Start des Betriebssystems automatisch erfolgt ist. Das Ampelsymbol unten rechts in der Symbolleiste steht auf grün.

```
C:\mysql\bin>winmysqladmin.exe
```

Die Anmeldung erfolgt mit den obigen Administratorangaben (hier: **`wagenkn`**, **`logo`**) in folgender Weise:

```
C:\mysql\bin> mysql -u wagenkn -p
Enter password: ****
Welcome to the MySQL monitor. Commands end with ; or \g.
Your MySQL connection id is 2 to server version: 3.23.52-nt
Type 'help;' or '\h' for help. Type '\c' to clear the buffer.
mysql>
```

Der nun folgende Dialogteil dient dem Ziel, eine Datenbank `studierende` mit den Tabellen `person` und `adresse` anzulegen und mit einigen Daten zu füllen.

```
mysql> CREATE DATABASE studierende;
Query OK, 1 row affected (0.47 sec)

mysql> USE studierende;
Database changed

mysql> CREATE TABLE person (id INT PRIMARY KEY, vorname VARCHAR(20),
                            name VARCHAR(30), adrid INT);
Query OK, 0 rows affected (0.45 sec)

mysql> DESCRIBE person;
+---------+-------------+------+-----+---------+-------+
| Field   | Type        | Null | Key | Default | Extra |
+---------+-------------+------+-----+---------+-------+
| id      | int(11)     |      | PRI | 0       |       |
| vorname | varchar(20) | YES  |     | NULL    |       |
| name    | varchar(30) | YES  |     | NULL    |       |
| adrid   | int(11)     | YES  |     | NULL    |       |
+---------+-------------+------+-----+---------+-------+
4 rows in set (0.10 sec)

mysql> CREATE TABLE adresse (id INT PRIMARY KEY, plz VARCHAR(6),
                             ort VARCHAR(30), strasse VARCHAR(30));
Query OK, 0 rows affected (0.00 sec)

mysql> DESCRIBE adresse;
+---------+-------------+------+-----+---------+-------+
| Field   | Type        | Null | Key | Default | Extra |
+---------+-------------+------+-----+---------+-------+
| id      | int(11)     |      | PRI | 0       |       |
| plz     | varchar(6)  | YES  |     | NULL    |       |
| ort     | varchar(30) | YES  |     | NULL    |       |
| strasse | varchar(30) | YES  |     | NULL    |       |
+---------+-------------+------+-----+---------+-------+
4 rows in set (0.00 sec)
```

```
mysql> INSERT INTO adresse
    -> VALUES (1, '28337', 'Hauptstadt', 'An der Ochsenkoppel 23');

mysql> INSERT INTO adresse
    -> VALUES (2, '736222', 'Nebenstadt', 'Im Wald 23a');

mysql> INSERT INTO adresse
    -> VALUES (3, '0815', 'Schlaraffendorf', 'Unter Palmen 123');

mysql> INSERT INTO person
    -> VALUES (1, 'Herta', 'Kolli', 3);

mysql> INSERT INTO person
    -> VALUES (2, 'Bodo', 'Krause', 3);

mysql> INSERT INTO person
    -> VALUES (3, 'Bob', 'Mason', 1);

mysql> INSERT INTO person
    -> VALUES (4, 'Muck', 'Vogel', 2);
```

Bei der Eingabe der Daten haben wir die MySQL-Antworten aus Platzgründen weggelassen. Die angegebenen Pfeile werden nicht mit eingegeben, sondern von MySQL bei einem Zeilenwechsel automatisch erzeugt. Erst ein Semikolon schließt eine Eingabe ab.

Hat man versehentlich fehlerhafte Daten eingegeben, können diese mit `REPLACE` für `INSERT` durch die korrekten überschrieben werden.

```
mysql> select * from person;
+----+---------+--------+-------+
| id | vorname | name   | adrid |
+----+---------+--------+-------+
|  1 | Herta   | Kolli  |     3 |
|  2 | Bodo    | Krause |     3 |
|  3 | Bob     | Mason  |     1 |
|  4 | Muck    | Vogel  |     2 |
+----+---------+--------+-------+
4 rows in set (0.39 sec)

mysql> select * from adresse;
+----+--------+-----------------+------------------------+
| id | plz    | ort             | strasse                |
+----+--------+-----------------+------------------------+
|  1 | 28337  | Hauptstadt      | An der Ochsenkoppel 23 |
```

```
| 2 | 736222 | Nebenstadt       | Im Wald 23a           |
| 3 | 0815   | Schlaraffendorf  | Unter Palmen 123      |
+----+--------+-----------------+-----------------------+
3 rows in set (0.00 sec)

mysql> SHOW DATABASES;
+-------------+
| Database    |
+-------------+
| mysql       |
| studierende |
| test        |
+-------------+
3 rows in set (0.00 sec)

mysql>
```

Das Datenmodell in unserem Beispiel ist sehr einfach. Dem Fremdschlüssel `adrid`=2 für Datensatz 4 in Tabelle `person` entnimmt man beispielsweise, dass Herr Vogel in Nebenstadt wohnt.

Die angelegte Datenbank bleibt selbstverständlich bestehen, wenn wir uns (mit `quit`) vom DBMS verabschieden.

5.5.3 ODBC-Verbindung: Access-DB-Frontend

Da die Pflege von Datenbanken mittels MySQL-Monitor relativ unbequem ist, kann man Microsoft Access als sog. Frontend einsetzen. Hierzu startet man Access und verknüpft die entsprechenden Tabellen. Die dabei auszuwählende Datenquelle ist wieder die über ODBC eingerichtete MySQL-Datenbank, s. Abb. 5.4.

Aus technischer Sicht können wir dieses Vorgehen wenigstens für schreibenden Zugriff auf die MySQL-Datenbank nur unter Vorbehalt empfehlen. Unsere diesbezüglichen Experimente ließen auf Unverträglichkeiten schließen, die sich darin ausdrückten, dass eine existierende Datenbank zwar von Access und MySQL, aber nicht mehr von Scheme erkannt wurde.

5.5.4 ODBC-Zugriff mit Scheme

Die Installation der DrScheme-Software geschieht vollautomatisch durch Doppelklick auf `srpersist-206p1-bin-i386-win32.plt`, `srfi-1.3.plt` und `schemeql-0.05.plt` in der hier angegebenen Reihenfolge.

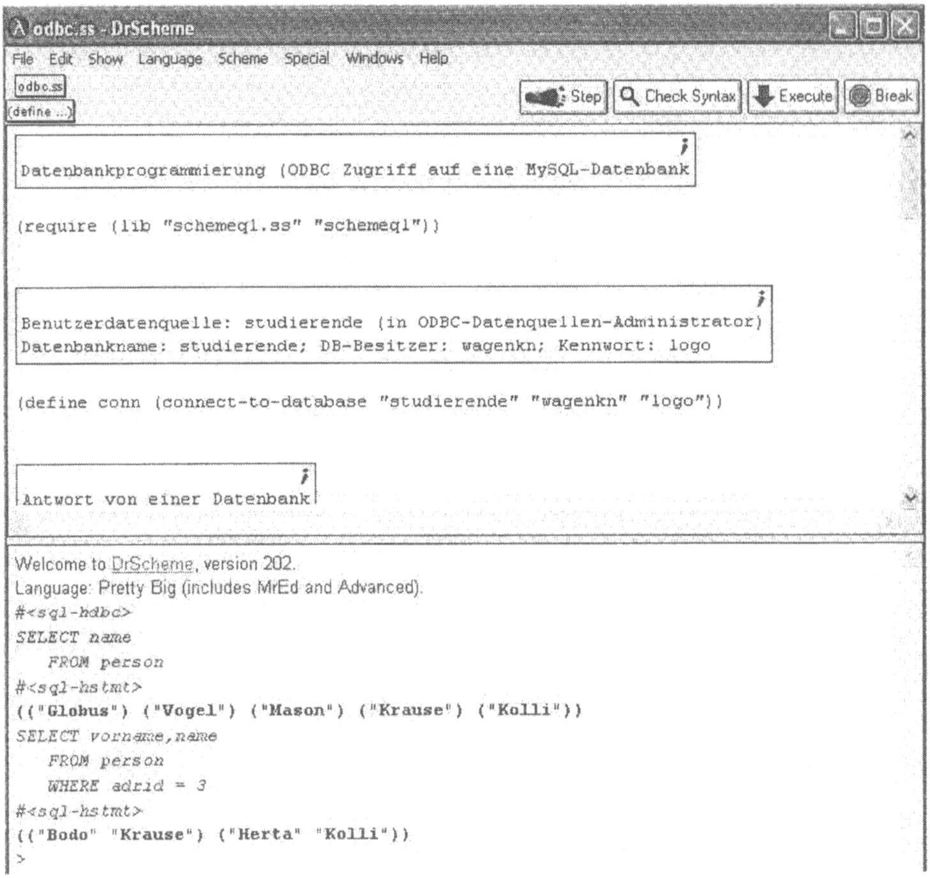

Abbildung 5.5: ODBC-Zugriff auf DB **studierende** mit DrScheme

Bleibt ein Doppelklick wirkungslos, wählt man die Option `Install .plt file ...` aus dem `file`-Menü von DrScheme und die jeweils zu installierende Datei.

Wir laden die Datei `odbc.ss` in DrScheme und starten die Evaluation (`execute`[7]). Dann ergibt sich das in Abb. 5.5 wiedergegebene Bild.

```
(require (lib "schemeql.ss" "schemeql"))
```

lädt die für DB-Arbeit erforderliche Bibliothek. Darüber hinaus ist sicherzustellen, dass die richtige Datenquelle eingestellt ist. Dies geschieht im ODBC-Datenquellen-Administrator, so wie wir das weiter oben bereits beschrieben haben, s. auch Abb. 5.4.

Die MySQL-Datenbank heißt **studierende**, dessen Benutzer und Kennwort lauten im

[7]Mehrfaches Drücken des execute-Knopfes sollte vermieden werden. Dabei wird jedes Mal eine neue DB-Verbindung eingerichtet.

Beispiel **wagenkn** und **logo**, der Benutzerdatenquellenname sei ebensfalls **studierende**.

```
(define conn (connect-to-database "studierende" "wagenkn" "logo"))
```

stellt eine Verbindung zu der ausgewählten Datenbank her. **connect-to-database** erwartet den Namen der Benutzerdatenquelle (nicht den der DB), den Namen des DB-Besitzers und das Kennwort.

Die folgende Prozedur ist recht nützlich, wenn es darum geht, das Ergebnis einer DB-Anfrage geeignet auszugeben bzw. weiterverarbeiten zu können. Es ist nicht notwendig, den Inhalt dieser Prozedur zu durchschauen. Bei Interesse sollte man den Abschnitt zum Cursorkonzept im Manual (DrScheme Help Desk, schemeql) lesen.

```
(define answer
  (lambda (q)
    (let ([res (schemeql-execute (open-cursor q))])
      (letrec
          ([helper
            (lambda (res ls)
              (let ([c (result-cursor res)])
                (cond
                  [(cursor-null? c) ls]
                  [else
                   (roll-cursor! res)
                   (helper res (cons (cursor-car c) ls))])))])
        (helper res '())))))
```

answer bezieht sich auf die DB, zu der wir oben eine Verbindung hergestellt haben und erwartet eine Anfrage. Mit

```
> (answer (query (vorname name) "person"))
(("Muck" "Vogel") ("Bob" "Mason") ("Bodo" "Krause") ("Herta" "Kolli"))
```

werden die Vorname-Namen-Listen aller Personen in der Tabelle **person** in einer Liste zusammengefasst. Mit der in der DB-Programmierung meist verwendeten Sprache SQL würde man dies so ausdrücken:

```
SELECT vorname, name FROM person;
```

Wir ermitteln nun die Personen, die in Schlaraffendorf (3) wohnen. Die äquivalente SQL-Form für diese Anfrage wird im Interaktionsfenster gleich mit ausgegeben.

```
> (answer (query (vorname name) (person) ((= adrid 3))))
SELECT vorname,name
   FROM person
   WHERE adrid = 3
#<sql-hstmt>
(("Bodo" "Krause") ("Herta" "Kolli"))
```

Für jede DB besteht die Notwendigkeit, Datensätze einzugeben, zu modifizieren oder zu löschen. Wir führen dies wieder exemplarisch vor. Dabei ist zu beachten, dass die entsprechende Verbindung zu einer DB als erster Parameter vorkommt. Es wäre also sogar denkbar, mehrere DB-Verbindungen gleichzeitig zu bedienen.

```
> (direct-insert conn adresse
    (6 "110815" "Schlaraffendorf" "Im Teich 42"))
> (direct-insert conn person (5 "Matz" "Globus" 6))
```

fügt beiden Tabellen je einen Datensatz hinzu.

Der im Folgenden eingegebene nonsense-Datensatz wird gleich wieder entfernt.

```
> (direct-insert conn adresse (7 "81818" "sjjs" "ksjsj"))
> (direct-delete conn adresse (= id 7))
```

Die folgende Anfrage ist auf ausgewählte Inhalte zweier Tabellen, nämlich `person` und `adresse` gerichtet. Man nennt dies *join*.

```
> (answer (query (vorname name strasse) (person adresse)
          ((and (= ort "'Schlaraffendorf'")(= adrid (adresse id))))))
SELECT vorname,name,strasse
   FROM person,adresse
   WHERE ( ort = 'Schlaraffendorf' AND adrid = adresse.id )
#<sql-hstmt>
(("Matz" "Globus" "Im Teich 42")
 ("Bodo" "Krause" "Unter Palmen 123")
 ("Herta" "Kolli" "Unter Palmen 123"))
```

Wir fragen nach dem Straßennamen aller (durch Vor- und Nachname benannten) Personen, die in Schlaraffendorf wohnen. Hierzu ist es notwendig, dass – neben der mit dem Ortsnamen verbundenen Bedingung – die zugehörige ID aus der Adresstabelle mit dem Wert des Fremdschlüssels `adrid` übereinstimmt.

Am Ende einer Sitzung sollten alle DB-Verbindungen geschlossen werden. Dafür gibt es mehrere Möglichkeiten:

```
> (disconnect-from-database "studierende")
```

schließt die benannte Verbindung.

```
> (close-all-connections!)
```

schließt alle bestehenden Verbindungen.

Das Gleiche erreicht man, wenn das DBMS MySQL über das WinMySQLAdmin-Tool gestoppt wird, Auswahl: Stop the Service.

5.6 Dynamische Web-Seiten mit DB-Zugriff

Aus Kap. 4 wissen wir, dass statische Web-Seiten vom Server bereitgehalten und auf Anforderungen eines Klienten diesem zugestellt werden. Für viele Anwendungsfälle sind statische Web-Seiten, die sozusagen „auslieferungsfertig" vorliegen, unzureichend. So erwarten die Nutzer etwa bei Auskunftssystemen, z. B. für Fahrpläne, eine der Anfrage entsprechende Antwort-Seite. Dies ermöglichen dynamische Web-Seiten, die wir bereits in Abschn. 4.5.2 beschrieben haben.

Hinzu kommt nun, dass ein Servlet Zugriff auf eine (verteilte) Datenbank erhält. Aus der in ein HTTP-Formular, s. S. 131, eingegebenen Nutzeranfrage wird eine Datenbankabfrage generiert, deren Ergebnismenge in eine Webseite integriert wird. Die in der Praxis hierfür etablierten Technologien sind PHP, JSP (Java Server Pages) und ASP (Active Server Pages).

Die Hauptidee besteht also darin, die durch Servlets erweiterte Webserver-Funktionalität um eine DB-Komponente zu bereichern. Man spricht dann auch von einem *DB-Backend* und nennt das Ganze eine *Web-Datenbank.*

Um dies an einem einfachen Beispiel illustrieren zu können, wird erwartet, dass die im Folgenden angegebene Datei `webdb-cw.ss` im Verzeichnis `servlets/examples/` des Webserver-Wurzelverzeichnisses liegt.

```
(require (lib "unitsig.ss")
         (lib "servlet-sig.ss" "web-server")
         (lib "servlet-helpers.ss" "web-server")
         (lib "schemeql.ss" "schemeql"))

(unit/sig () (import servlet^)

  (define answer
    (lambda (q)
      (let ([res (schemeql-execute (open-cursor q))])
        (letrec
            ([helper
              (lambda (res ls)
                (let ([c (result-cursor res)])
                  (cond
                    [(cursor-null? c) ls]
                    [else
                     (roll-cursor! res)
                     (helper res (cons (cursor-car c) ls))])))])
          (helper res '())))))
```

```
(define answer->table
  (lambda (answer headlist)
    (letrec
        ([row
          (lambda (ls)
            (if (null? ls)
                ()
                (cons
                 (cons 'tr (map (lambda (x) (list 'td x)) (car ls)))
                 (row (cdr ls)))))])
      (if (null? answer)
          (list 'p "Kein Datensatz gefunden!")
          (cons
           'table
           (cons
            '((border "1") (cellspacing "1") (cellpadding "2"))
            (cons
             (cons
              'tr
              (map
               (lambda (x) (list 'th x))
               headlist))
             (row answer))))))))

(define (build-request-page)
  (lambda (k-url)
    `(html (head (title "Arbeit mit einer Web-Datenbank"))
           (body ([bgcolor "white"])
                 (form ([action ,k-url] [method "post"])
                       "Tabelle: "
                       (table
                        (tr
                         (td
                          (input
                           ([type "radio"][name "table"]
                            [checked "true"][value "person"]))
                          "person"))
                        (tr
                         (td
                          (input
                           ([type "radio"]
                            [name "table"][value "kurse"]))
                          "kurse"))
                        (tr
```

```
                              (td
                               (input
                                ([type "radio"][name "table"]
                                             [value "adresse"]))
                               "adresse")))
                            (input
                             ([type "submit"]
                              [name "enter"][value "Enter"])))))))

(send/suspend
 (lambda (k-url)
   `(html (head (title "Ergebnis der Anfrage"))
          (body ([bgcolor "white"])
                ,(let*
                     ([connect
                       (connect-to-database
                        "studierende" "wagenkn" "logo")]
                      [bindings
                       (request-bindings
                        (send/suspend (build-request-page)))]
                      [tablename
                       (extract-binding/single 'table bindings)]
                      [result
                       (case (string->symbol tablename)
                         [(person)
                          (answer->table
                           (answer (query (name vorname) "person"))
                           '("Name" "Vorname"))]
                         [(adresse)
                          (answer->table
                           (answer
                            (query (plz ort strasse) "adresse"))
                           '("Plz" "Ort" "Strasse"))]
                         [(kurse)
                          (answer->table
                           (answer (query (bezeichnung) "kurse"))
                           '("Bezeichnung"))])]
                      [dummy
                        (disconnect-from-database "studierende")])
                   result))))))
```

Abb. 5.6 stellt die Browseransicht der vom Servlet generierten Webseite zum Ausfüllen eines HTML-Formulars dar.

Abbildung 5.6: Web-Interface mit Formular

Unter Verwendung unserer Beispieldatenbank ergibt sich die in Abb. 5.7 gezeigte dynamische Webseite.

Abbildung 5.7: Generierte Antwortseite mit DB-Zugriff

Aufgabe 5.5:
Erproben Sie diese Web-DB-Anwendung unter Verwendung der Datenbank `studierende`, die in diesem Kapitel bereits angelegt und verschiedentlich verwendet wurde. Beachten Sie dabei, dass ein Neuaufruf der Seite nicht durch eine Back-Navigation im Browser, sondern durch ein entsprechendes reload herbeigeführt wird.

Aufgabe 5.6:
Erweitern Sie die dynamische Webseite um eine Suchanfrage. Beachten Sie dabei, dass `query` seine Argumente nicht evaluiert, sondern lediglich übernimmt, so dass die gewünschten Werte genau so in der Prozedurdefinition stehen müssen.

6 Datenabstraktion

6.1 Daten mit Typetikett

Viele Programmiersprachen, darunter Pascal, C und Java, besitzen *Schlüsselworte*, wie `char`, `integer` und `real`, für Datentypen. Damit wird dem Compiler angezeigt, aus welchen Bereichen die Daten stammen dürfen, die an die deklarierte Variable gebunden werden. Man sagt, dass Datentypen in dieser Form *statisch* oder explizit vereinbart sind.

Das Gegenstück sind Sprachen mit *dynamischem* oder *latentem* Typkonzept. Der höheren Flexibilität dieser Methode im Vergleich zur statischen steht entgegen, dass Typprüfungen ausschließlich zur Laufzeit stattfinden können.

Beide Techniken haben Vor- und Nachteile, deren Diskussion in Fachgremien seit Jahren intensiv betrieben wird.

In Scheme werden den Daten *Typetiketten* oder *Typkennzeichen* (*type tags*) „angehangen", die auch von Prädikaten, wie `pair?`, `number?` und `symbol?`, wahrgenommen werden. Um das Anhängen dieser Typinformation kümmert sich Scheme ebenso wie um deren Auswertung.

Von diesen internen Prozessen ist rein äußerlich natürlich nichts zu sehen. Um diesen dynamischen Umgang mit Datentypen aber dennoch studieren zu können, spielen wir ihn mit Scheme im Folgenden nach.

Hierzu repräsentieren wir jeden Wert[1] als ein Scheme-Paar der Form

```
(<type-tag> . <value>)
```

Das Typetikett `<type-tag>` selbst wird als ein Paar der Gestalt

```
(type . <type-expression>)
```

implementiert. `<type-expression>` wird im Allg. ein Symbol sein.

Der Konstruktor für Typetiketten ist sehr einfach.

```
(define make-type-tag
  (lambda (texp)
    (cons 'type texp)))
```

[1] Die hier mit Spitzenklammern versehenen Angaben werden weiter unten durch konkrete Scheme-Symbole ausgefüllt.

`(type . point)` ist beispielsweise ein korrektes Typetikett.

```
> (make-type-tag 'point)
(type . point)
```

`((type . point) #3(2 38 3))`, dessen Konstruktion weiter unten vorgenommen wird, ist ein korrekt getypter Wert. Er repräsentiert den Punkt (2|38|3).

Das einstellige Prädikat `typed?` stellt fest, ob ein vorgelegter Wert ein Typetikett besitzt oder nicht. Es prüft, ob der Eingabewert ein Paar ist, dessen *car*-Element wiederum ein Paar mit `type` als *car* ist.

```
(define typed?
  (lambda (value)
    (and (pair? value)(pair? (car value))(eq? (caar value) 'type))))

> (typed? '((type . point) . #3(2 38 3)))
#t
```

Typetiketten sind erforderlich, um die *jeweils zugehörige Verarbeitungsmethode* (automatisch) bestimmen zu können. Verarbeitet werden aber nur die reinen Daten. Folglich ergibt sich das Bedürfnis, Typetiketten auch wieder „abzustreifen". Dies erledigt `remove-type-tag` und kann auch auf Daten ohne Etikett angewandt werden.

```
(define remove-type-tag
  (lambda (value)
    (if (typed? value)
      (cdr value)
      value)))

> (remove-type-tag '((type . point) . #3(2 38 3)))
#3(2 38 3)
> (remove-type-tag #3(2 38 3))
#3(2 38 3)
```

Nun können wir einen Konstruktor für etikettierte Daten definieren.

```
(define put-type
  (lambda (texp value)
    (cons
      (make-type-tag texp)
      (remove-type-tag value))))
```

Falls ein gegebener Wert bereits über ein Typkennzeichen verfügt, wird es – ohne Warnung – durch das neue ersetzt.

```
(define p1 (put-type 'point (vector 2 38 3)))
```

```
> p1
((type . point) . #3(2 38 3))

(define p1 (put-type '3dpoint (vector 2 38 3)))

> p1
((type . 3dpoint) . #3(2 38 3))
```

Aufgabe 6.1:
Schreiben Sie eine Prozedur `get-type`, die das Typ-Kennzeichen des übergebenen Wertes als Symbol zurückgibt, und wenden Sie sie auf einige Beispiele an.

6.2 Abstrakter Datentyp (ADT)

Mit dem Konzept des abstrakten Datentyps (ADT) geht man gegenüber dem Anheften von Typschildern noch einen Abstraktionsschritt weiter. Man kann sich nämlich vollständig von der konkreten Repräsentation von Daten lösen, wenn man lediglich die *Eigenschaften dieser Repräsentationen* festlegt. Es ist dann eine Aufgabe des Programmierers eine geeignete Implementation vorzunehmen, die dieser *Spezifikation* entspricht.

Es ist üblich, eine sog. *Signatur* zur Spezifikation eines ADT zu verwenden. Ein gern verwendetes Einführungsbeispiel ist die Signatur des ADT stack (Stapel).

Datentyp:	stack
Sorten:	element, stack
Konstruktoren:	$create : \rightarrow stack$
	$push : stack \times element \rightarrow stack$
Prädikat:	$empty : stack \rightarrow \{true, false\}$
Selektoren:	$top : stack - \{\varepsilon\} \rightarrow element$
	$pop : stack - \{\varepsilon\} \rightarrow stack$

Tabelle 6.1: Signatur des ADT stack

Offensichtlich definiert man einen ADT durch die Angabe der beteiligten Wertarten (Sorten) und die Operationen, die mit diesen ausgeführt werden dürfen. Die Operationen[2] gliedern wir in *Konstruktoren*, *Prädikate* und *Selektoren*.

Tab. 6.1 enhält die Selektoren *top* und *pop*. Aus der Signatur geht keineswegs hervor, dass *pop* das oberste Stapelelement vom Stapel entfernt. Außerdem ist nicht erkennbar, dass *top* den Stapel unverändert lässt und nur eine Wertkopie des obersten Stapelelementes zurückgibt.

[2]Mitunter werden dafür andere Begriffe verwendet. Insbesondere der Selektorbegriff trifft es nicht immer. Manche Operationen realisieren eher eine Transformation als eine Selektion. Es ist aber eine gute Empfehlung, bei der Spezifikation eines ADT an diese drei Gruppen von Operationen zu denken.

Zur Präzisierung[3] der Spezifikation werden *Axiome* verwendet.

Die folgenden Axiome definieren die Eigenschaften der Operationen für Stapel:

$create = \varepsilon$	erzeugt einen leeren stack
$empty(\varepsilon) = true$	Der leere stack ist leer.
$empty(push(stack, element)) = false$	Nach *push* ist der stack nicht leer.
$top(push(stack, element)) = element$	*top* gibt das oberste Stapelelement zurück.
$pop(push(stack, element)) = stack$	*push* und *pop* sind inverse Operationen.

Tabelle 6.2: Axiome für stack

Die Realisierung einer konkreten Algebra dieses ADT erledigen wir mit entsprechenden Scheme-Prozeduren. Während der ADT eine *Spezifikation* ist, stellen diese Prozeduren die *Implementation* des beschriebenen Datentyps dar. Damit wird (wieder einmal) das „Was?“ vom „Wie?“ konzeptionell getrennt.

Natürlich hat diese Definitionsmethode auch einen Nachteil: Die Spezifikation ist starr und kann (und soll im Allgemeinen) auf Implementationsentscheidungen nicht reagieren. So könnte sich bei einem Stapel beispielsweise eine Operation $full$ als nützlich erweisen, um einen potenziellen Stapelüberlauf zu verhindern. Schließlich lässt jede Implementation nur einen endlichen Stapel zu.

Aufgabe 6.2:
Geben Sie Scheme-Prozeduren für alle in Tab. 6.1 angegebenen Operationen an. Verwenden Sie Scheme-Listen zur Implementation. Stellen Sie die Gültigkeit der Axiome aus Tab. 6.2 sicher.

6.3 4-Stufen-Modell (representation independence)

Trotz der Forderung nach repräsentationsunabhängiger Datendefinition kommen wir nicht umhin, konkrete, in Scheme vorhandene Datentypen auszuwählen, aus denen der ADT konstruiert werden soll. Will man beispielsweise den ADT „rationale Zahl“ implementieren, entscheidet man sich möglicherweise für Paare. Der Zähler wird auf das *car* und der Nenner auf das *cdr* des Paares abgebildet. Im Falle des Stapels kommen Vektoren oder Listen in Betracht, s. Aufg. 6.2.

Mit der Wahl von Scheme-Datentypen zur Implementation nutzerdefinierter Datentypen stehen auch die entsprechenden Operationen in Gestalt eingebauter Scheme-Sprachelemente zur Verfügung. Mit diesen könnte man nun die gewünschten Operationen für den neuen Typ direkt implementieren. Was spricht gegen dieses Vorhaben?

[3] Genauer gesagt geht es darum, nur bestimmte Algebren, die zur gegebenen Spezifikation passen, zuzulassen, nämlich nur solche, die eben die Axiome erfüllen. Wir wollen den Algebrenbegriff hier nicht thematisieren. Denken Sie beispielsweise an die Boolsche Algebra. Eine Algebra definiert die Semantik der Operationen.

Dagegen sprechen die Konsequenzen, die sich aus einer späteren Veränderung dieser Repräsentationsentscheidung ergeben würden. Effizienzverbesserungen könnten ein Motiv für einen solchen Repräsentationswechsel sein. Dies bedeutet, dass die betrachtete Operation mit Werten des neuen Datentyps deutlich schneller sein kann, wenn man für die Implementation des neuen Typs einen anderen eingebauten Datentyp zugrunde legt. Aber auch am Beispiel des Jahr-2000-Problems haben wir ein Motiv für einen Repräsentationswechsel, der für einiges Aufsehen sorgte, kennen gelernt.

Die äußerst unangenehme Konsequenz eines Repräsentationswechsels ist, dass alle Prozeduren zur Implementation der Operationen für den neuen Typ umgeschrieben werden müssen. Denken Sie beispielsweise an den Wechsel von Listen zu Vektoren. Dann ändert sich doch Einiges.

Das Mittel zur Erlangung der gewünschten Unabhängigkeit von der Repräsentation ist ein *4-Stufen-Modell*. Es erfordert einen etwas höheren Programmieraufwand, indem man den Datentyp und die darauf aufsitzenden Anwendungen in Schichten oder Stufen anlegt. Diese Architektur zeichnet sich dadurch aus, dass jede Folgeschicht idealerweise nur auf die unmittelbar darunterliegende zugreift. Wir führen dies am Beispiel des ADT „point“ als Punkt im 3-dimensionalen Raum vor. Punkte sollen mit Vektoren repräsentiert werden.

1. Stufe

Auf der tiefsten Stufe liegen die eingebauten Operationen für den zur Implementation benutzten Datentyp. In unserem Falle sind das sämtliche Operationen, die Scheme für Vektoren bereitstellt. Beispiele sind `vector`, `vector?` und `vector-ref`.

2. Stufe

Hier werden ein Konstruktor, ein Prädikat und Selektoren für den ADT „point“ unter Rückgriff auf Stufe 1 implementiert.

```
(define make-point vector)

(define point?
  (lambda (point)
    (and
      (vector? point)
      (andmap real? (vector->list point)))))
```

Der Ausdruck in der letzten Zeile der Definition von `point?` ergibt genau dann den Wert `#t`, wenn alle drei Koordinaten des Punktes Zahlen vom Typ real sind.

```
(define xcoord             (define ycoord             (define zcoord
  (lambda (point)            (lambda (point)            (lambda (point)
    (vector-ref point 0)))     (vector-ref point 1)))     (vector-ref point 2)))
```

3. Stufe

Nun folgen Operationen mit Punkten, wie sie von vielen Anwendungen vorkommen. Solche Grundoperationen für echte Anwendungen in der Mathematik oder Computergrafik sind beispielsweise

- die Addition/Subtraktion zweier Punkte (genauer: deren Ortsvektoren)
- die Multiplikation eines Punktes (Ortsvektors) mit einem Skalar
- das skalare Produkt zweier Punkte (Ortsvektoren)
- der Abstand zwischen zwei Punkten

Bei deren Implementation darf nur auf Operationen der zweiten und ggf. dritten Stufe zurückgegriffen werden. Wir beginnen mit der Definition der Prozedur zur Multiplikation eines Punktes mit einem Skalar.

Zum Entwurf jeder dieser Prozeduren stellen wir zuerst stets den *Datentyp des Resultats* fest. Das ist eine sehr wichtige Grundregel beim Programmieren! In diesem Fall ist das Ergebnis ein Punkt (Ortsvektor). Folglich muss unser Ergebnisausdruck mit `make-point` beginnen.

```
(define scalar*
  (lambda (n p)
    (make-point (* n (xcoord p))(* n (ycoord p))(* n (zcoord p)))))
```

Unter Verwendung einer Prozedur `point+` kann `point-` mit `skalar*` unmittelbar angegeben werden.

```
(define point+
  (lambda (p1 p2)
    (make-point
      (+ (xcoord p1)(xcoord p2))
      (+ (ycoord p1)(ycoord p2))
      (+ (zcoord p1)(zcoord p2)))))
```

```
(define point-
  (lambda (p1 p2)
    (point+ p1 (scalar* -1 p2))))
```

Es folgen Prozeduren und zwei Aufrufbeispiele für das Skalarprodukt und den Abstand zweier Punkte. In beiden Fällen ist das Ergebnis ein Skalar.

```
(define point*
  (lambda (p1 p2)
    (+ (* (xcoord p1)(xcoord p2))
       (* (ycoord p1)(ycoord p2))
       (* (zcoord p1)(zcoord p2)))))
```

```
(define point-distanz
  (lambda (p1 p2)
    (let ([pdiff (point- p1 p2)])
      (sqrt (point* pdiff pdiff)))))
```

```
> (point* (make-point 1 2 3)(make-point 2 3 4))
20
> (point-distanz (make-point 1 2 3)(make-point 2 3 4))
1.7320508075688772
```

4. Stufe

Nun ist der Anwender gefordert. Mit den auf Stufe 3 definierten Operationen kann er seine Anwendung programmieren. Sollte auf Stufe 3 eine gewünschte Operation fehlen, wird sie auf Stufe 3 (nicht 4) nachträglich definiert. Alle auf der 4. Stufe definierten Prozeduren dürfen in weiteren Definitionen auf dieser 4. Stufe verwendet werden.

Von einem Repräsentationswechsel – also einer Veränderung in Stufe 1 – sind lediglich die *Prozedurdefinitionen auf Stufe 2* betroffen. Sämtliche Implementationen auf den darüberliegenden Stufen 3 und 4 bleiben unverändert, so dass in den Anwendungsprogrammen überhaupt keine Korrekturen oder Anpassungen erforderlich sind, was die Programmierarbeit in Gruppen (teamwork) maßgeblich unterstützt bzw. erst ermöglicht.

Aufgabe 6.3:
Erproben Sie sämtliche Prozeduren und definieren Sie eine Prozedur mit selbstgewählter Semantik auf Stufe 4.

Aufgabe 6.4:
Nehmen Sie einen Repräsentationswechsel von Vektoren zu Listen (ggf. Assoziationslisten) vor und vergewissern Sie sich davon, dass alle Prozeduren der Stufen 3 und 4 ohne Veränderung das Gewünschte leisten.

6.4 Generische Operationen

Rechenoperationen sind normalerweise so konstruiert, dass sie Argumente festgelegten Typs erwarten und nur damit fehlerfrei umgehen können. Versucht man beispielsweise die Addition für natürliche Zahlen auf Zeichenketten anzuwenden, ergibt sich erwartungsgemäß ein Fehler.

```
> (+ "Hallo " "Otto")
+: expects type <number> as 1st argument, given: "Hallo " ...
```

Für die Verkettung zweier Zeichenketten gibt es die Prozedur `string-append`.

```
> (string-append "Hallo " "Otto")
"Hallo Otto"
```

Die eingebaute Operation `+` ist also auf Zeichenketten nicht anwendbar. Dennoch ist sie wesentlich leistungsfähiger, als es auf den ersten Blick aussieht: Wie die folgenden Beispiele zeigen, beschränkt sich ihre Anwendbarkeit auf nicht-natürliche Zahlen. Darüber hinaus ist die Stelligkeit der Prozedur `+` *variabel.*

```
> (+ -24 7)
-17
```

```
> (+ 1 2 3 4 5)
15
> (+ -24 7.0)
-17.0
> (+ 3/4 -1/5)
11/20
```

Operationen, die je nach Typ und/oder Anzahl der zu verarbeitenden Daten mit Anwendung der zugehörigen Prozedur reagieren, nennt man *generische Operationen.* Diese entstehen durch *Überladen (overloading)*, d. h. aus einer Menge vorgegebener Prozeduren wird genau die passende ausgewählt.

Dies erfordert wiederum einen *Typ-Dispatcher (dispatch on type)*, der diese Auswahl nach Erkennung des Typs vornimmt. Wir geben hier ein kleines Beispiel an. Es handelt sich um eine zweistellige Operation add.

```
(define add
  (lambda (a b)
    (cond
      ((and (number? a)(number? b)) (+ a b))
      ((and (point? a)(point? b)) (point+ a b))
      ((and (string? a)(string? b)) (string-append a b)))))
```

```
> (add 2 4.0)
6.0
> (add "Hallo " "Otto")
"Hallo Otto"
> (add (make-point 1 2 3)(make-point 2 3 4))
#3(3 5 7)
```

Die verwendeten Prädikate fragen nach dem Typ des Datums. Genau an dieser Stelle wird also das Typetikett ausgewertet, das an jedem Scheme-Wert haftet.

Aufgabe 6.5:
Implementieren Sie add so, dass diese Prozedur mit explizit etikettierten Daten aus Abschn. 6.1 arbeitet und spielen Sie einige Beispiele durch.

Die Datenabstraktion wird durch generische Operationen erweitert. Sie dienen nicht zur Konstruktion, sondern zur *Verwendung* von Daten. Die traditionelle Sicht auf Operationen, die Daten bestimmten Typs zur Verarbeitung erwarten, wird dabei umgekehrt: Die zu verarbeitenden Daten bestimmen die Operationen, die auf sie mit Erfolg angewandt werden. Diese Technik ist besonders in objektorientierten Programmiersprachen eingesetzt. Dies kann zum *datengesteuerten Programmieren* (data-driven programming) ausgebaut werden.

6.5 Datengesteuerte Programmierung

Ein Nachteil dieser an sich recht komfortablen Dispatching-Technik besteht darin, dass jeder neu hinzu kommende Fall, also ein weiteres Überladen, stets die Veränderung der Dispatcher-Prozedur nach sich zieht. Es mag sein, dass diese Modifikationen eher bescheidenen Umfangs sind, aber sie müssen erledigt werden und sind damit potenzielle Fehlerquellen. Dies gilt vor allem für Software, die arbeitsteilig von räumlich getrennt agierenden Teams entwickelt wird.

Eine Alternative stellt die *datengesteuerte Programmierung* dar. Herzstück ist eine (globale) *Typ-Operation-Tabelle*, auf die bei der Anwendung generischer Operationen zugegriffen wird. Neue Datentypen und zugehörige Prozeduren werden dort eingetragen. Der Dispatcher kann dadurch verallgemeinert und sogar vereinfacht werden. Einmal implementiert, bleibt er unverändert.

Typ	Operator	Prozedur
number	add	+
point	add	point+
string	add	string-append

Tabelle 6.3: Typ-Operator-Tabelle

Die Tabelle `type-op-table` implementieren wir mit einer Scheme-*Assoziationsliste*, kurz: A-Liste. Dabei handelt es sich um Listen, deren Elemente Paare[4] sind.

```
(define type-op-table
  (list
    (cons (cons 'number 'add) +)
    (cons (cons 'point 'add) point+)
    (cons (cons 'string 'add) string-append)))
```

```
> type-op-table
(((number . minus) . #<primitive:->)
 ((point . minus) . #<procedure:point->)
 ((number . add) . #<primitive:+>)
 ((point . add) . #<procedure:point+>)
 ((string . add) . #<primitive:string-append>))
```

`get-proc` ist in der Lage, die zu einem gegebenen Operator und dem Datentyp der beiden Operanden passende Prozedur aus der Tabelle zu bestimmen. `assoc` in der dritten Zeile der folgenden Definition sucht das jeweilige Paar in der A-Liste vom Listenanfang her und gibt das zur ersten Fundstelle gehörende *cdr* zurück. Falls das Paar in der durchsuchten A-Liste nicht vorkommt, ist der Rückgabewert `#f`.

[4] Da eine Liste ein spezielles Paar ist, deren *cdr*-Teil eine (ggf. leere) Liste ist, dürfen A-Listen auch Listen enthalten.

```
(define get-proc
  (lambda (op type)
    (let ([p (assoc (cons type op) type-op-table)])
      (if p (cdr p) p))))

> (get-proc 'add 'point)
#<procedure:point+>
```

Wenn wir uns (hier) auf zweistellige Operationen, deren Operanden typgleich sind, beschränken, so finden bei der Anwendung einer generischen Operation stets die folgenden drei Aktionen statt:

1. Feststellen des Typs der Operanden.
2. Bestimmung der anzuwendenden Prozedur.
3. Anwendung dieser Prozedur auf die Operanden.

Diese drei Aktionen können wir in einer einzigen Prozedur `gen-op` für alle generischen Operationen (der betrachteten Art) unterbringen. `gen-op` verwendet das Sprachelement `let*`, das bisher noch nicht vorkam. Es stimmt mit `let` überein, lässt aber darüber hinaus zu, dass jede, der in der lokalen Umgebung definierten Variablen auf die anderen Variablen dieser Umgebung zugreifen kann. In `gen-op` wird bei der Berechnung des Wertes von `proc` der Wert von `type` verwendet.

```
(define gen-op
  (lambda (op arg1 arg2)
    (let*
      ([type (cdar arg1)]
       [proc (get-proc op type)])
      (if proc
        (apply proc (map remove-type-tag (list arg1 arg2)))
        (error
          "gen-op:"
          (format
            "Es ist keine zu ~s passende Operation fuer ~s vorhanden."
            op type))))))
```

Zur Feststellung des Typs eines Operanden ist es notwendig, dass dieser entsprechend gekennzeichnet ist. Die Verwendung von Typetiketten wurde in Abschn. 6.1 ausführlich beschrieben.

Vor der Anwendung der ermittelten Prozedur müssen die Typkennzeichen der Argumente entfernt werden. Dies geschieht mit `remove-type-tag` und dank `map` für beide Elemente der Liste `(arg1 arg2)`.

```
(define p1 (put-type 'point (make-point 1 2 3)))
```

```
> p1
((type . point) . #3(1 2 3))

(define p2 (put-type 'point (make-point 4 5 6)))

> (gen-op 'add p1 p2)
#3(5 7 9)
> (gen-op 'minus p1 p2)
gen-op: "Es ist keine zu minus passende Operation fuer point vorhanden."
```

Um die Form des Aufrufes an unser Kommunikationsbedürfnis anzupassen ist es sinnvoll, `(gen-op 'add p1 p2)` in einer Prozedurdefinition für die Operation `add` zu verwenden. `add` ist dann für Operanden beliebigen (aber in der globalen Tabelle vorhandenen) Typs anwendbar.

```
(define add
  (lambda (x y)
    (gen-op 'add x y)))

> (add p1 p2)
#3(5 7 9)
```

Die gleiche Prozedur arbeitet nun auch mit Zeichenketten und Zahlen. Es ist keinerlei Anpassung des Definitionstextes erforderlich.

```
> (add (put-type 'string "Hallo ") (put-type 'string "Otto!"))
"Hallo Otto!"
> (add (put-type 'number 1) (put-type 'number 2))
3
```

Mit der `put-type-op`-Prozedur kann jeder Programmierer, der einen neuen Datentyp hinzufügen oder die Menge der für einen bereits vorhandenen Typ geltenden Operationen erweitern möchte, in die globale Tabelle schreiben. Die aktuelle Arbeit seiner Kollegen wird dadurch nicht gestört.

```
(define put-type-op-table!
  (lambda (op type proc)
    (set!
      type-op-table
      (cons
        (cons (cons type op) proc)
        type-op-table))))
```

In folgendem Beispiel wird die Operation `minus` für die Datentypen *point* und *number*, nicht jedoch für *string* „nachgerüstet“.

```
> (put-type-op-table! 'minus 'point point-)
> (put-type-op-table! 'minus 'number -)
```

```
(define minus
  (lambda (x y)
    (gen-op 'minus x y)))
```

Fertig!

```
> (minus p1 p2)
#3(-3)
> (minus (put-type 'number 1) (put-type 'number 2))
-1
> (minus (put-type 'string "Hallo ") (put-type 'string "Otto!"))
gen-op: "Es ist keine zu minus passende Operation fuer string vorhanden."
```

Aufgabe 6.6:
Erweitern Sie die Typ-Operator-Tabelle so, dass die Operationen `add` und `minus` auch für Punkte im zweidimensionalen Raum anwendbar sind. Dies hat den praktischen Vorteil, dass sämtliche Anwendungsprozeduren, die mit Punkten arbeiten, unverändert übernommen werden können.

6.6 Message passing

Die *datengesteuerte Programmierung* ist eine sehr leistungsfähige Technik, deren Bedeutung bei der arbeitsteiligen Softwareentwicklung zur Geltung kommt. Allerdings kommt sie nicht umhin, *globale Variablen* zu verwenden, die bei Teamarbeit die bekannten Probleme nach sich ziehen. Dabei ist die Verabredung der einen Variablen für die global vorzuhaltende Typ-Operator-Tabelle unproblematisch. Für die generischen Operationen, auch wenn sie noch so universell anwendbar sind, kann man bei diesem Ansatz auf globale Variablen jedoch nicht verzichten.

Zur Vermeidung von Namenskonflikten gibt es diverse Konzepte, wie beispielsweise das *Modul- oder Paket-Konzept*, falls die verwendete Programmiersprache so etwas anbietet[5]. Damit beschränkt man die Gültigkeitsbereiche von Bezeichnern, was wir hier nicht brauchen können. Wir müssen also danach trachten, unseren Ansatz der datengesteuerten Programmierung zu verbessern.

Eine Idee besteht darin, auf die globale Typ-Operator-Tabelle zu verzichten und an deren Stelle jeden Operator an jedes Datum, auf das er anwendbar ist, zu binden. Auf diese Weise entstehen *Daten-Operator-Kapseln*. Es wäre natürlich sehr mühevoll, wenn man diese Kapseln für alle möglichen Datum-Operator-Kombinationen per Hand herstellen müsste. Dies ist erfreulicherweise schon deshalb nicht nötig, weil allen Daten, die einem bestimmten Typ angehören, ein einheitlicher Satz von Operatoren zugeordnet wird.

[5]Scheme bietet es an.

Bei der Festlegung eines neuen Datentyps[6] werden die Operatoren, die mit Daten[7] diesen Typs ausgeführt werden können, definiert, und in einer *Schablone zur Erzeugung von Daten diesen Typs* verwendet.

Dadurch entsteht eine Umkehr im Rollenverständnis von Daten und Prozeduren. Die traditionelle Vorstellung von Programmieren geht davon aus, dass Prozeduren die Aktionsträger sind, während Daten eher die passive Rolle spielen. Daten werden an Prozeduren gesandt, die ihrerseits Daten zurückschicken oder weiterleiten.

Kehrt man diese Betrachtung in gewissem Sinne um, so ergibt sich folgendes Bild: Die Daten bilden den Empfänger von Prozeduraufrufen, die nun in Gestalt von *Botschaften (messages)* zu den Daten „fliegen", um dort den Aufruf ansprechbarer Operationen (*Methoden, methods*) zu veranlassen. Man nennt dies *message passing.*

Diese Überlegungen erlangen in der *objektorientierten Programmierung* ihre volle Reife. Wir beschränken uns hier auf das Ziel der Operatoranwendung bei weitgehender Vermeidung von globalen Variablen und setzen dafür Vorzüge dieses Paradigmas ein.

Trifft nun eine Botschaft im Sinne einer Aufforderung etwas mit sich selbst (ggf. unter Einbeziehung mitgelieferter Parameter) zu tun bei einem bestimmten Datenobjekt ein, so entfällt die bei datengesteuerter Programmierung erforderliche Typbestimmung. Schon bei der Konstruktion[8] des Datums wurde die Anwendbarkeit der betreffenden Prozeduren sichergestellt. D. h. es muss lediglich feststellen, ob es für die *empfangene Botschaft* eine *Verarbeitungsprozedur* (eine Methode) besitzt. Ist dies der Fall, so wird diese angewandt.

```
(define point-maker
  (lambda (x y z)
    (letrec
      ([self
         (lambda (message . params)
           (case message
             ((xcoord) x)
             ((ycoord) y)
             ((zcoord) z)
             ((set-xcoord!) (set! x (car params)) 'changed)
             ((type) 'point)
             (else
               (error
                 "make-point:"
                 (format "~s is not allowed." message)))))])
      self)))
```

[6]Dies werden wir in der objektorientierten Programmierung „Klasse" nennen.

[7]In der objektorientierten Programmierung heißen sie „Objekte" bzw. „Instanzen einer Klasse".

[8]Diesen „Geburtsvorgang" werden wir weiter unten „Instanziierung" nennen.

Neu in `point-maker` ist die Form des λ-Ausdrucks `(lambda (message . params) ...)`. Dieser Ausdruck evaluiert zu einer *variabelstelligen Prozedur* mit mindestens einem Parameter. Das erste Argument eines dementsprechenden Aufrufes wird an `message`, alle weitere werden zu einer Liste zusammengefasst und an `params` gebunden. Die folgenden beiden Beispiele illustrieren dies:

```
> ((lambda (x . y) (display x)(newline)(display y))
   'hallo 12 "Hi" '(Why not))
hallo
(12 Hi (why not))
> ((lambda (x . y) (display x)(newline)(display y)) 'hallo)
hallo
()
```

Nachdem wir nun `point-maker` verstehen, wollen wir damit arbeiten.

```
(define p1 (point-maker 2 38 3))
> (p1 'type)
point
>  (p1 'ksks)
point-maker: ksks is not allowed.
> (p1 'xcoord)
2
> (p1 'set-xcoord! 33)
changed
> (p1 'xcoord)
33
```

In einem so organisierten Programmiersystem ist es ohne Störung der Arbeit der Mitarbeiter eines Softwareprojektes nicht möglich Änderungen in Daten-Konstruktoren vorzunehmen. Bevor der hinzugefügte Operator anwendbar bzw. eine Modifikation wirksam wird, muss das Datenobjekt erneut hergestellt werden.

Aufgabe 6.7:

Ergänzen Sie `distance-to` in `point-maker`. Sendet man `distance-to` mit einem Punkt `p-base` an einen beliebigen Punkt `p`, so soll der Abstand zwischen `p` und `p-base` zurückgegeben werden.

Vergessen Sie nicht, vor der Erprobung zwei Punkte mit der dann erweiterten Prozedur `point-maker` zu definieren. Der oben definierte Punkt `p1` kann nicht genommen werden, da er die Operation `distance-to` nicht versteht. Beispieldialog:

```
(define p1 (point-maker 2 38 3))
> (p1 'distance-to (point-maker 4 23 -2))
15.937377450509228
```

7 Objektorientierte Programmierung

7.1 Objekt, Zustand und Methode

Eine der Kernideen der *objektorientierten Programmierung*, kurz: OOP, ist die Schaffung bestimmter *Objekte*, die miteinander kommunizieren können. Diese Kommunikation geschieht durch *Nachrichten-* oder *Botschaftsaustausch* (*message passing*).

Grundsätzlich kann jedes Element der realen oder der ideellen Welt als Objekt modelliert werden: Menschen, Wirtschaftsprognosen, Häuser, Aktienkurse, Wetteraussichten, Unix-Prozesse, Relationen, Güterströme usw.

Um die Grundlagen der OOP zu verstehen, müssen wir wenigstens die folgenden Fragen beantworten:

1. Was ist ein Objekt?
2. Wie werden Objekte erzeugt?
3. Wie organisiert man den Botschaftsaustausch zwischen den Objekten?

Ein Objekt kann man sich als ein atomares Gebilde vorstellen, das – solange es existiert – zu jedem Zeitpunkt einen *Zustand* besitzt. Dieser Zustand kann sich ändern, so wie dies bei „Objekten" der Realität ja auch geschieht: Freundliche Menschen reagieren plötzlich gereizt, dicke werden dünn und umgekehrt, weltbekannte Betriebssysteme stürzen ab usw.

Ein Objekt besitzt bestimmte *Fähigkeiten*. Es kann z. B. „Hallo" sagen oder jemanden um ein Kochrezept bitten. Wenn ein Objekt eine *Botschaft* erhalten hat, kann es darauf reagieren, falls es die dafür erforderliche Fähigkeit besitzt: Manche Gourmetgenießer hätten sicherlich Schwierigkeiten, das Rezept für die von ihnen bevorzugten Speisen auf Anfrage anzugeben. In so einem Falle erhält der Anfragende eine Fehlmeldung. Andernfalls wird das Kochrezept eben mitgeteilt, was dann vielleicht wieder eine Reaktion, z. B. eine Rückfrage oder Bemerkung, des Empfängers nach sich zieht.

In vielen Fällen wird aber gar keine Rückmeldung erwartet. Dann führt eine Botschaft lediglich zu einem *Zustandswechsel* des empfangenden Objekts. Nach dem Verzehr eines Gourmetgerichtes kann der ursprünglich hungrige Gast beispielsweise den Zustand „gesättigt" einnehmen, oder (höchstwahrscheinlich) im Zustand „hungrig" verbleiben.

Um den oben beschriebenen Ablauf in Gang setzen zu können, benötigen Objekte zwei Komponenten:

- *Variablen* oder Zustandsvariable (variables, fields), zur Repräsentation ihres Zustands, und
- *Methoden* (methods), als „Fähigkeiten" zur Reaktion auf verarbeitbare Botschaften.

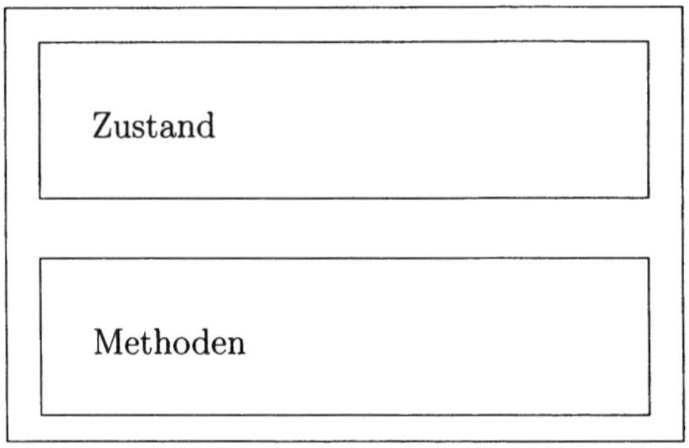

Abbildung 7.1: Innere Struktur eines Objekts

Wichtig ist, dass die Variablen im Allg. absolute *Privatsache* des entsprechenden Objektes sind. Es handelt sich also um lokale Variablen, deren Werte ausschließlich von dem Objekt selbst verändert werden können. Von außen sind diese Variablen unzugänglich, obgleich eine Botschaft das empfangene Objekt zu einer Zustandsänderung anregen kann. Aber diese Änderung erledigt es dann selbst und zwar so, wie es die jeweils aktivierte Methode vorsieht.

Methoden sind Prozeduren, die den Prozess beschreiben, der bei Empfang der jeweiligen Botschaft in Gang gesetzt wird. Beispielsweise könnte ein Objekt für das Umrechnen verschiedener Währungen zuständig sein. Dann nimmt es die Aufgabe (Nachricht) „Wie viel Euro entsprechen 48 US Dollar?" entgegen und gibt – sagen wir – 52 Euro zurück. Hierzu benötigt das Objekt eine Zustandsvariable `Euro->USD`, deren Wert dem aktuellen Umrechnungskurs entspricht. In der Beispielrechnung beträgt dieser Wert 0.9231. Natürlich kann er sich börsentäglich ändern. Dann erhält das betrachtete Objekt eine Botschaft, wie „Nimm den neuen Eurokurs 0.87 entgegen!", was eine interne Methode[1], wie `E-USD-Kurs`, aufruft:

```
(define E-USD-Kurs
  (lamdba (kurswert)
    (set! Euro->USD kurswert)))
```

[1]Die folgende Prozedur dient zunächst nur zur Illustration. Es ist noch keine Methodendefinition, die wir *innerhalb* eines Objektes erwarten. Die eigentlichen Gültigkeitsbedingungen für `E-USD-Kurs` und `Euro->USD` sind also hier noch nicht berücksichtigt.

Analog zu den oben beschriebenen Zustandsvariablen gibt es *private Methoden*, die von außen nicht erreichbar sind. Üblicherweise werden diese Methoden für die Zuweisung von Werten an die Zustandsvariablen verwendet, was ihnen in anderem Zusammenhang auch die Bezeichnung *getter* und *setter* eingebracht hat.

Öffentliche Methoden bilden das *Interface* des jeweiligen Objekts. Nur über dieses Interface kann das Objekt angesprochen werden. Aber nur das Objekt selbst „weiß", wie die Methoden arbeiten. Diese sind nach außen völlig abgeschirmt, man sagt *gekapselt*. Die *Kapselung* (encapsulation) ist eine der wichtigsten Eigenschaften objektorientierter Programmierung.

Grundsätzlich kann eine Methode – je nach Definition – einen Wert zurückgeben oder nicht.

Schickt man einem Objekt zweimal hintereinander die gleiche Botschaft, so kann es zu zwei unterschiedlichen Reaktionen kommen. Auf den ersten Blick mag dies überraschen, hängt aber damit zusammen, dass das entsprechende Objekt nach der ersten Reaktion seinen Zustand verändert hat. Dieses Verhalten steht im Kontrast zu dem, was wir bei funktionsorientierter Programmierung kennen gelernt haben.

7.2 Klassen und Objekte

Zu einem konkreten objektorientierten Modell gehören üblicherweise sehr viele Objekte, denn erst ab einer gewissen Größe des zu modellierenden Gegenstandsbereiches treten die Vorteile dieses Paradigmas deutlich hervor. Kleinere Übungsbeispiele dienen daher lediglich zur Illustration der tragenden Konzepte.

Zur Beherrschung der sich aus der Objektvielzahl ergebenden Komplexität ist eine Strukturierung notwendig. Als Beispiel betrachten wir Studierende einer beliebigen Hochschule. Studierende haben eine Reihe von Eigenschaften: Vor- und Nachname, Geschlecht, Studienrichtung, Alter, finanzielles Budget usw. Selbst wenn immer nur einige dieser Eigenschaften für die „Objektart" Student wirklich relevant sind, lohnt sich ein Generator, wie `studentmaker`, der benutzt werden kann, um Objekte dieses Typs zu erzeugen. Eine derartige „Studentenfabrik" wird eine *Klasse*, class, genannt. Aus der Sicht eines konkreten Objekts, das dem Bauplan (der Schablone) der betrachteten Klasse folgt, kann man sagen: Ein Objekt, das von einer Klasse erzeugt wurde, ist eine *Instanz* (instance) dieser Klasse.

Der Prozess der Herstellung eines Objekts wird *Instanziierung* genannt. In der Scheme-Implementation geschieht dies nach folgendem Muster

```
(define objectname (classname arg1 ...))
```

Gängige OOP-Systeme, wie Java, verwenden dafür den *Standardkonstruktor* `new`.

In Abhängigkeit von der zugrunde liegenden Klassendefinition haben sämtliche Objekte einer Klasse den gleichen strukturellen Aufbau, d. h. den gleichen Satz an Variablen und Methoden. Sie werden *Instanzvariablen* und *Instanzmethoden* genannt.

Objekte existieren im Allg. global. Auch in unserer Scheme-Implementation werden wir sie globalen Variablen zuweisen. Wir müssen folglich darauf achten, dass ein neu erzeugtes Objekt nicht mit einem bereits vergebenen Namen bezeichnet wird. Beim Umgang mit globalen Variablen ist eben höchste Vorsicht geboten.

Unsere Beispielklasse heißt `student%`. Das angehängte Prozentzeichen, soll uns daran erinnern, dass es sich um eine Klassendefinition handelt und dient (lediglich) dazu, den Code besser lesbar zu gestalten. Wir verabreden also, *Klassennamen* grundsätzlich mit einem %-Zeichen enden zu lassen.

Wir nehmen nun an, dass unsere Klasse `student%` die folgenden Instanzvariablen besitzt.

first-name zur Erfassung des Vornamens des betrachteten Studierenden,

surname zur Erfassung des Nachnamens des betrachteten Studierenden und

id zur Erfassung der Identifikationszahl (ID) des betrachteten Studierenden.

Mit Scheme-Vokabular ausgedrückt ist eine Klasse (Objektfabrik) eine Prozedur, die gewisse Argumente nimmt und eine *Prozedur* zurückgibt, vgl. Abschn. 2.3.3. Diese Rückgabeprozedur repräsentiert das erzeugte Objekt, vgl. Abschn. 2.7. Die bei der Instanziierung eines Objekts übergebenen Argumente dienen zur *Initialisierung* der Instanzvariablen. In unserem Beispiel sind dies Zeichenketten für den Vor- und Nachnamen des entsprechenden Studierenden. Die ID wird mit einem Vorgabewert, z. B. 0, initialisiert, was praktischen Anforderungen natürlich nicht standhält.

Unsere `student%`-Klasse soll nur zwei Methoden besitzen, nämlich

say-your-name zur Beantwortung der Frage nach dem eigenen Namen und

rename! zur Veränderung des Nachnamens des angesprochenen Studierenden.

In unserem Beispiel antwortet eine Instanz der Klasse `student%` durch Angabe des gesamten Namens, d. h. Vor- und Nachname, wenn sie mit `say-your-name` dazu aufgefordert wird, s. Abb. 7.2. `rename!` verändert den Wert der Instanzvariablen `surname`, was insbesondere nach Eheschließungen erforderlich sein könnte. Der neue Name ist das einzige Argument, das diese Prozedur erwartet. Das Ausrufezeichen am Ende des Methodennamens `rename!` weist auf diesen Seiteneffekt (Zustandswechsel) hin, der in der funktionsorientierten Programmierung so gefährlich ist.

Neben den bereits genannten Bausteinen benötigt eine Klasse außerdem einen *Dispatcher*, der sich den Botschaften, die bei einer Instanz eingehen, annimmt. Der Fachbegriff lautet *message handler*. Die dabei anstehende Aufgabe wurde bereits in Abschn. 7.1 im Zusammenhang mit Botschaftaustausch (message passing) beschrieben: Der Dispatcher entscheidet für jede empfangene Botschaft, welche Methode auszuführen ist. Falls es keine solche gibt, wird eine Fehlermeldung ausgegeben.

In den meisten OOP-Systemen wird für zusammengehörige Botschafts-Methoden-Paare jeweils ein und derselbe Name vergeben. Dies macht den Dispatcher als Baustein einer Klassendefinition überflüssig. Dann muss man allerdings für jede Methode festlegen und vermerken, ob sie nur innerhalb einer Instanz dieser Klasse verwendet werden kann oder ob sie auch von außen erreichbar ist. Im ersten Falle verwendet man oft das Schlüsselwort `private` (*privat*) und im zweiten `public` (*öffentlich*). Ist ein Dispatcher vorhanden, so ergibt sich diese Unterscheidung dadurch, dass es zum Aufruf privater Methoden keine passende Botschaften gibt. Dies ist im Beispiel für die private Methode `surname-changer!` der Fall, s. Abb. 7.2.

```
(define student%
  (lambda (fname sname)                ; for initialization
    (let
       ([first-name fname]             ; instance variables
        [surname sname]
        [id 0])                        ; initialized by its
                                       ;        default value
      (let*                            ; instance methods
         ([surname-changer!            ; private
           (lambda (new-surname)
             (set! surname new-surname))]
          [say-your-name               ; public
           (lambda ()
             (string-append surname ", " first-name))]
          [rename!                     ; public
           (lambda (new-surname)
             (surname-changer! new-surname))])
       (let
          ([dispatcher                 ; message handler
            (lambda (messagename)
              (case messagename
                ((say-your-name) say-your-name)
                ((rename!) rename!)
                (else
                 (error
                   'student%
                   "does not understand ~a."
                   messagename))))])
        (lambda (messagename . args)
          (apply (dispatcher messagename) args)))))))
```

Abbildung 7.2: Definition der Klasse `student%`

Die Namensgleichheit[2] von Botschaft und Methode ist keinesfalls zwingend aber durchaus üblich. Die Kenntnis des begrifflichen Unterschiedes zwischen Botschaft und Methode ist daher besonders wichtig.

Nun können Objekte zur Modellierung der beiden Studierenden Dolly (Deborah Lynn) und Dicky (Dick Turner) als Instanzen der Klasse **student%** erzeugt werden.

```
> (define Dolly (student% "Deborah" "Lynn"))
> (define Dicky (student% "Dick" "Turner"))
```

Die Initialisierung der genannten Variablen erfolgt im Prozess der Instanziierung. Damit wird sichergestellt, dass es keine Variable eines erzeugten Objekts gibt, die wertmäßig nicht vorbelegt (initialisiert) wurde.

Wir möchten nun Dolly nach ihrem vollen Namen fragen und wenigstens „Hi" zu Dicky sagen.

```
> (Dolly 'say-your-name)
"Lynn, Deborah"

> (Dicky 'hi)
student%: does not understand hi.
```

Während Dolly nach entsprechender Aufforderung ihren Namen in der vorgesehenen Form zurückgegeben hat, verweigerte Dicky unseren freundlichen Gruß. Dies müssen wir akzeptieren, denn es gibt keine zur Botschaft `hi` passende Methode.

Aufgabe 7.1:
Ergänzen Sie eine Methode für `hi`, so dass Dicky bzw. Deborah nach dem Empfang des Grußes mit `"Hi guys, I'm Dick!"` bzw. `"Hi guys, I'm Deborah!"` antwortet.
Erweitern Sie die Klassendefinition in Abb. 7.2 dementsprechend.
Hinweis: Vergessen Sie vor der Kommunikation nicht, die Objekte zu reinstanziieren.

Wir nehmen nun an, dass Dolly und Dicky den Bund der Ehe eingehen und Dolly den Namen von Dicky als gemeinsamen Familiennamen (Turner) annimmt.

```
> (Dolly 'rename! "Turner")
> (Dolly 'say-your-name)
"Turner, Deborah"
```

Unsere beiden Studierenden benötigen noch eine ID, die während ihres gesamten Studiums Gültigkeit besitzt. Bisher gibt es aber weder eine Botschaft, wie `take-id!`, noch eine Methode, wie `set-id!`, um die entsprechende ID (natürliche Zahl) der Instanzvariablen `id` zuzuweisen.

---
[2]Diese Namensgleichheit ist für das Verständnis des message handlings sogar etwas schädlich. Im Design von Smalltalk, einer klassischen OOP-Sprache, wurden diese konzeptionellen Aspekte konsequenter berücksichtigt als dies etwa bei Java der Fall ist.

Aufgabe 7.2:
Erweitern Sie die Klassendefinition in Abb. 7.2 dementsprechend.
Hinweis: Vergessen Sie nicht, die Objekte zu reinstanziieren, bevor Sie mit ihnen kommunizieren.

7.3 Überladen (overloading) von Methoden

Obwohl die Abbildung der Menge der erlaubten Botschaften auf die Menge aller zu einer Klasse gehörenden Methoden im Allg. injektiv[3] ist, können für ein und dieselbe Botschaft tatsächlich verschiedene Methoden[4] zum Einsatz kommen. Es kann nämlich mehrere gleichnamige Methoden geben.

Die Entscheidung, welche Methode im konkreten Fall anzuwenden ist, wird in Abhängigkeit von *Typ* und *Anzahl der Argumente* getroffen. Mit anderen Worten: *Überladene Methoden* tragen zwar den gleichen Namen, haben aber unterschiedliche *Signaturen* (Typ zusammen mit Stelligkeit), vgl. auch Tab. 6.1.

Für die Beispielklasse `student%` wünschen wir jetzt, dass die Ausgabe des Namens *zusätzlich* zur bisher verwendeten Standardangabe der Art `Nachname, Vorname` formgebunden stattfinden kann. Hierzu wird der Botschaft ein aktueller Parameter (`fn`, `sn` oder `fnsn`), der das gewünschte Ausgabeformat (`Vorname`, `Nachname` oder `Vorname Nachname`) spezifiziert, mitgegeben. Wir benötigen also die folgenden beiden Methodendefinitionen, nämlich wie bisher

```
[say-your-name
  (lambda ()
    (string-append surname ", " first-name))]
```

und zusätzlich

```
[say-your-name
 (lambda (format)
   (case format
     [(fn) first-name]
     [(sn) surname]
     [(fnsn) (string-append first-name " " surname)]
     [else
      'rejected]))]
```

Da in einer Umgebung, s. Abschn. 2.7, nicht zwei gleichnamige Variablen existieren können, verwenden wir das Scheme-Sprachelement `case-lambda`. Es fasst mehrere Defi-

[3] Die Surjektivität ist im Allgemeinen nicht gegeben, da es Methoden geben kann, die im Sinne von Hilfsprozeduren wirken. Deren Aufruf ist nur von anderen Methoden nicht aber vom Dispatcher sinnvoll.

[4] Dann ist die Abbildung im mathematischen Sinne nicht einmal eine Funktion.

nitionen fallweise zusammen und gibt uns gegenüber **lambda** die Möglichkeit, die jeweilige Parameteranzahl für jeden Fall explizit festzulegen: `()` (kein Argument), `x` (genau ein Argument), `(x y)` (genau zwei Argumente) und **else** (mehr als zwei Argumente).

```
[say-your-name
 (case-lambda
   [() (string-append surname ", " first-name)] ; kein Argument
   [(format)                                     ; ein Argument
    (case format
      [(fn) first-name]
      [(sn) surname]
      [(fnsn) (string-append first-name " " surname)]
      [else
       'rejected])]
   [else                                  ; mehr als ein Argument
    'rejected])]
```

In einem zweiten Beispiel zeigen wir, wie der *Typ* von Argumenten ausgewertet wird. `rename!` erwartet eine Zeichenkette. Ist dies bei dem aktuellen Parameter der Fall, wird `surname-changer!` mit dieser Zeichenkette als Argument aufgerufen. Handelt es sich um ein Symbol, wird mit `symbol->string`[5] eine *Typanpassung* vorgenommen.

```
(rename!
 (case-lambda
   [(new-surname)
    (cond
      ((string? new-surname)(surname-changer! new-surname))
      ((symbol? new-surname)
       (surname-changer! (symbol->string new-surname)))
      (else
       'rejected))]
   [else
    'rejected]))
```

Das Symbol `'rejected` wird zurückgegeben, wenn die Methode (trotz ihrer namentlichen Existenz) auf die mitgeschickten Argumente nicht anwendbar ist. Dies wird vom Dispatcher entsprechend ausgewertet, wobei wir nur den gegenüber Abb. 7.2 abzuändernden Code angeben.

```
(let
    ([dispatcher                     ; message handler
      (lambda (messagename)
        (case messagename
```

[5]Damit wäre ein echtes Programm sicher nicht zufrieden, denn bei Symbolen wird die Klein-/Großschreibweise nicht berücksichtigt, so dass sich Herr Johnson – ggf. bis zu einer Umbenennung – mit dem Namen johnson begnügen muss.

```
          ((say-your-name) say-your-name)
          ((rename!) rename!)
          (else
           #f)))])
  (lambda (messagename . args)
    (let*
        ([method (dispatcher messagename)])
      (cond
        [method
         (let ((result (apply method args)))
           (cond
             ((not (eq? result 'rejected)) result)
             (else
              (error
               'student% "~s is not applicable to ~s "
               messagename args))))]
        [else
         (error
          'student% "does not understand ~s" messagename)]))))
```

Obwohl doch `if` ausreichend wäre, verwenden wir das Sprachelement `cond`, um eine weiter unten bevorstehende Erweiterung vorzubereiten.

Die Implementation nutzt an mehreren Stellen die Scheme-spezifische (aber nicht ungewöhnliche) Eigenschaft, dass ein beliebiger Wert von `cond` (ebenso wie von `if`) als `#t` interpretiert wird, wenn er nicht `#f` ist.

Aufgabe 7.3:
Modifizieren Sie die Klassendefinition `student%` in der beschriebenen Weise und testen Sie Botschaften wie

```
> (dolly 'say-your-name)
"Lynn, Deborah"
> (dolly 'say-your-name 'fnsn)
"Deborah Lynn"
```

Definieren Sie alle öffentlichen Methoden mit `case-lambda` und ergänzen Sie den Fall der Nichtanwendbarkeit der jeweiligen Methode.

Overloading ist eine Technik, um *polymorphe* Operationen herzustellen. Überladene Prozeduren können auf eine endliche Menge verschiedener Typen angewandt werden. Für jeden dieser Datentypen muss die Methodendefinition eine dementsprechende Festlegung treffen. Alle infrage kommenden Typen müssen also zum Zeitpunkt der Klassendefinition bekannt sein. Man spricht daher auch von *Ad-hoc-Polymorphie.* In Abschn. 7.5 befassen wir uns ausführlicher mit diesem Thema.

7.4 Vererbung (inheritance)

Bis hierher haben wir nur genau eine Klasse, nämlich `student%` definiert. Obwohl damit beliebig viele Studierende instanziiert werden können, wäre diese einzige Klasse natürlich nicht ausreichend, um das wirkliche Leben an einer Hochschule zu modellieren. Es wäre nicht einmal möglich, bestimmte Studierendengruppen, sagen wir Informatik-, Betriebswirtschafts-, Chemie- oder Sozialwesen-Studierende zu unterscheiden.

Andererseits weist die Definition von `student%` „eine gewisse Nähe“ zu den genannten Gruppen auf. Diese Klasse könnte also als Basis für die Definition speziellerer Klassen dienen. Man sagt, dass *Kindklassen* oder *Unterklassen* (*subclass*) von der jeweiligen Basis-, Eltern- oder *Oberklasse* (*superclass*) abgeleitet werden. Im Beispiel werden wir die Unterklassen `economist%` und `chemist%` von `student%` ableiten.

Basisklasse und davon abgeleitete Klassen können mit einem *Vererbungsgraphen* dargestellt werden, s. Abb. 7.3. Für die grafische Darstellung von Abläufen, Zuständen und diversen Zusammenhängen gibt es eine einheitliche Sprache: die *UML* (*Unified Modelling Language*), aus der wir hier einen sehr kleinen Teil zur Anwendung gebracht haben. Die Pfeile sind hohl. Sie zeigen stets von der abgeleiteten zur Basisklasse, d. h. in die Richtung der *Generalisierung*. Man liest immer in Pfeilrichtung: „Ein Ökonomiestudent *ist ein* (spezieller) Student“.

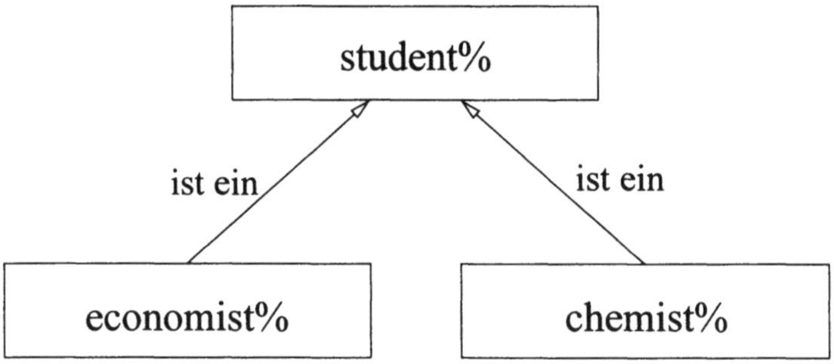

Abbildung 7.3: Vererbungsgraph

Man kann sich leicht vorstellen, dass eine Kindklasse *mehr als eine* Elternklasse besitzen kann. In diesem Falle spricht man von *Mehrfachvererbung* (*multiple inheritance*). Auf den ersten Blick hat das Vorteile gegenüber der Einfachvererbung, man denke nur an die Modellierung der Eltern-Kind-Beziehung bei Säugetieren. Ebenso leicht kann man sich ausmalen, dass es dadurch neue Probleme gibt. Welche Methode erbt das Kind, wenn beide (oder mehr als zwei) Eltern eine Methode mit gleicher Signatur vorhalten? Die mit Mehrfachvererbung verbundenen Probleme haben dazu geführt, dass moderne OOP-Sprachen, wie Java, ganz im Gegensatz zu C++, nur *Einfachvererbung*[6] zulassen.

[6]Fairerweise wollen wir erwähnen, dass man in Java mit Interfaces die Möglichkeit besitzt, Mehrfachvererbung indirekt zu erreichen.

Wir beschränken uns hier ausschließlich auf die Behandlung von Einfachvererbung.

Bei der Ableitung von Klassen kann ein großer Teil des Codes der Elternklasse wiederverwendet werden (code reuse)[7]. Dabei gibt es ausschließlich die folgenden drei Möglichkeiten:

takeover: *Sämtliche* Instanzvariablen und -methoden der Superklasse werden übernommen.

add: Neue Elemente (Variablen oder Methoden) werden hinzugefügt.

modify: Übernommene Elemente werden modifiziert.

Die vorangestellten englischsprachigen Verben dienen als griffige Kurztitel für die jeweilige Aktion. Es ist zu beachten, dass so etwas wie **delete** in dieser Liste nicht vorkommt. Dies bedeutet, dass auch unerwünschte Methoden der Elternklasse in die Kindklasse übernommen werden müssen und dort lediglich modifiziert werden können.

Obwohl das Hinzufügen von Methoden in der Kindklasse den Anschein einer Erweiterung[8] oder gar Verallgemeinerung gegenüber der Elternklasse erwecken könnte, ist es in Wirklichkeit eine *Spezialisierung*.

Die durch *Vererbung* (*inheritance*) entstehende *Klassenhierarchie* stellt einen weiteren wichtigen Aspekt der Beherrschung komplexer Systeme dar.

Zur Repräsentation der Vererbung stellen OOP-Systeme in aller Regel Schlüsselworte, wie `extends` oder `inherits`, zur Verfügung. In Scheme benutzen wird ein Konzept, das *Delegationsmodell* (delegation model) genannt wird. Die Idee besteht darin, in die Unterklasse eine Instanz der Oberklasse, an die man ggf. Botschaften schickt, einzubauen.

Die erste Version der Klassendefinition `economist%` zeigt den Einbau eines `student%`-Objekts.

```
(define economist%
  (lambda (fname sname)
    (let
      ([super (student% fname sname)])
      super)))
```

Eine Botschaft, die eine Instanz der Unterklasse empfängt, wird nun folgendermaßen verarbeitet:

- Der Dispatcher aktiviert die zugehörige (eigene) Methode, falls eine solche angegeben ist.

---

[7] Die Wiederverwendbarkeit von Softwarekomponenten ist natürlich in erster Linie ein enormer Vorteil. Auf der anderen Seite ist die Gefahr einer „effektiven Verteilung fehlerhaften Codes“ ebenso vorhanden.

[8] Dies wird auch durch das in Java verwendete Schlüsselwort `extends` ausgedrückt.

- Ansonsten wird die Botschaft an das eingebaute „Oberklasse-Referenz-Objekt" weitergeleitet und von diesem (mit dessen Dispatcher) so verarbeitet, als wäre es direkt von diesem empfangen worden.

Wenn sonst nichts weiter verändert wurde, verhält sich ein Objekt der Klasse `economist%` vorerst genauso wie ein Objekt der Klasse `student%`. Wir erzeugen eine Instanz von `economist%` und kommunizieren ein wenig.

```
> (define e1 (economist% "Hal" "Hickman"))
> (e1 'say-your-name)
"Hickman, Hal"
> (e1 'rename! "Mueller")
> (e1 'say-your-name 'fnsn)
"Hal Mueller"
```

Aufgabe 7.4:
Fügen Sie der Klasse `economist%` die öffentlichen Methoden `tell-favourite-subject` zur Beantwortung der Frage nach dem Lieblingsfach und `I-like!` zur Entgegennahme des Lieblingsfaches zu. `I-like!` soll sich der privaten Methode `subject-changer!`, die den Wert der Instanzvariablen `favourite-subject` modifiziert, bedienen. Prüfen Sie für je eine Instanz der Klasse `economist%` und eine der Klasse `student%`, dass sie die Frage nach dem Lieblingsfach beantwortet bzw. abweist.

7.5 Polymorphie

Polymorphie ist ein aus dem Griechischen stammender Begriff, der soviel wie „viele Formen besitzend" bedeutet. Mit polymorphem Verhalten sind wir bereits in Abschn. 7.3 in Berührung gekommen, als wir überladene Methoden behandelt haben. Dort haben wir darauf hingewiesen, dass overloading eine eingeschränkte[9] Form des Polymorphismus darstellt.

Wir wollen die Klassendefinition von `economist%` erweitern, indem wir entweder neue Methoden hinzufügen oder eine in der `student%`-Instanz vorhandene Methode modifizieren. Letzteres wird natürlich *nicht* dadurch realisiert, dass wir in der Definition von `student%` herumkorrigieren.

Wir modifizieren zuerst die `say-your-name`-Methode unter der Annahme, dass Ökonomiestudenten im ganzen Satz antworten, wenn sie nach ihrem Namen gefragt werden. Der gesuchte Name wird im Satz eingebettet. Während diese Einbettung in der neuen Methode `say-your-name` stattfindet, wird die gleichnamige Botschaft zur Bestimmung

[9] Ganz allgemein erwartet man von polymorphen Prozeduren, dass sie auf potentiell unendlich viele Typen, die zur Definitionszeit nicht bekannt zu sein brauchen, anwendbar sind. Dieser „echte Polymorphismus" wird auch *parametrischer Polymorphismus* genannt. Der Name rührt daher, dass im Allgemeinen ein *Typparameter* angegeben wird. Dies wird im Folgenden allerdings *nicht* vertieft.

des Namens an **super** weitergereicht. Sobald die Antwort von **super** vorliegt, kann der Satz vollendet werden. Abb. 7.4 zeigt die vollständige Klassendefinition.

```
(define economist%
  (lambda (fname sname)
    (let
        ([super (student% fname sname)])  ; super class object
      (let
          ([favourite-subject "nothing"])  ; instance variable
        (let*                               ; instance methods
            ([subject-changer!              ; private
              (lambda (new-favourite-subject)
                (set! favourite-subject new-favourite-subject))]
             [say-your-name                 ; public
              (case-lambda
                [() (string-append
                      "My name is "
                      (super 'say-your-name 'fnsn) ".")]
                [else 'rejected])]
             [I-like!                       ; public
              (case-lambda
                [(subject) (subject-changer! subject)]
                [else 'rejected])]
             [tell-favourite-subject
              (case-lambda
                [() (string-append "I like " favourite-subject ".")]
                [else 'rejected])])
          (let
              ([dispatcher                  ; message handler
                (lambda (messagename)
                  (case messagename
                    [(say-your-name) say-your-name]
                    [(I-like!) I-like!]
                    [(tell-favourite-subject) tell-favourite-subject]
                    [else
                     #f]))])
            (lambda (messagename . args)
              (let*
                  ([method (dispatcher messagename)])
                (cond
                  [method
                   (let ([result (apply method args)])
                     (cond
                       [(not (eq? result 'rejected)) result]
```

```
            [super
             (apply super (cons messagename args))]
            [else
             (error
               'economist% "~s is not applicable to ~s."
               messagename args)]))]
        [super
         (apply super (cons messagename args))]
        [else
         (error
           'economist% "does not understand ~s."
           (cons messagename args))])))))))
```

Abbildung 7.4: Definition der Klasse `economist%`

Immer, wenn ein `economist%`-Objekt die Botschaft `say-your-name` empfangen hat, wird die oben beschriebene gleichnamige Methode aktiviert. Die von `student%` an `economist%` vererbte Methode `say-your-name` wird durch die modifizierte quasi verschattet, *überlagert* oder *überschrieben*. Man spricht von *overriding*: sich darüber hinwegsetzen. Ein `student%`-Objekt reagiert jedoch in der ursprünglichen Form auf `say-your-name`. Das Überschreiben einer Methode der Elternklasse durch eine gleichnamige Methode in der Kindklasse ist aber nur möglich, wenn beide Methoden die gleiche Signatur besitzen.

Wie man der Klassendefinition von `economist%` in Abb. 7.4 entnimmt, ist ein Ökonomiestudierender in der Lage auf Anfrage sein Lieblingsfach zu nennen. Dabei wollen wir zugestehen, dass sich die Haltung zu einem Fach ändern kann, so dass zu einem anderen Zeitpunkt ein anderes Fachgebiet den subjektiven Vorzug erhält.

Die Fehlermeldung in der letzten Zeile der Definition in Abb. 7.4 kommt nur dann zum Einsatz, wenn es keine Superklasse gibt und in der Klasse `economist%` keine passende Methode existiert. Anderenfalls wird in der Superklasse `student%` nachgeschaut. Bleibt auch dies erfolglos, so kommt die Fehlermeldung vom Dispatcher der Superklasseninstanz.

Die hier am Beispiel vorgestellte Klassendefinition ist allgemeingültig und kann wie eine Schablone benutzt werden. Falls eine Klasse keine Elternklasse besitzt, schreiben wir `[super #f]` und brauchen sonst nichts weiter zu verändern.

Wir instanziieren das Objekt `pawel` und kommunizieren ein wenig mit ihm. Diesen Beispieldialog sollten Sie vollständig durchschauen und erläutern können.

```
> (define pawel (economist% "Pawel" "Tree"))
> (pawel 'say-your-name)
"My name is Pawel Tree."
> (pawel 'say-your-name 'fnsn)
"Pawel Tree"
```

```
>  (pawel 'tell-favourite-subject)
"I like nothing."
> (pawel 'I-like! "environmental system planning")
> (pawel 'tell-favourite-subject)
"I like environmental system planning."
> (pawel 'tell-favourite-subject 'subject)
student%: does not understand (tell-favourite-subject subject).
```

Aufgabe 7.5:
Verändern Sie die Klassendefinition aus Abb. 7.4 zeitweise(!) so, dass **economist%** eine eigenständige, d. h. nicht von **student%** abgeleitete Klasse ist und erklären Sie die gegenüber obigem Dialog veränderte Antwort von **pawel**.

```
> (pawel 'tell-favourite-subject 'subject)
economist%: tell-favourite-subject is not applicable to (subject).
```

Polymorphie wird auch ohne Zusatzmaßnahmen in Scheme unterstützt. Beispielsweise kann der eingebaute Operator + auf Operanden verschiedenen Typs angewandt werden.

```
> (+ 1 3)
4
> (+ 1.0 3)
4.0
> (+ 7/2 4/3)
29/6
```

Erst zur Laufzeit, also wenn die Operation wirklich ausgeführt wird, erfolgt die Typfeststellung in deren Abhängigkeit die zu den Operatoren passende (intern bereitstehende) Prozedur angewandt wird. Hier zeigt sich die enorme Flexibilität dynamischer Typisierung gegenüber statischer.

In einem OOP-System, das *polymorphe Prozeduren* bereitstellt, werden Daten zu Objekten gesandt, die diese genau so verarbeiten, wie man es erwartet. Hierfür muss eine Klasse *lediglich ihre Elternklasse* kennen, nicht etwa die Definition der Methoden darin.

Aufgabe 7.6:
Definieren Sie eine Klasse **chemist%** nach Ihren Vorstellungen. Folgen Sie Abb. 7.3 auf S. 190.

7.6 Klassenvariablen (class variables)

Im Fachbereich Ökonomie – so nehmen wir an – gibt es ein Interesse an der Gesamtanzahl der für das aktuelle Semester eingeschriebenen Studierenden. Hierzu benötigen wir einen Zähler, d. h. eine Variable, die *alle diese Ökonomiestudierenden gemeinsam haben*. Bei jeder Instanziierung muss dieser Zähler inkrementiert, nicht etwa – wie bei Instanzvariablen – beispielsweise mit 0 initialisiert, werden.

Variablen dieser Art heißen *Klassenvariablen* (class variables). Analog zu Instanzvariablen und -methoden gibt es in OOP-Systemen, wie Java, *Klassenmethoden (class methods)*, die auf Klassenvariablen zugreifen und diese verändern können. In Java kann auf Klassenvariablen und -methoden von außen über den Klassennamen zugegriffen werden. Dort ist es also nicht nötig (aber möglich), zum Zwecke des Zugriffs eine entsprechende Instanz zu erzeugen.

Zur Illustration fügen wir der Definition von `economist%` eine Klassenvariable `total` hinzu. Aus Platzgründen verzichten wir auf alle anderen Methoden von `economist%`. Das Ergebnis zeigt Abb. 7.5.

```
(define economist%
  (let ([total 0])                        ; class variable
    (lambda (fname sname)
      (let
          ([super (student% fname sname)])  ; super class object
        (let
            ([enrolled? #f])  ; instance variable
          (let*                             ; instance methods
              ([total-increaser!            ; private
                (lambda ()
                  (set! total (+ total 1))
                  (set! enrolled? #t))]
               [how-many-economics-students ; public
                (case-lambda
                  [() total]
                  [else 'rejected])]
               [enroll!                     ; public
                (case-lambda
                  [() (if enrolled?
                          "You are just enrolled yet!"
                          (total-increaser!))]
                  [else 'rejected])])
            (let
                ([dispatcher                ; message handler
                  (lambda (messagename)
                    (case messagename
                      [(enroll!) enroll!]
                      [(total-economics) how-many-economics-students]
                      [else
                       #f]))])
```

```
(lambda (messagename . args)
  (let*
      ([method (dispatcher messagename)])
    (cond
      [method
       (let ([result (apply method args)])
         (cond
           [(not (eq? result 'rejected)) result]
           [super
            (apply super (cons messagename args))]
           [else
            (error
              'economist%
              "~s is not applicable to ~s."
              messagename args)]))]
      [super
       (apply super (cons messagename args))]
      [else
       (error 'economist% "does not understand ~s."
         (cons messagename args))]))))))))))
```

Abbildung 7.5: Klassendefinition von **economist%** mit einer Klassenvariablen

Dabei ist zu beachten, dass sich ein Studierender nicht mehrfach einschreiben darf. Dies würde zu einem falschen Zählerwert führen. Also brauchen wir eine weitere Variable **enrolled?**, die bei der Instanziierung mit **#f** initialisiert wird und nach dem Einschreiben auf **#t** gesetzt wird. Dies muss eine Instanzvariable sein.

Es folgt ein kleiner Beispieldialog, der zeigt, dass sich die Klassenvariable erwartungsgemäß verhält.

```
> (define lilo (economist% "Ron" "Leaf"))
> (lilo 'say-your-name)
"Leaf, Ron"
> (lilo 'total-economics)
0
> (lilo 'enroll!)
> (lilo 'total-economics)
1
> (lilo 'enroll!)
"You are just enrolled yet!"
> (define bob (economist% "Ernest" "Fish"))
> (bob 'total-economics)
1
> (bob 'enroll!)
```

```
> (lilo 'total-economics)
2
```

Aufgabe 7.7:
Was geschieht, wenn die Variable `enrolled?` auch eine Klassenvariable wäre, wie `total`? Prüfen Sie Ihre Vermutung durch Modifikation der Klassendefinition.

7.7 Syntax-Erweiterungen für OOP

Bei der Implementation von Klassen lohnt es sich, so etwas wie eine „Schablone" (template) zu benutzen. Codeabschnitte der Schablone, die immer wieder unverändert oder mit nur geringfügiger Anpassung vorkommen, werden für jede Klassendefinition übernommen. Damit dies nicht via „copy and paste" geschehen muss, wurden diese Schablonen unter Verwendung von `define-syntax` definiert und als *Scheme-OOP-Sprachelemente* zur Verfügung gestellt.

Die Definition eigener Klassen ist dann noch komfortabler möglich und führt zu einer kompakten, gut lesbaren Beschreibung. Einzelheiten findet man in der MzLib-Dokumentation. Außerdem wissen wir nach dem Studium der vorstehenden Abschnitte, was sich konzeptionell hinter den Sprachelementen verbirgt.

Die in Abb. 7.6 auf S. 199 angegebene Definition für `student%` stimmt semantisch weitestgehend mit der in Abb. 7.2 überein.

Die Klasse `student%` wird von der Klasse `object%` abgeleitet. `object%` ist die Klasse, die keine Elternklasse besitzt. Eine solche, ganz an der Spitze einer jeden Objekthierarchie sitzende Klasse gibt es in jedem OOP-System, auch wenn sich die dafür verwendeten Bezeichnungen unterscheiden.

Mit `(init-field first-name surname [id 0])` werden die Instanzvariablen `first-name`, `surname` und `id` eingeführt und gleichzeitig als bei der Instanziierung zu initialisierende Variablen gekennzeichnet. `id` erhält `0` als Vorgabewert, so dass auch dann eine Initialisierung gewährleistet ist, wenn bei der Instanziierung kein entsprechender Wert angegeben wird.

Nach `public` folgen die Namen der öffentlichen Methoden, hier: `say-your-name` und `rename!`. Nur diese Methoden versteht ein Objekt der Klasse `student%`, nicht etwa die privaten Methoden, die nach `private` aufgelistet werden, also `surname-changer!`.

Danach folgen die Definitionen der Prozeduren, die die Methoden repräsentieren. Wie man dem Beispiel entnehmen kann, wird für eine Botschaft und die zugehörige Methode jeweils der gleiche Name verwendet.

Schließlich sorgt `(super-instantiate ())` für die Erzeugung der Klasse. Dies sollte also immer die letzte Zeile einer Klassendefinition sein.

```
(define student%
  (class object%
    (init-field first-name surname [id 0])  ; Instanzvariablen
    (public say-your-name rename!)          ; oeffentliche Methode
    (private surname-changer!)              ; private Methode
    (define say-your-name                   ; Methodendefinitionen
      (case-lambda
        [() (string-append surname ", " first-name)]
        [(format)
         (case format
           [(fn) first-name]
           [(sn) surname]
           [(fnsn) (string-append first-name " " surname)]
           [else
            'rejected])]))
    (define rename!
      (lambda (new-sname)
        (surname-changer! new-sname)))
    (define surname-changer!
      (lambda (new-surname)
        (set! surname new-surname)))
    (super-instantiate ())))                ; Erzeugung der Klasse
```

Abbildung 7.6: Klassendefinition von student% unter Verwendung von DrScheme-OOP-Sprachelementen

Nun ist es an der Zeit, ein Objekt der Klasse student% zu instanziieren. Dafür steht make-object zur Verfügung. Weitere Einzelheiten entnimmt man dem Manual.

```
(define dolly (make-object student% "Deborah" "Lynn"))
```

Um eine Nachricht an ein Objekt zu senden, wird hier send verwandt.

```
> (send dolly say-your-name)
"Lynn, Deborah"
> (send dolly say-your-name 'fnsn)
"Deborah Lynn"
> (send dolly rename! "Miller")
> (send dolly surname-changer! "Miller")
send: no such method: surname-changer! for class: student%
```

Manchmal ist es ganz nützlich, dass man Variablen, die mit field oder init-field eingeführt wurden, außerhalb des Objekts zugreifen und sogar verändern kann.

```
> ((class-field-accessor student% first-name) dolly)
"Biggi"
```

```
> ((class-field-mutator student% first-name) dolly "Biggi")
> (send dolly say-your-name)
"Miller, Biggi"
```

Instanzvariablen, deren Zugriff von außen verhindert werden soll, definiert man mit `define`.

```
(define economist%
  (let ([total 0])          ; Klassenvariable
    (class student%
      (inherit-field first-name surname)  ; Var. ex. im lokalen Kontext
      (define my-favourite-subject "nothing")  ; Instanzenvariablen
      (define enrolled? #f)
      (public I-like!                      ; oeffentliche Methoden
        tell-favourite-subject number-of-economics-students enroll!)
      (override say-your-name)  ; modifizierte oeffentl. Methode
                                ; der Elternklasse
      (private subject-changer! total-increaser!)    ; private Methode
      (define say-your-name              ; Methodendefinitionen
        (lambda ()
          (string-append "My name is " first-name " " surname ".")))
      (define I-like!
        (lambda (subject)
          (subject-changer! subject)))
      (define number-of-economics-students
        (lambda () total))
      (define tell-favourite-subject
        (lambda ()
          (string-append "I like " my-favourite-subject ".")))
      (define enroll!
        (lambda ()
          (if enrolled? (display "You are just enrolled yet!")
            (total-increaser!))))
      (define subject-changer!
        (lambda (subject)
          (set! my-favourite-subject subject)))
      (define total-increaser!
        (lambda ()
          (set! total (+ total 1))
          (set! enrolled? #t)))
      (super-instantiate ()))))
```

Abbildung 7.7: Klassendefinition von `student%` unter Verwendung von DrScheme-OOP-Sprachelementen

In Abb. 7.7 ist `enrolled?` eine solche Variable, deren Manipulation von außen aus naheliegenden Gründen höchst unerwünscht wäre.

`total` ist eine Klassenvariable, die im globalen Kontext aller Instanzen der Klasse `economist%` einmal existiert. Deshalb ist die `class`-Sonderform aus Abb. 7.7 in `let` eingebettet.

Auf den ersten Blick scheint das Sprachelement `inherit-field`, ebenso, wie das hier nicht vorkommende `inherit` für Methoden, überflüssig zu sein. In der Tat werden die Variablen und Methoden der Elternklasse vollständig an die Kindklasse vererbt. Solche Variablen- bzw. Methodennamen werden bei Benutzung innerhalb der Definition der Kindklasse jedoch nicht gefunden, da sie in der aktuellen Umgebung nicht existieren. In der Langform, in Abb. 7.4, sieht man, was eigentlich geschieht: Einer Instanz der Elternklasse wird eine entsprechende Botschaft gesandt:
`(string-append "My name is " (super 'say-your-name 'fnsn) ".")`.

Aufgabe 7.8:
Entfernen Sie zeitweilig `(inherit-field first-name surname)` und instanziieren Sie `(define pawel (make-object economist% "Pawel" "Tree"))`.
Versuchen Sie nun von außen auf die Variable `first-name` zuzugreifen:
`((class-field-accessor economist% first-name) pawel)`.
Dies gelingt, weil `first-name` vererbt wurde.
Demgegenüber führt `(send pawel say-your-name)` zu einem Fehler:
`reference to undefined identifier: first-name`.

Die nach `override` genannten Methoden gibt es bereits in der Elternklasse. In unserem Beispiel wird `say-your-name` durch die in `economist%` überschrieben.
Fehlt die `override`-Angabe, wird für Ökonomiestudenten die `say-your-name`-Methode von `student%` genommen.

Aufgabe 7.9:
Wiederholen Sie den Dialog mit Ökonomiestudenten (am Ende von Abschn. 7.6) unter Verwendung der Klassendefinition aus Abb. 7.7.

Aufgabe 7.10:
Verwenden Sie eine Instanzenvariable `total` und erklären Sie, warum sich obiger Dialog gerade so verändert.

8 Imperative Programmierung

8.1 Konzept

Funktionale Programmiersprachen sind *ausdrucksorientiert.* Das Hauptkonstrukt dieser Sprachklasse sind Ausdrücke (expression), deren Aufbau in Kap. 2 ausführlich behandelt wurde. Die Auswertung (Evaluation) eines Ausdrucks findet ihres *Wertes* wegen statt. Dabei geht es immer nur um diese Werte; idealerweise gibt es keinerlei Nebenwirkungen.

Ganz anders verhält es sich bei *anweisungsorientierten* Sprachen, bei denen *Anweisungen* (statements) die Hauptrolle spielen. Die Auswertung von Anweisungen findet ihres *Effektes* wegen statt. Nebenwirkungen werden folglich gezielt organisiert.

Imperative Programmierung ist anweisungsorientiert und bedeutet Programmieren mit *Befehlen*, die Werte von Variablen und damit *Zustände* des Berechnungsprozesses verändern können. Der fundamentale Operator dieses Programmierstils ist die *Zuweisung* (assignment), mit der Werte an Variablen gebunden werden.

Gegenüber dem seiteneffektfreien funktionalen Programmieren gibt es einen wesentlichen Unterschied: Das Ergebnis eines Ausdrucks hängt im Allg. nicht nur von den Eingabedaten ab, sondern kann von bestimmten Zuständen, die der Berechnungsprozess einnimmt, maßgeblich beeinflusst werden: Bei anweisungsorientierten Sprachen können zwei aufeinander folgende identische Prozeduraufrufe zwei verschiedene Rückgabewerte erzeugen. Die *Reihenfolge* der Abarbeitung von Anweisungen eines imperativen Programms ist essentiell und kann keineswegs beliebig verändert werden.

Um die Tragweite der Nachteile dieses Konzeptes vollständig zu verstehen, sehen wir uns an, wie die im Speicher abgelegten Werte adressiert und verändert werden. Hierzu bietet Scheme einige Sprachelemente, deren Benutzung mit großer Vorsicht geschehen sollte. Dies wird durch das an den Befehlsnamen angehängte Ausrufezeichen[1] besonders betont.

Durch das Angebot solcher Kommandos für imperatives Programmieren in Scheme erhalten wir die Möglichkeit, dieses Paradigma mit Scheme und in der nun schon gewohnten Arbeitsumgebung zu studieren. Darüber hinaus müssen wir bekennen, dass Scheme selbst von Zuweisungen via `define` regen Gebrauch macht. Alle auf dem obersten Niveau benannten Prozedurdefinitionen bilden den Wert globaler Variablen.

[1]Das Zeichen ! heißt im Englischen zwar exclamation mark/point, wird hier aber aus o. g. Grund als bang – lauter Knall – gelesen.

Imperative Programmierung beruht auf dem *Konzept veränderlicher Objekte*[2] (mutable objects). Ein Objekt wird als veränderlich bezeichnet, wenn wenigstens einige seiner Eigenschaften modifiziert werden können, ohne dabei die Identität aufzugeben. Ein Computer bleibt beispielsweise ein Computer auch dann, wenn wir seinen Arbeitsspeicher erweitern. Die meisten *mathematischen* Objekte sind *unveränderlich* oder *zustandslos*. Menschen verändern ihr Alter, Gewicht, Aussehen, aber (im Allg.) nicht ihr Geschlecht oder ihre biologischen Eltern.

Variablen sind veränderliche Objekte, weil deren Werte modifiziert werden können, ohne dass sie ihre Identität verlieren.

Charakteristisch für imperative Programmierung ist außerdem der Einsatz von *Sprüngen* (goto), *Zyklenstrukturen* (loop) und *Unterprogrammen* (subroutine).

```
(load "loops.scm")

> (for x 0 20 2
    (printf "~s " (* x x)))

0 4 16 36 64 100 144 196 256 324 400

> (let ([a 0])
    (while (<= a 10)
      (begin
        (printf "~s " (* a a))
        (set! a (+ a 1)))))

0 1 4 9 16 25 36 49 64 81 100
```

Die hier verwendeten Sprachelemente `for` und `while` wurden in der Datei `loops.scm` definiert. Dabei wurde das in Scheme für iterative Programmstrukturen zur Verfügung stehende `do` verwendet.

Aufgabe 8.1:
Machen Sie sich mit Hilfe des Manuals mit dem Scheme-do-Sprachelement vertraut und erproben Sie einige Beispielausdrücke.

Bedingte und *unbedingte Sprünge* werden verwendet, um die Programmfortsetzung an einer bestimmten Stelle zu erzwingen. Am Beginn einer jeden Anweisungszeile steht je eine Sprungmarke, z. B. 10, 20 usw.:

```
(load "gotoProg.scm")
(define x "")  ; sichert die Existenz von x, um set! anwenden zu koennen
```

[2]Der Objektbegriff wird hier nicht im Sinne der OOP gebraucht, sondern bedeutet Scheme-Werte.

```
(program
  (10 (set! x 7))
  (20 (printf "~s " x))
  (24 (if (even? x) (set! x (/ x 2)) (set! x (+ (* 3 x) 1))))
  (30 (if (> x 1) (goto 20)))
  (40 end))

> (run)
7 22 11 34 17 52 26 13 40 20 10 5 16 8 4 2
```

Das angegebene Programm berechnet sämtliche Glieder der COLLATZ-Folge. Man liest[3] es folgendermaßen.

1. Beginne mit Anweisung 10 und setze x auf den Wert 7.
2. Schreibe den aktuellen Wert von x auf den Bildschirm.
3. Falls x gerade ist, so weise die Hälfte der mit x benannten Zahl der Variable x zu, anderenfalls ergibt sich x aus dem Nachfolger des Dreifachen dieser Zahl.
4. Falls x größer ist als 1, setze in Zeile 10 fort.
5. Beende das Programm.

Aufgabe 8.2:
Schreiben Sie ein imperatives Programm zur Berechnung der n-ten Fibonacci-Zahl.

Sämtliche Zykluskonstruktionen kann man mit *bedingten* Sprüngen, bei denen das Erreichen eines Sprungziels von der Erfüllung einer Bedingung abhängt, definieren.

Während Zyklen notwendig sind, um wiederholt stattfindende Zuweisungen zu organisieren, dienen *Unterprogramme* – in Form von *Prozeduren* (Unterprogramme ohne Rückgabewert) und *Funktionen* (Unterprogramme mit Rückgabewert) zur *Modularisierung* und damit ggf. zur Programmstrukturierung. Dabei verdient die Form der *Parametervermittlung*, d. h. die Art und Weise der Bindung *aktueller Parameter* an die entsprechenden *formalen*, unsere Beachtung.

8.2 Speichern von Daten

Um Daten als Werte an Variablen binden zu können, müssen diese Datenobjekte irgendwo gespeichert werden. Wir wollen im Folgenden studieren, wie dies in Scheme stattfindet. Damit behandeln wir dann auch genau den Teil, der die Betrachtung des Umge-

[3] Dies alles dient nur zur Illustration der Konzepte imperativer Programmierung. Da diese einige gravierende Nachteile gegenüber der funktionsorientierten Programmierung aufweisen, sollte man die Sprechweise nicht einüben, um sich den mentalen Zugang zum Funktionalen nicht zu verstellen.

bungsmodells aus Abschn. 2.7 ergänzt. Die zu beschreibenden Konzepte sind grundsätzlich auf andere Programmiersysteme übertragbar, auch wenn im Detail spezielle Implementationsentscheidungen gelten.

In Scheme[4] gibt es

eine globale Umgebung, die zu jedem Zeitpunkt sämtliche (auch temporär gültige) Bezeichner enthält und

einen globalen Speicher, der – als Heap[5] (Halde) ausgeführt und auch so genannt – alle speicherbaren Werte aufnimmt.

Speicherbare Werte[6] sind einfache Werte, d. h. Zahlen (number), boolesche Werte (`#t`, `#f`), Zeichen (character) und Symbole (symbol), ebenso wie zusammengesetzte Werte, d. h. Zeichenketten (string), Vektoren (vector), Paare (pair) und Listen (list). Letztere nehmen sich so viel Platz[7] im Heap, wie sie für sich und die Organisation ihrer Speicherung benötigen. Zur Art und Weise, wie zusammengesetzte Daten gespeichert werden, wird weiter unten noch etwas gesagt.

Neben dem eigentlichen Wert wird stets noch ein Typkennzeichen, s. Abschn. 6.1, mitgespeichert, auch wenn wir das im Folgenden nicht mehr extra erwähnen.

Die „Zellen“ des Heaps werden in Wirklichkeit durch eine vorzeichenlose ganze Zahl (Adresse) identifiziert. Zur besseren Lesbarkeit verwenden wir $L_0, L_1, L_2, \ldots, L_n$, wobei das L an location erinnern soll. Der Zugriff auf *Speicherzellen* erfolgt also über *Adressen*. In die zu einem bestimmten Zeitpunkt unbenutzten Speicherzellen schreiben wir FREE, s. Abb. 8.1.

Name (Symbol, ID)	Wert (Adresse)
⋮	⋮

Speicherplatz (location)	Zelle (Zellinhalt)
L_0	FREE
L_1	FREE
L_2	FREE
L_3	FREE
⋮	⋮

Abbildung 8.1: globale Umgebung (links) und Speicher für Scheme-Objekte (rechts)

[4]Die hier beschriebene Architektur ist nur eine von mehreren Möglichkeiten, die in der Fachwelt diskutiert und angewandt werden.

[5]Folgende Vorstellung ist an dieser Stelle ausreichend: Ein Heap ist eine spezielle Datenstruktur, die einen schnellen Zugriff auf die gespeicherten Daten ermöglicht.

[6]Aus Effizienzgründen (schneller Zugriff) werden unveränderliche Werte (immutable object) in einem speziellen Speicherbereich gehalten. Jeder Scheme-Wert erhält also eine Markierung, die ihn als mutierbar oder unveränderlich kennzeichnet.

[7]Eine alternative, hier aber unnötig detaillierte Betrachtung könnte davon ausgehen, dass in jeder Zelle nur einfache Werte und Adressen, ggf. Adresspaare und Vektoren, stehen dürfen. Diverse Gesichtspunkte der Implementation sorgen für unterschiedliche Entscheidungen.

Die globale Umgebung – also der nach dem Systemstart eingeschaltete Bindungrahmen – enthält alle Sprachelemente von Scheme und alle Variablen, die bestimmte Vorgabewerte annehmen, s. Abb. 2.1 in Abschn. 2.7.1.

Durch Definitionen neuer Variablen kann diese Umgebung erweitert werden. Um herauszufinden, was dabei im Speicher geschieht, analysieren wir den Ausdruck

`(define x 42)`.

1. Im globalen Speicher wird eine freie Zelle gesucht. In Abb. 8.1 hat sie die Adresse L_0.
2. Der Inhalt dieser Zelle wird zu 42 aktualisiert.
3. Der Variablenname `x` wird zusammen mit der Adresse L_0 in der Umgebung ergänzt.

Damit entsteht die in Abb. 8.2 dargestellte Situation.

Bindungrahmen (globale Umgebung)

Name (Symbol, ID)	Wert (Adresse)
⋮	⋮
x	L_0
⋮	⋮

globaler Speicher (heap)

Speicherplatz (location)	Zelle (Zellinhalt)
L_0	42
L_1	FREE
L_2	FREE
L_3	FREE
⋮	⋮

Abbildung 8.2: Beispiel einer Variablenbindung: `(define x 42)`

Der Zugriff auf den Wert von `x` beginnt mit der Suche von `x` in der globalen Umgebung. Dort findet sich der Zeiger auf L_0. In der Zelle mit dieser Adresse wird schließlich der Wert 42 gefunden.

Die Zahl 42 ist ein Beispiel für einen einfachen Datentyp, dessen Speicherung in unserem Modell[8] nur einer einzigen Zelle bedarf. Dies kann man natürlich leicht auf Zeichen (character) übertragen.

Viel spannender ist die Frage nach der Speicherung zusammengesetzter Daten, wie etwa Zeichenketten, Listen und Vektoren. Hierfür treffen wir die folgenden Verabredungen:

1. Werte für Symbole in der *globalen Umgebung* sind nicht nur Zahlen (Adressen), sondern darüber hinaus Paare und Vektoren aus natürlichen Zahlen (Adressen).
2. Neben den einfachen Daten dürfen die leere Liste und Paare aus natürlichen Zahlen (Adressen) im *globalen Speicher* (Heap) gespeichert werden.

[8] Die hier entworfene Speicherverwaltung (memory allocation) trägt Modellcharakter. Es geht uns nicht um die detailgetreue Beschreibung von Implementationsentscheidungen, sondern stets darum, konzeptionelle Inhalte transparent zu machen.

Wie diese Referenzen in der jeweiligen Umgebung bzw. dem globalen Speicher interpretiert werden, illustrieren wir mit den folgenden Beispielen.

```
(define a (vector 'a 'b 'c 'd))
(define b (list 'z #f))
```

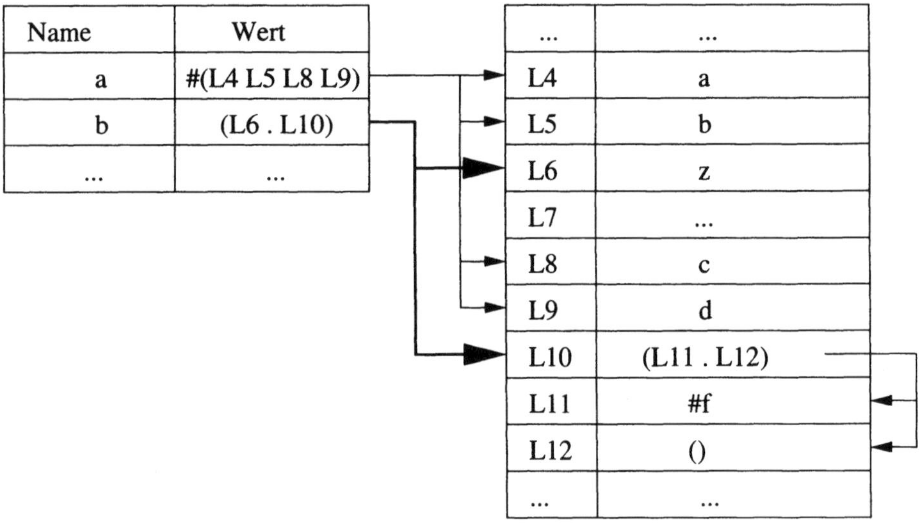

Abbildung 8.3: Adressierungsmodell für den globalen Speicher

Abb. 8.3 macht deutlich, dass die Elemente eines zusammengesetzten Datums nicht notwendigerweise in aufeinander folgenden Zellen des globalen Speichers stehen müssen. Bei jedem neuen Eintrag wird zuerst der jeweils nächste freie Speicherplatz festgestellt und danach belegt. Dessen Adresse wird – wie zu sehen ist – festgehalten.

Die Verwendung von Paaren (mit `car` und `cdr`) aus Adressen für Listen wird auch gern in Gestalt von *Box-Pointer-Diagrammen* visualisiert.

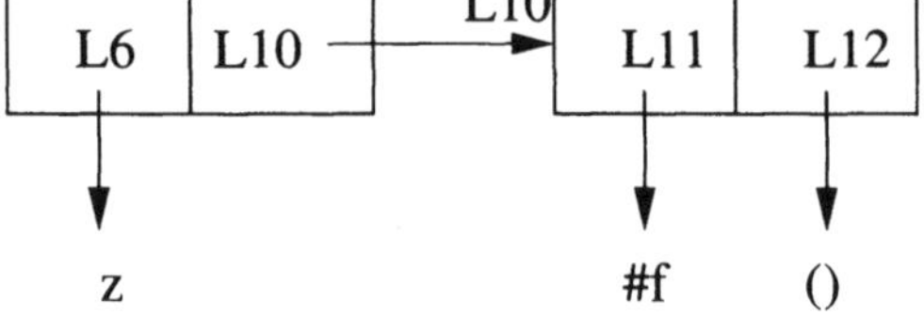

Abbildung 8.4: Box-Pointer-Darstellung der Liste `(z #f) = (z . (#f . ()))`

8.3 Mutatoren in Scheme

Mutatoren (mutator) sind Befehle, die den Wert von Variablen verändern können. Auf die Gefahren, die mit Mutatoren, erkennbar am angehängten Ausrufezeichen, verbunden sind, haben wir schon in Abschn. 8.1 hingewiesen. Sie wirken auf den *Wert* (Adresse) einer Variablen in der globalen Umgebung bzw. direkt auf Einträge im Speicher.

In Scheme gibt es recht wenige Befehle aus dieser Gruppe. Wir wollen die wichtigsten in Tab. 8.1 näher vorstellen. *var* steht für Variable, *val* für einen Wert, *pair* / *vec* / *str* / *char* hält Platz für ein Paar / einen Vektor / eine Zeichenkette / ein Zeichen. *i* repräsentiert die Nummer einer gültigen Komponente des entsprechenden Typs. Die Zählung beginnt bei Null.

> `(set!` *var val*`)`	*var* := *val* lies „:=“ als: „ergibt sich aus“.
> `(set-car!` *pair val*`)`	Die `car`-Zelle eines Paares erhält den Inhalt *val*.
> `(set-cdr!` *pair val*`)`	Die `cdr`-Zelle eines Paares erhält den Inhalt *val*.
> `(vector-set!` *vec i val*`)`	Die *i*-te Komponente von *vec* erhält den Inhalt *val*.
> `(vector-fill!` *vec val*`)`	Sämtliche Komponenten des Vektors *vec* erhalten den Inhalt *val*.
> `(string-set!` *str i char*`)`	Die *i*-te Komponente von *str* erhält den Inhalt *char*.
> `(string-fill!` *var char*`)`	Sämtliche Komponenten der Zeichenkette *str* erhalten den Inhalt *char*.

Tabelle 8.1: Mutatoren in Scheme

Da es bei allen diesen Anwendungen auf den Seiteneffekt ankommt, ist der Rückgabewert totale Nebensache und deshalb unbestimmt. *pair*, *vec* und *str* sind in Wirklichkeit *Zeiger* (Referenzen) auf Werte des entsprechenden Typs.

Aufgabe 8.3:
Geben Sie für die folgenden Beispiele die jeweils zugehörige Umgebungs-Speicher-Darstellung nach dem Vorbild aus Abb. 8.3 an und begründen Sie die jeweiligen Resultate.

Ausgangsbasis für unsere Experimente sind die folgenden Bindungen.

```
(define x 0)
(define y '(a e i o u))
(define w '(1 2 3))
(define z "Hello world")
```

Der in der jeweiligen Definition angegebene Ausdruck wird zuerst evaluiert. Das Resultat wird in eine „frische“ Speicherzelle des Heap geschrieben. Deren Adresse L_i geht in den Wert der entsprechenden Variablen ein.

Die folgende Anwendung von `set!` prüft zunächst in der Umgebung, ob die genannte

Variable bereits eine Wertbindung besitzt. Wird sie gefunden, läuft für diese Variable das Gleiche ab, wie oben für `define` ausgeführt. Anderenfalls entsteht ein Fehler.

```
> (set! x (* 6 7))
> x
42
```

Doch welchen Wert für y hinterlässt die folgende Zuweisung?

```
> (set-car! (cdr y) 'p)
```

Hier ist das Ergebnis.

```
> y
(a p i o u)
```

Da y an den Zeiger auf die Liste `(a e i o u)` im Heap gebunden ist, zeigt `(cdr y)` auf die Restliste `(e i o u)`. Deren erstes Element wird nun mit p überschrieben. Da sich der Wert von y (Adresspaar) dadurch nicht verändert hat, wird die so modifizierte Liste angezeigt.

```
> (string-set! z 0 #\*)
> z
"*ello world"
> (string-fill! z #\Y)
> z
"YYYYYYYYYYY"
```

Zeichenketten werden wie Vektoren (aus Zeichen) behandelt.

8.4 L-Wert und R-Wert

Da die Zuweisung die fundamentale Operation imperativer Sprachen darstellt, ist es beim Auftreten einer Variablen in einem Ausdruck unbedingt notwendig zu wissen, ob entweder mit der zugehörigen *Referenz* oder mit dem *adressierten Zellinhalt* (Wert) gearbeitet wird. Dies hängt vom Kontext, in dem die Variable auftritt, ab.

Für Zuweisungen der Form

$$x := x + 1,$$

oder in konkreter Scheme-Syntax

```
(set! x (+ x 1))
```

wird das jeweils am weitesten links (bzw. links vom :=-Symbol) stehende x als Name (in einem Rahmen) verstanden. Man spricht vom *L-Wert.*

Das (weiter) rechts (bzw. rechts vom :=-Symbol) stehende x repräsentiert den adressierten Zellinhalt (im Heap), den *R-Wert.*

Weder in Scheme noch in den gängigen imperativen Sprachen ist optisch bzw. syntaktisch erkennbar, ob es sich um einen L- oder einen R-Wert handelt.

Darüber hinaus unterscheidet sich der Umgang mit L- bzw. R-Werten in Definitionen (`define`) von dem in Wertveränderung (`set!`), obwohl es sich in beiden Fällen um eine *Zuweisung* handelt. Bei einer Definition wird die definierte Variable in der Umgebung eingetragen. Ein Mutationsbefehl wie `set!` verändert den Symboleintrag in der Umgebung nicht, sondern setzt sogar voraus, dass die wertmäßig zu verändernde Variable dort bereits vorkommt. Ist dies nicht der Fall, gibt es im Allg.[9] eine Fehlermeldung.

Wir betrachten das für das imperative Programmieren so typische

1. *Initialisieren* der Variablen und

2. Mutieren dieser Variablen.

Im Beispiel wird `x` mit `(cons 20 30)` initialisiert. Wir wissen bereits, dass der Wert von `x` in Wirklichkeit ein Paar ist, das aus den Zahlen für die Adresse von 20 und der von 30 im Speicher besteht. Danach bekommt `x` durch `(set! x (cons 10 30))` keinen neuen Wert, denn es werden die gleichen Speicherplätze verwendet. Ist der neue Wert von `x` ein Vektor mit – sagen wir – 10 Komponenten, so wären wenigstens zwei Speicherzellen verwendet worden. Der Wert von `x` in der Umgebung ist dann allerdings ein neuer, nämlich der entsprechende Adressvektor.

```
> (define x (cons 20 30))
> x
(20 . 30)
> (set! x (cons 10 30))
> x
(10 . 30)
```

Demgegenüber bewirkt eine Neudefinition der Variablen `x`, dass die vorher verwendeten Speicherzellen ungenutzt bleiben.

Aufgabe 8.4:
Geben Sie für dieses und das folgende Beispiel die jeweils zugehörige Umgebung-Speicher-Darstellung nach dem Vorbild aus Abb. 8.3 an und begründen Sie damit die jeweiligen Resultate (Scheme-Rückgabewerte).

```
> (define x (cons 4 5))
> x
(4 . 5)
```

Für das Paar `(4 . 5)` werden zwei freie Speicherzellen gesucht, deren Adressen als Paar den neuen Wert von `x` in der Umgebungstabelle bilden. Falls es keine weiteren Zeiger

[9] Nicht so in Chez Scheme: Hier können neue Variablen auch mit `set!` angelegt werden und es gibt zusätzlich eine `toplevel`-Definition. Auf diese Spezialitäten gehen wir hier jedoch nicht weiter ein.

auf den alten Zelleninhalt (10 . 30) gibt, sind diese Zellen unreferenziert und können nie wieder angesprochen werden.

Derartiger Datenmüll, der den Speicher belegt, ohne dass jemals wieder darauf zugegriffen werden kann, wird durch einen besonderen Prozess, der *garbage collection* genannt wird, „eingesammelt“. Der bereinigte Speicher wird danach zur Wiederverwendung freigegeben. Solche „Müllsammlungen“ finden in Scheme periodisch und automatisch statt, ohne dass es der Nutzer unmittelbar wahrnimmt.

8.5 Das Aliasproblem

Zuweisungen, wie wir sie in den vorangehenden Abschnitten demonstriert haben, sorgen für Seiteneffekte und sind damit eine schlimme Fehlerquelle!

Eine weitere Quelle für unbeabsichtigte Effekte und damit fehlerhafte Software ergibt sich, wenn Daten vollständig oder teilweise gemeinsam genutzt werden. Zwei verschiedene Variablen, die den gleichen Wert haben, können auf ein und dasselbe Objekt im Speicher zeigen.

```
(define v1 (vector 1 2 3 4))
(define v2 (vector 1 2 3 4))
(define v3 v1)
```

Im Heap wird der Vektor #4(1 2 3 4) gespeichert und der Zeiger auf dieses Datenobjekt wird als Wert an die Variable v1 gebunden. Bei der Definition von v2 geschieht das analog, d. h. es wird zuerst ein freier Speicherbereich für den Vektor #4(1 2 3 4) beschrieben. Die beiden gleichwertigen Vektoren nehmen also verschiedene Plätze im Speicher ein.

In der Definition von v3 wird der Zeiger auf den Wert von v1 verwendet. Folglich zeigen v1 und v3 auf das gleiche Datenobjekt im Speicher. Wir nennen v3 einen *Alias*, also eine Art Spitzname oder Deckname (nickname) für den mit v1 bezeichneten Wert.

Nun ist klar, dass sich eine Veränderung des Vektors v3 bzw. v1 auf beide Variablenwerte gleichermaßen auswirkt:

```
> (vector-set! v3 1 'a)
> v1
#4(1 a 3 4)
> v3
#4(1 a 3 4)
> (vector-set! v1 3 'z)
> v1
#4(1 a 3 z)
> v3
```

```
#4(1 a 3 z)
> v2
#4(1 2 3 4)
```

Aufgabe 8.5:
Stellen Sie fest, ob v2 durch (set! v2 v3) zu einem weiteren Alias wird.

Transformiert man dieses Aliasproblem auf die Stufe echter Softwareentwicklung, so wird klar, dass die Arbeit der einen Gruppe die der anderen durchaus beeinträchtigen kann, wenn Daten gemeinsam genutzt werden. Die Verwendung von Aliassen ist dennoch durchaus gängig.

Aus Effizienzgründen erscheint es ebenso naheliegend, *Teile* strukturierter Daten gemeinsam zu nutzen. Dann ergibt sich eine noch unübersichtlichere Situation als beim Aliasing:

```
(define tail '(8 9 10 11 12 13))
(define ls1 (list 1 2 tail))
(define ls2 (list 3 4 5 tail))

> ls1
(1 2 (8 9 10 11 12 13))
> ls2
(3 4 5 (8 9 10 11 12 13))
> (set-car! (caddr ls1) 'k)
> ls1
(1 2 (k 9 10 11 12 13))
> ls2
(3 4 5 (k 9 10 11 12 13))
```

Das Interesse an mutierbaren Datenstrukturen ist eng mit imperativer Programmierung verbunden. Es führt dazu, dass man mit Hilfe von Zuweisungen und Mutatoren gezielt manipuliert, um möglichst effiziente Datenstrukturen zu erzielen. Zur Illustration betrachten wir die gebrochene Zahl $\frac{8}{7} = 1.\overline{142857}\ldots$.

Zur Repräsentation der Periode 142857 würde sich eine *zyklische Liste* recht gut eignen. Diese kann man leicht herstellen. Nach der Definition

```
(define achtsiebentel (list 1 1 4 2 8 5 7))
```

würde

```
> (set-cdr! (cddr (cddddr achtsiebentel)) (cdr achtsiebentel))
```

zu der gewünschten zyklischen Listenstruktur führen. Die externe Bildschirmdarstellung lässt erahnen, dass wir das Gewünschte erreicht haben.

```
> achtsiebentel
(1 . #0=(1 4 2 8 5 7 . #0#))
```

Möchte man sich ein bequemeres und auch für andere Beispiele anwendbares Werkzeug schaffen, definiert man eine Prozedur `last`, die das letzte Paar der Gestalt `(cons x '()) = (x)` zurückgibt.

```
(define last
  (lambda (ls)
    (if (null? (cdr ls))
        ls
        (last (cdr ls)))))

> (last achtsiebentel)
(7)
```

Nun soll das `cdr` dieses letzten `cons`-Elements verändert werden.

```
> (set-cdr! (last achtsiebentel) (cdr achtsiebentel))
> achtsiebentel
(1 . #0=(1 4 2 8 5 7 . #0#))
```

Mit einer kleinen Prozedur kann man nun eine beliebig lange Zahlendarstellung wählen.

```
(define clist->list
  (lambda (cls n)
    (if (= n 0)
        '()
        (cons (car cls)(clist->list (cdr cls) (- n 1))))))

> (clist->list achtsiebentel 20)
(1 1 4 2 8 5 7 1 4 2 8 5 7 1 4 2 8 5 7 1 4 2 8 5 7 1 4 2 8 5)
```

Abschließend führen wir eine sinnvolle Anwendung mutierbarer Datenstrukturen zur Verkettung zweier Listen vor. Der Plan ist offensichtlich: Wir tragen den Zeiger auf die zweite Liste in das `cdr` des letzten `cons`-Elementes der ersten Liste ein.

```
(define my-append!
  (lambda (ls1 ls2)
    (set-cdr! (last ls1) ls2)
    ls1))

(define x '(1 2 3 4))
(define y '(5 6 7 8 9 10))

> (my-append! x y)
(1 2 3 4 5 6 7 8 9 10)
```

Äußerlich sieht alles sehr gut aus. Wenn wir uns aber die Werte von `x` und `y` nach Anwendung von `append!` anschauen, wird klar, weshalb das Ausrufezeichen am Prozedurnamensende so wichtig ist.

Aufgabe 8.6:
Begründen Sie den sichtbaren Seiteneffekt auf `x`.

Eine solche Prozedur zum Verketten zweier Listen ist natürlich enorm schnell. Der Aufwand hängt nur von der Länge der ersten Liste ab, nicht von der der zweiten. Den Preis dafür haben wir diskutiert.

Aufgabe 8.7:
In DrScheme ist `append!` eingebaut. Stellen Sie durch geeignete Anwendungen fest, wie es arbeitet.

Für eine effiziente *und* seiteneffektfreie `my-append`-Prozedur, die dennoch auf o. g. Idee basiert, müssen wir eine Kopie des ersten Arguments herstellen. Die im Folgenden angegebenen Kopierprozeduren[10] für Listen bzw. Vektoren, sehen etwas drollig aus, sind aber nach den obigen Überlegungen verständlich.

```
(define list-copy
  (lambda (ls)
    (if (null? ls)
        '()
        (cons
         (car ls)
         (list-copy (cdr ls))))))

(define vector-copy
  (lambda (vec)
    (let ([ls (vector->list vec)])
      (list->vector ls))))
```

Nun können wir die Seiteneffektfreiheit von `my-append` am Beispiel überprüfen.

```
(define my-append
  (lambda (ls1 ls2)
    (let ([ls1-c (list-copy ls1)])
      (set-cdr! (last ls1-c) ls2)
      ls1-c)))

> (my-append x y)
(1 2 3 4 5 6 7 8 9 10)
> x
(1 2 3 4)
> y
(5 6 7 8 9 10)
```

[10] In Chez Scheme sind diese Kopierprozeduren eingebaut.

8.6 Identität und Gleichheit

Aus der Schulmathematik weiß man, dass zwei Zahlen gleich sind, wenn sie direkt übereinstimmen. Zwei Rechenausdrücke sind gleich, wenn sie ein und dieselbe Zahl ergeben. Im ersten Fall spricht man von „identisch gleich“ und im zweiten von „logisch gleich“ oder äquivalent.

Dabei können nicht etwa alle Objekte auf Gleichheit untersucht werden. Für nichtmathematische Dinge ist dies sofort klar, es gilt aber auch für mathematische. So kann für zwei beliebig gegebene Funktionen (algorithmisch) nicht entschieden werden, ob sie gleich sind, d. h. für alle Argumente die gleichen zugehörigen Funktionswerte berechnen.

Operationen sowohl für Identität als auch Gleichheit stellt auch Scheme zur Verfügung. Für einfache Scheme-Objekte ist die Identität sofort klar:

```
> (eq? 1 1)
#t
> (eq? #f #f)
#t
> (eq? '() '())
#t
```

Daneben gibt es Datentyp-spezifische Gleichheitsprädikate beispielsweise für Zeichen, Zahlen und Listen:

```
> (= 2 (/ 8 4))
#t
> (char=? #\a #\b)
#f
> (null? '())
#t
> (null? (cdr '(1)))
#t
> (zero? 9)
#f
```

Welche Eigenschaft zusammengesetzter Objekte könnte für die Identität ausschlaggebend sein? Sind struktur- und inhaltsgleiche Elemente auch zwingend *identisch*?

Das folgende Beispiel zeigt, dass die beiden Gleichheitsprädikate `equal?` und `eq?` unterschiedliche Resultate liefern, obwohl in beiden Fällen `(1 . 2)` mit `(1 . 2)` verglichen wird. Natürlich erwarten wir zunächst das Ergebnis `#t`. Dem folgt `eq?` jedoch nicht.

```
> (equal? (cons 1 2) (cons 1 2))
#t
> (eq? (cons 1 2) (cons 1 2))
#f
```

`equal?` gibt `#t` zurück, wenn die beiden Argumente *struktur- und inhaltsgleich* sind, ansonsten `#f`. Im Beispiel erhalten wir also `#t`. Wenden wir jedoch `eq?` an, ergibt sich `#f`, denn die beiden Ausdrücke sind nicht identisch.

Ein positives Ergebnis erhalten wir allerdings für

```
> (let ([x (cons 1 2)])
    (eq? x x))
#t
```

Offensichtlich erfordert die Identität zweier zusammengesetzter Scheme-Objekte zusätzlich zur Struktur- und Inhaltsgleichheit die *Speicherpositionsgleichheit*, d. h. dass die zugehörigen Zeiger übereinstimmen müssen. Dies trifft für Aliasse exakt zu.

```
(define x (cons 1 2))
(define a x)

> (eq? a x)
#t
> (set-car! a 9)
> (eq? a x)
#t
```

Wir geben noch ein Beispiel für Aliasse an.

```
(define x (cons 1 (cons 2 ())))
(define y (cons 0 x))
(define z (cons 4 x))
> x
(1 2)
> y
(0 1 2)
> z
(4 1 2)
```

In der Tat sind `x`, `(cdr y)` und `(cdr z)` identisch.

```
> (eq? x (cdr y))
#t
> (eq? (cdr y) (cdr z))
#t
```

Man stelle sich nun vor, dass `y` und `z` Variablen sind, die ein bestimmter Programmierer verwendet, während `x` im Programmteil eines anderen Programmierers steht. Beide Programmierer arbeiten an einem gemeinsamen Projekt. Dann kann es Wochen dauern, bis der durch

```
> (set-car! x 12)
> y
(0 12 2)
> z
(4 12 2)
```

entstandene Fehler im Programm des entsprechenden Programmierers entdeckt wird. Bei gemeinsamer Nutzung identischer Daten ist also höchste Vorsicht geboten.

8.7 Parametervermittlung

Beim Aufruf einer Prozedur werden gemäß ihrer Stelligkeit *aktuelle* Parameter übergeben und unter Berücksichtigung der gewählten Reihenfolge an die *formalen* Parameter vermittelt. Für diese *Parametervermittlung* gibt es mehrere gängige Methoden.

Von *call by value* oder auch *pass by value* spricht man, wenn der *Wert* einer Variablen oder eines Ausdrucks übergeben wird. Man kann sich das so vorstellen, dass eine Kopie der Wertes des aktuellen Parameters an den formalen gebunden wird. Dies ist auch die Methode, die Scheme verwendet, obgleich eine genauere Untersuchung noch einige Kommentare erforderlich machen wird. Die Scheme-Besonderheit besteht nämlich darin, dass die übergebenen Werte selbst Zeiger sind.

call by need haben wir bereits im Zusammenhang mit der verzögerten Evaluation in Abschn. 2.5.1 kennengelernt. Anstelle den betrachteten Ausdruck zuerst zu evaluieren und dessen Wert zu übergeben, wird der Ausdruck unverändert weitergereicht und erst dann evaluiert, wenn dessen Wert auch wirklich benötigt wird. Man spricht auch von *call by name*, womit wir uns an dieser Stelle nicht genauer befassen.

Im Folgenden experimentieren wir ein wenig mit der wertmäßigen Parametervermittlung:

```
(define n1 100)
(define n2 (list 1 2 3))
(define n3 (vector 1 2 3))
(define n4 (string #\a #\b))

(define pass-by-value
  (lambda (x)
    (set! x 4)
    x))

> (pass-by-value n1)
4
> n1
100
```

Aufgabe 8.8:
Wenden Sie die Prozedur `pass-by-value` nacheinander auf `n2`, `n3` und `n4` an.

Dieses kleine Experiment macht deutlich, dass eine Wertveränderung einer lokalen Variablen (hier: eines Parameteres) außerhalb der Prozedur unwirksam ist. Innerhalb der Prozedur hat sie aber stattgefunden, wie dies der Rückgabewert anzeigt.

Wie wir im Zusammenhang mit dem Umgebungsmodell, s. Abschn. 2.7.4, bereits festgestellt haben, wird bei der Anwendung einer Prozedur ein neuer Bindungsrahmen erzeugt und der gültigen Umgebung vorangestellt. In diesen Rahmen wird in unserem Beispiel `x` mit dem R-Wert[11] von `n1`, also `100`, eingetragen. Genau dieser Eintrag für `x` wird durch `(set! x 4)` mit der Zahl `4` überschrieben, ohne dass die Speicherzelle, in der sich der Wert von `n1` befindet, in irgendeiner Weise beeinträchtigt wird.

Aufgabe 8.9:
Geben Sie das zu diesem Aufruf gehörende Umgebungsmodell an.

Bei reinem call by value können globale Variablen nur dann innerhalb einer Prozedur verändert werden, wenn sie nicht lokal sind. Diese Eigenschaft besitzen gerade die *freien Variablen*, die innerhalb der Prozedur keiner Bindung unterliegen. In folgendem Beispiel ist das `n1`:

```
(define pass-by-value
  (lambda (x)
    (set! n1 4)    ; hier steht jetzt n1 anstatt wie oben x
    x))

> (pass-by-value n1)
100
> n1
4
```

Eine in der imperativen Programmierung fest verankerte Form der Parametervermittlung ist die per Referenz oder Zeiger auf ein Datenobjekt im Speicher. Sie heißt *call-by-reference*. Im Hinblick auf die Frage nach einer seiteneffektfreien Programmierung unterscheiden sich Referenz- und Wertparameter gravierend.

Im strengen Gegensatz zu call by value, wo der R-Wert des aktuellen Parameters übergeben wird, vermittelt call by reference dessen L-Wert. Würde dies in Scheme die Standardvermittlungstechnik sein, so ergäbe sich das folgende Verhalten. Achtung: `lambda-ref` gibt es (zunächst) nicht in Scheme, so dass man die folgende Definition (absichtlich) nicht nachspielen kann!

[11]Dabei spielt es keine Rolle, ob man diese Zahl dort hinein kopiert, wie man sich das durchaus vorstellen kann, oder ob man deren Adresse in der globalen Umgebung notiert. Aus Effizienzgründen wird man Letzteres bei der Systemimplementation bevorzugen. Dies darf wiederum nicht mit call by reference verwechselt werden.

```
(define n 100)

(define pass-by-reference!
  (lambda-ref (x)
    (set! x 4)
    x))

> (pass-by-reference! n)
4
> n
4       ; Wunschergebnis bei call by reference
```

In Sprachen wie C können Sie ganz gezielt mit Zeigern arbeiten.

Nachdem wir mit Scheme in den vorangegangenen Kapiteln schon so viele unterschiedliche Konzepte ausgedrückt haben, mag es nicht verwundern, dass man mit geringem Aufwand auch diese alternative Vermittlungsmethode einbauen kann. Hierzu laden wir die Datei call-by-ref.ss[12], die darüberhinaus einige syntaktische Besonderheiten bereit hält.

Das Zeichen <- soll an das in imperativen Sprachen typischerweise verwendete Zuweisungszeichen erinnern. x <- 4 liest man als „x ergibt sich zu (oder aus) 4". Eine Variable, wie x im Beispiel, steht für deren L-Wert. Den R-Wert von x erhält man aus (: x). Den Doppelpunkt[13] lesen wir also als „Wert von". Anstelle von lambda schreiben wir lambda-ref.

Globale Variablen wie etwa n, die wir in unserem Experiment verwenden, müssen allerdings nach dem Muster (def-var <varname> <initval>), z. B. (def-var n 5), definiert werden.

```
(load "call-by-ref.scm")

(define pass-by-reference!
  (lambda-ref (x)
    (<- x (+ (: x) 4))
    (: x)))

(def-var n 5)
> (pass-by-reference! n)
9
> (: n)
9
```

[12]Um den Inhalt dieser Datei zu verstehen, bedarf es lediglich der Kenntnis des in Scheme vorhandenen Datentyps „box" und des Sprachelements define-syntax zur Definition syntaktischer Erweiterungen.

[13]Kundige Leser dürfen sich dabei durchaus an LOGO erinnert fühlen.

Referenzparameter werden in imperativen Sprachen gerne verwendet, wenn Resultate aus zusammengesetzten Daten bestehen, um den sog. VON-NEUMANN-*Flaschenhals*[14] zu überwinden. Eine iterative Version **fak-ref** zur Berechnung von $n! = n \cdot (n-1) \cdot \ldots \cdot 2 \cdot 1$ wird in folgendem Beispiel gezeigt. **fak-ref** nimmt **n** als Referenzparameter. Wir starten mit $n = 1$. Nach einer zyklischen Anwendung der Zuweisung $n := n \cdot i$ für $i = n, n-1, \ldots, 2$ ergibt sich schließlich $n!$ als Wert der dafür verwendeten Resultatvariablen `result`.

Zur Arbeit mit Zyklusstrukturen laden wir zusätzlich die Sprachelemente, die wir in Abschn. 8.1 vorgestellt haben.

```
(load "loops.scm")

(define fac-by-ref
  (lambda-ref (i result)
    (while (> (: i) 1)
      (begin
        (<- result (* (: result) (: i)))
        (<- i (- (: i) 1))))))

(def-var result 1)
(def-var n 5)

> (fac-by-ref n result)
> (: result)
120
```

In einem abschließenden Beispiel soll dic Summc der ersten natürlichen Zahlen bis einschließlich `(: x)` berechnet werden. Am Ende soll das Ergebnis als Wert dieser Variablen `x` vorliegen. Um in Prozeduren auch mit lokalen Variablen, die keine Parameter sind, arbeiten zu können, steht das Sprachelement `let-ref` mit `let`-analoger Syntax und Semantik zur Verfügung.

```
(define sumto
  (lambda-ref (n)
    (let-ref ([i 0] [result 0])
      (while (>= (: n) (: i))
        (begin
          (<- result (+ (: result) (: i)))
          (<- i (+ 1 (: i)))))
      (<- n (: result)))))

(def-var x 10)
```

[14]Normalerweise können Rückgabewerte von Funktionen nur einfache Werte sein. Dies reicht oftmals nicht aus. Denken Sie beispielsweise an Matrizenoperationen, wo Matrizen Resultate sein können.

```
> (sumto x)
> (: x)
55
```

Nach diesem Ausflug in die Welt der Referenzparameter kehren wir zur Scheme-Standard-Technik, der wertmäßigen Parametervermittlung, zurück und wollen diese etwas genauer beleuchten. Hierbei setzen wir in der Prozedur `modify!` anstelle `set!` die typspezifischen Mutatoren `set-car!` (für Paare) bzw. `vector-set!` (für Vektoren) ein.

```
(define modify!
  (lambda (x)
    (cond
      [(vector? x)
       (vector-set! x (- (vector-length x) 1) 'z)]
      [(pair? x)
       (set-car! (cdr x) 'z)])
    x))

(define v (vector 1 2 3 4))
(define m '(1 2 3))

> (modify! v)
#4(1 2 3 z)
> v
#4(1 2 3 z)
> (modify! m)
(1 z 3)
> m
(1 z 3)
```

Wir stellen fest, dass `modify!` in beiden Fällen einen Seiteneffekt auf die globalen Variablen außerhalb der Prozedur ausübt. Wie ist dies mit call by value vereinbar? Da die Werte, die an die formalen Parameter gebunden werden, selbst Zeiger sind, können die beiden Mutatoren, die wir in Abschn. 8.3 vorgestellt haben, auf die konkreten Speicherzellen zugreifen und die so adressierten Werte verändern.

Aufgabe 8.10:
Erweitern Sie die Prozedur `modify!` für Zeichenketten. Verwenden Sie `string-set!`. Beurteilen Sie das Ergebnis.

9 Parallelverarbeitung

9.1 Grundbegriffe

9.1.1 Zeitplan für „Rechenaktionen“

Viele komplexe Systeme und Aufgaben der realen Welt lassen sich in einfache Aktionen zerlegen. Betrachten wir beispielsweise den Bau eines Hauses. Ein Hausbau besteht aus Dacharbeiten, Elektroinstallation, Kellerbau, Heizungsbau, Sanitärinstallation usw.

Zwischen einigen dieser Aktionen kann es zeitliche Abhängigkeiten geben. Manche erfordern es, dass eine oder mehrere Aktionen bereits stattgefunden haben, so dass bestimmte Vorarbeiten als Voraussetzungen für andere abgeschlossen sind. Demgegenüber gibt es Aktionen, die zu einem beliebigen Zeitpunkt ablaufen können, da sie weder spezielle Voraussetzungen erfordern noch Auswirkungen auf andere Aktionen haben. Solche Aktionen könnten auch *gleichzeitig* stattfinden, was sich offensichtlich positiv auf die Verkürzung des Gesamtprozesses auswirkt.

Überlegungen dieser Art haben auch die Informatik beeinflusst und die Idee hervorgebracht, mehrere Prozessoren an einem Arbeitsauftrag „kooperativ“ zu beteiligen. Durch die Verteilung von Teilen dieses Arbeitsauftrags und deren zeitlich parallele Bearbeitung soll ein Performancezuwachs erreicht werden. Für spezielle Softwaresystem, die auf Computern mit mehreren Prozessoren, sog. *Multiprozessor-Hardware*, laufen, gibt es Erweiterungen, wie z. B. paralleles Lisp. Eine Multiprozessor-Situation findet man heute dadurch vor, dass die Peripherie von Computersystemen mit eigenen Prozessoren ausgerüstet wird. So wundert sich heute niemand, wenn der Drucker einen längeren Ausdruck vornimmt, während wir ein Textdokument überarbeiten. Einschränkend muss man allerdings hinzufügen, dass Prozessoren in Druckern, Scannern, Multimedia-Endgeräten usw. einem speziellen Zweck unterworfen sind und nicht als echte „Kollegen für Multiprozessor-Anwendungen“ zum Einsatz kommen.

Steht keine Hardware mit mehreren Prozessoren zur Verfügung, kann das entsprechende Verhalten auf einer – heute vorherrschenden – *Singleprozessormaschine* simuliert werden. Typische Grundformen sind *Multitask*[1]*-fähige Betriebssysteme* und *Multithreading*[2] in höheren Programmiersprachen (z. B. in Java und Scheme).

[1]Dahinter steht die Vorstellung, mehrere Aufgaben (tasks) quasi gleichzeitig ausführen zu können. Unix ist ein Vorzeigebeispiel für ein Multitask-fähiges Multiuser-Betriebssystem.

[2]Dieser Begriff wird weiter unten erklärt.

Im Folgenden beschränken wir unsere Betrachtung auf Einprozessorsysteme ohne dies extra anzumerken.

9.1.2 Begriffe: Nebenläufigkeit (concurrency) und Parallelität

Mit dem Begriff der Parallelität von Rechenabläufen wird mitunter etwas ungenau umgegangen. Wichtig ist die Antwort auf die Frage, ob zwei Prozesse *unabhängig* voneinander ablaufen können oder nicht. Wenn ein Prozess an einem bestimmten Punkt der Berechnung Daten von einem anderen Prozess erwartet oder einem anderen Prozess Daten liefert, so bestehen Abhängigkeiten, die sich auf den Ablaufplan der betrachteten Prozesse auswirken müssen.

Nebenläufigkeit: Zwei Prozesse A und B heißen *nebenläufig* (*concurrent*[3]), wenn sie voneinander unabhängig bearbeitet werden können. Für die Realisierung der Bearbeitung von A und B gibt es also die folgenden drei Fälle.

1. Zuerst A, dann B.
2. Zuerst B, dann A.
3. A und B gleichzeitig.

Nebenläufigkeit ist der allgemeinere Begriff gegenüber

Parallelität: Zwei Prozesse A und B heißen *parallel*, wenn sie voneinander unabhängig und *gleichzeitig* durchgeführt werden können.

Diese begriffliche Unterscheidung lässt bereits erahnen, dass wir uns mit der Zeitplanung nebenläufiger Prozesse etwas genauer beschäftigen müssen, s. Abschn. 9.3.

9.1.3 Prozesse und Threads

Zwei grundlegende Begriffe aus dem Gebiet der Parallelverarbeitung sind *Prozess* und *Thread*. Sie haben allerdings auch über dieses Gebiet hinaus Bedeutung, beispielsweise in verteilten Anwendungen und in Betriebssystemen.

Ein Prozess bezeichnet die sequentielle Ausführung von Anweisungen durch den Prozessor, wobei ein *eigener Speicherbereich* reserviert ist. Es sind einige Aktionen erforderlich, wenn mehrere Prozesse auf den gleichen Adressraum zugreifen sollen.

Das Betriebssystem verwaltet einen Prozess (starten, anhalten). Dafür benutzt es eine interne Datenstruktur (process descriptor), die alle Details[4] bei nicht laufendem Prozess verwaltet.

[3] wörtlich: zusammenwirkend

[4] wie scheduling, priority, allocated memory und Werte der Maschinenregister

Ein Betriebssystem-Prozess ist eine Einheit zur Ressourcenzuweisung (CPU-Zeit und Speicher). Er wird durch seinen Code, Daten (globale Variablen, lokale Variablen – Stapel) und den Zustand der Maschinenregister repräsentiert.

Prozesse können mit endlichen Automaten[5] modelliert und mit Threads implementiert werden, s. auch Abb. 9.1.

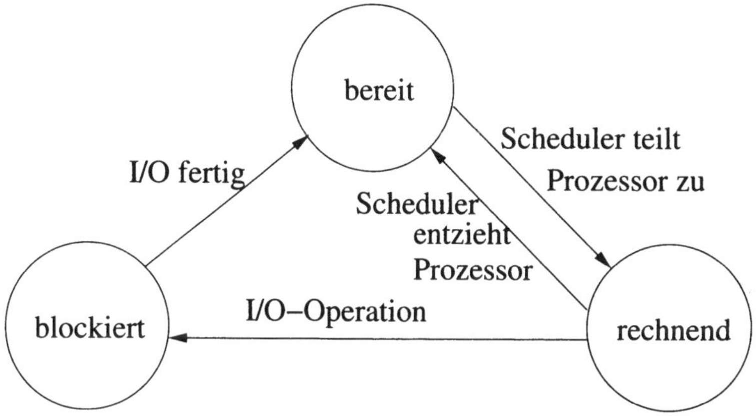

Abbildung 9.1: Zustandsübergangsdiagramm für Betriebssystemprozesse

Ein Thread (Thread of control = Steuerfaden) ist ein einzelner, in sich geschlossener Steuerfluss innerhalb eines Prozesses. Ein Prozess kann also in einen Hauptthread (zu Beginn) und sich anschließende, teilweise zeitgleich angeordnete Threads gegliedert werden.

Threads besitzen einen eigenen Zustand, inkl. Befehlszähler, Stack etc. Threads einer Gruppe arbeiten – im Gegensatz zu Prozessen – auf demselben Speicherbereich im Hauptspeicher.

Ebenso wie („schwergewichtige") Prozesse können Threads („leichtgewichtige" Prozesse) mit endlichen Automaten beschrieben werden.

Es ist natürlich klar, dass ein Computer mit nur genau einem Prozessor zu jedem Zeitpunkt nur genau einen Rechenschritt erledigen kann. Echtes zeitgleiches Arbeiten ist praktisch unmöglich. Dennoch besteht unser Ziel darin, mit parallelen Prozessen gedanklich so zu operieren, als liefen sie tatsächlich zeitgleich ab.

Quasi-paralleles Verhalten erreichen wir auf Einprozessorsystemen durch Simulation von Gleichzeitigkeit mit einer *round-robin*-Strategie (*timesharing*): *Prozesse* (bzw. Threads) werden nach einer bestimmten (sehr kurzen) Zeit unterbrochen, in eine *Warteschlange* (queue) gestellt und – nachdem andere Prozesse reihum eine Zeitscheibe zur Fortsetzung ihrer Abarbeitung erhielten – weiterbearbeitet usw. Für die beschriebene Form der

[5]Abstrakte Automaten sind Gegenstand der Theoretischen Informatik (Automatentheorie).

Ablaufsteuerung sorgt ein *Scheduler* (sprich: skedjuler), der Vorgang wird *Scheduling* (Zeitplan erstellen; schedule = Fahrplan) genannt.

Abb. 9.1 zeigt ein (vereinfachtes) Zustandsübergangsdiagramm für Betriebssystemprozesse.

Die Beziehung zwischen einem Betriebssystem-Prozess und zugehörigen Threads illustriert Abb. 9.2.

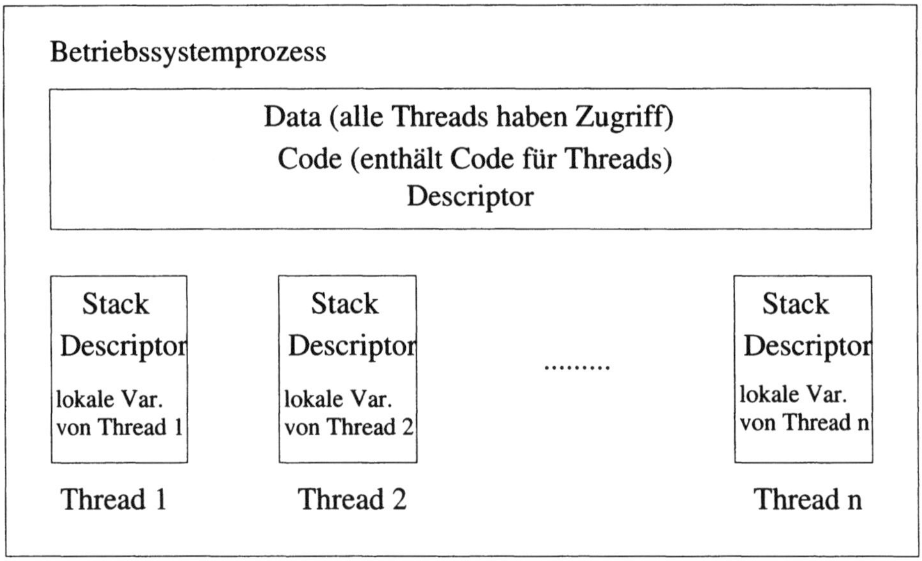

Abbildung 9.2: Prozess und Threads

Ein typisches Anwendungsfeld für Threads ist die Bedienung grafischer Dialoganwendungen, wie etwa Datenbankanfragen, Eingaben über die Tastatur und Animationen – alles findet quasi gleichzeitig statt. Zeitintensive Prozesse sollten in den Hintergrund gebracht werden. Ein Beispiel für eine Dialoganwendung werden wir in Abschn. 9.4 entwickeln.

9.2 Multithreading

9.2.1 Thread-System in Programmiersprachen

Ausführlicher wollen wir uns nun mit dem Thread-System beschäftigen, das in Hochsprachen, wie etwa Scheme, zur Verfügung steht. Damit hat der Programmierer die Möglichkeit, auf den Ablauf leichtgewichtiger Prozesse Einfluss auszuüben.

Im Folgenden werden wir stillschweigend von dem in DrScheme eingebauten *Thread-Scheduling* Gebrauch machen. Es kümmert sich darum, dass jeder Scheme-Thread entsprechend seiner Wichtigkeit (Priorität) behandelt wird und zeitlich beschränkten Ressourcenzugriff erhält. An einigen Stellen werden wir allerdings in dieses Scheduling eingreifen.

Threads kommen nicht nur in unseren Experimenten vor. Bestimmte Threads laufen als sog. *Dämon*en schon ab Systemstart. So gibt es beispielsweise einen Thread, der sich um die Tastaturabfrage kümmert, der die Bildschirmausgabe steuert, während wir etwas eingeben oder auch berechnen lassen. Mehr oder weniger unbewusst sind wir also stets Nutzer nebenläufiger Verarbeitung, wenn wir mit Software auf einem Personalcomputer interagieren.

9.2.2 Parallel vs. sequentiell

Wir beginnen mit einem sehr einfachen Beispiel. Der Aufruf der nullstelligen Prozedur `schreibAlphabet-gross` bzw. `schreibAlphabet-klein` führt dazu, dass sämtliche Buchstaben des Alphabets der deutschen Sprache in Groß- bzw. Kleinschreibung angezeigt werden.

```
(define schreibAlphabet-gross
  (lambda ()
    (do ([i 65 (+ i 1)])
      [(> i 90)(newline)]
      (display (integer->char i)))))

> (schreibAlphabet-gross)
ABCDEFGHIJKLMNOPQRSTUVWXYZ

(define schreibAlphabet-klein
  (lambda ()
    (do ([i 97 (+ i 1)])
      [(> i 122)(newline)]
      (display (integer->char i)))))

> (schreibAlphabet-klein)
abcdefghijklmnopqrstuvwxyz
```

Mit der jeweiligen Prozedurdefinition wurde klassische sequentielle Verarbeitung demonstriert.

Nun wollen wir die beiden Anzeigeaufgaben parallel ausführen. Dies ist durchaus gerechtfertigt, da sie voneinander unabhängig sind. Zu diesem Zweck erzeugen wir je einen Thread. In DrScheme geschieht dies mit `thread`, ein Sprachelement, das den eigentlichen Prozeduraufruf in einen Thunk (nullstellige Prozedur) „verpackt“ erwartet.

Eine Besonderheit der DrScheme-Threads besteht darin, dass sie unmittelbar nach ihrer Erzeugung gestartet werden. Der Zustandswechsel zwischen „erzeugt“ und „rechnend“, wie wir ihn beispielsweise von dem Java-Thread-System kennen, erfolgt hier automatisch[6].

Der mit `schreibAlphabet-parallel` repräsentierte erste Versuch einer Lösung ist ein Misserfolg, wie die zum Aufruf gehörende Ausgabe zeigt:

```
(define schreibAlphabet-parallel1
  (lambda ()
    (let ([th1 (thread (lambda () (schreibAlphabet-gross)))]
          [th2 (thread (lambda () (schreibAlphabet-klein)))])
     'schluss)))

> (schreibAlphabet-parallel1)
schluss
abcdefghijklmnopqrstuvwxyz
ABCDEFGHIJKLMNOPQRSTUVWXYZ
```

Was ist wirklich geschehen? Am wenigsten Zeit erfordert die Rückgabe des Ergebniswertes (`schluss`) des `let`-Ausdrucks. Deshalb wird dieser zuerst angezeigt. Die beiden Threads wurden erzeugt und gestartet. Offenbar ist `th2` schneller fertig als `th1`, deshalb werden zuerst die Kleinbuchstaben ausgeschrieben.

Wenn wir `th1` mit Hilfe einer zeitintensiven Scheinrechnung künstlich verlangsamen, verändert sich diese Reihenfolge.

```
(define schreibAlphabet-parallel2
  (lambda ()
    (let ([th1 (thread (lambda () (schreibAlphabet-gross)))]
          [th2 (thread
                 (lambda ()
                   (do ([i 0 (+ i 1)])[(> i 1000000) 'stop] 'do_nothing)
                   (schreibAlphabet-klein)))])
      'schluss)))

> (schreibAlphabet-parallel2)
schluss
ABCDEFGHIJKLMNOPQRSTUVWXYZ
>
abcdefghijklmnopqrstuvwxyz
```

[6]Es gibt eine Spezifikation (die sog. SRFI 18; SRFI = Scheme Request For Implementation) als breit akzeptierte Vereinbarung darüber, wie ein Threadsystem in Scheme aussehen soll. Derzeit ist diese Spezifikation für DrScheme noch nicht implementiert worden. Das gegenwärtige Thread-System weicht von der SRFI relativ stark ab.

Zu beachten ist ferner, dass das Prompt-Zeichen zur Signalisierung erneuter Kommunikationsbereitschaft bereits nach den Großbuchstaben auftaucht. Die Ausgabe der Kleinbuchstaben dauert jetzt am längsten.

Natürlich trifft auch diese Ausgabe nicht unsere Erwartung von Parallelverarbeitung. Offensichtlich hat der Scheduler bisher keine Möglichkeit, genau den Thread, dem der Prozessor zugeteilt wurde, kurzzeitig zu unterbrechen, um einem anderen wiederum zeitweilig den vollen Ressourcenzugriff zu ermöglichen. Durch das Einfügen einer **sleep**-Anweisung wird eine solche Unterbrechungsstelle für den Scheduler gekennzeichnet und gleichzeitig die Wartezeit festgelegt. Auf diese Weise kann die *Vorrangbehandlung* (Priorität) von Threads beeinflusst werden.

```
(define schreibAlphabet-gross-threaded
  (lambda ()
    (do ([i 65 (+ i 1)])
      [(> i 90)(newline)]
      (display (integer->char i))
      (sleep 0.1))))

(define schreibAlphabet-klein-threaded
  (lambda ()
    (do ([i 97 (+ i 1)])
      [(> i 122)(newline)]
      (display (integer->char i))
      (sleep 0.1))))
```

In der folgenden Definition von **schreibAlphabet-parallel3** ist zu beachten, dass auch für den REPL-Hauptthread eine gewisse Unterbrechungszeit vorgesehen werden muss. Damit die beiden anderen Threads vor erneuter Kommunikationsbereitschaft des Scheme-Systems terminieren, muss diese Zeit entsprechend groß gewählt werden.

```
(define schreibAlphabet-parallel3
  (lambda ()
    (let ([th1 (thread (lambda () (schreibAlphabet-gross-threaded)))]
          [th2 (thread (lambda () (schreibAlphabet-klein-threaded)))])
      (sleep 4)
      'schluss)))

> (schreibAlphabet-parallel3)
aAbBcCdDeEfFgGhHiIjJkKlLmMnNoOpPqQrRsStTuUvVwWxXYyzZ

schluss
```

Die Ausgabe der Buchstaben lässt auf Gleichbehandlung der beiden Threads schließen. Die beiden Zeilenwechsel werden nach Ausgabe aller Buchstaben ausgeführt.

Vor dem folgenden Aufruf wurde die `sleep`-Zeit für `th2` halbiert. Dadurch wird die Ausgabe der Kleinbuchstaben deutlich bevorzugt.

```
> (schreibAlphabet-parallel3)
aAbcBdCefDghEijFklGmnHoIpqJrsKtuLvwMxNyzO
PQRSTUVWXYZ
schluss
```

Zusammenfassend lassen sich zwei verschiedene Sichtweisen auf die Behandlung nebenläufiger Prozesse erkennen:

1. Die Vorstellung, dass zwei oder mehrere Threads auf einer gemeinsamen Zeitachse angeordnet sind.
2. Die Vorstellung von der Unterbrechung (Blockierung) eines Threads an irgendeiner Stelle, um einem anderen Thread für kurze Zeit den Prozessor zuzuteilen.

Wir empfehlen der deskriptiven Fassung, also der zuerst genannten Vorstellung von den zeitgleichen Berechnungsverläufen, den Vorrang zu geben, sofern nicht das Studium bestimmter Prozessabläufe die zweite Sichtweise erfordert.

In folgendem Beispiel wird ein Binärbaum als grafisches Gebilde betrachtet. Da es sich um eine selbstähnliche Figur handelt, liefert die rekursive Prozedur `tree` eine passende Beschreibung. Darin ist `sleep-for-a-while` nicht etwa mit `sleep`, das wir vom Multithreading her kennen, zu verwechseln. `sleep-for-a-while` sorgt lediglich für eine Verzögerung des Zeichenvorgangs, um dem menschlichen Auge die gewünschte Beobachtungsmöglichkeit zu geben.

```
(define tree
  (lambda (side turtle)
    (cond
      [(< side 5) 'ready]
      [else
       (send turtle forward! side)
       (sleep-for-a-while 0.2)
       (send turtle left! 45)
       (tree (/ side 2) turtle)
       (send turtle right! 90)
       (tree (/ side 2) turtle)
       (send turtle left! 45)
       (send turtle backward! side)])))
```

Die Zeichnung wird von einem Zeichenroboter ausgeführt, der – in Anlehnung an die in Verbindung mit der Programmiersprache LOGO bekannte turtle geometry – *Turtle* genannt wird. Die Nachrichten, die ein Turtle-Objekt versteht, entnimmt man den Definitionen in Datei[7] `turtle-drscheme.ss`. Die Aufruffolge

[7] Vor dem Laden dieser Datei muss das Teachpack `draw.ss` ausgewählt werden.

```
> (start 400 400)
> (define bob (make-object turtle% 'bob 200 350 90))
> (send bob hide!) (tree 150 bob) (send bob show!)
```

liefert die in Abb. 9.3 dargestellte Figur.

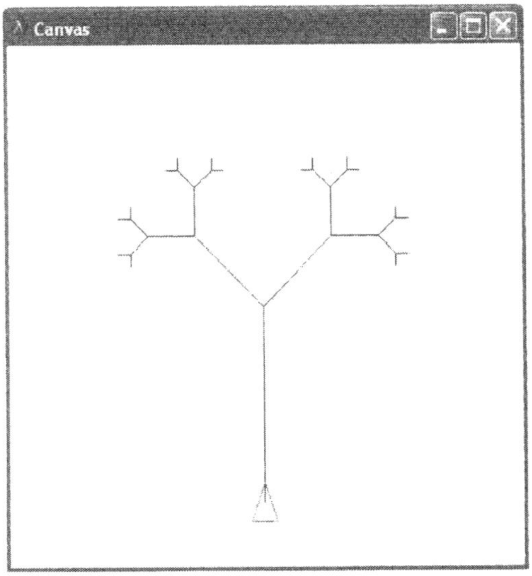

Abbildung 9.3: Binärbaum - rekursive Prozedur, sequentiell abgearbeitet

Die beiden rekursiven Aufrufe in `tree` bezeichnen jeweils einen linken bzw. rechten Teilbaum, der in geeigneter Turtle-Ausgangsposition und Blickrichtung angesetzt wird. Da diese Teilbäume untereinander völlig unabhängig sind, ist deren parallele Erzeugung möglich. Hierfür muss für jeden Teilbaum eine eigene Turtle-Instanz „geklont" und dafür ein eigener Thread erzeugt werden. Dies finden wir in Prozedur `threaded-tree` wieder.

```
(define threaded-tree
  (lambda (side turtle)
    (cond
      [(< side 5) (send turtle show!)]
      [else
       (sleep-for-a-while 0.8)
       (send turtle say-your-name)
       (send turtle forward! side)
       (let ([t1 (send turtle clone)][t2 (send turtle clone)])
         (send t1 left! 45)
         (send t2 right! 45)
         (thread (lambda () (threaded-tree (/ side 2) t1)))
         (thread (lambda () (threaded-tree (/ side 2) t2))))])))
```

```
> (start 400 400)
> (define bob (make-object turtle% 'bob 200 350 90))
> (send bob hide!)
> (threaded-tree 150 bob)
```

Damit wir die jeweiligen Aktionsträger verfolgen können, wird der Name jeder gerade aktiven Turtle ausgegeben. Die geklonten Instanzen erhalten einen Namen, der sich aus dem ursprünglichen durch das Anhängen von `-c` ergibt.

Aufgabe 9.1:
Modifizieren Sie die Prozedur **`threaded-tree`** so, dass zuerst die linken Teilbäume des gesamten Baumes gezeichnet werden. Hinweis: Verwenden Sie **`thread-wait`** an der richtigen Stelle.

9.3 Synchronisation nebenläufiger Prozesse

9.3.1 Zugriff auf gemeinsame Variablen

Bei nebenläufigen Prozessen ist es im Allgemeinen nicht trivial zu erwartende Resultate vorherzusagen. Wir wollen das an einem zweiten Beispiel demonstrieren. Im Gegensatz zu obiger Buchstabenausgabe werden Zuweisungen ins Spiel gebracht. Bekanntlich kann die Reihenfolge, in der die Zuweisungen ausgeführt werden, ergebniswirksam sein.

```
(define sequ
  (lambda ()
    (let ([x 10])
      (set! x (* x x))
      (set! x (+ x 1))
      (printf "~s~n" x))))
```

Der Aufruf `(sequ)` liefert erwartungsgemäß 101.

```
> (sequ)
101
```

In Prozedur `conc01` werden für die beiden Zuweisungen je ein Thread erzeugt und unmittelbar danach automatisch gestartet.

```
(define conc01
  (lambda ()
    (let ([x 10])
      (thread (lambda () (set! x (* x x))))   ; Thread 1
      (thread (lambda () (set! x (+ x 1))))   ; Thread 2
```

```
      (sleep 0.1)
      (printf "x=~s~n" x))))
```

Wie muss das Ergebnis des Aufrufes

```
> (conc01)
x=121
```

interpretiert werden?

Offensichtlich wird Thread 2 zuerst ausgeführt. Das legt der Scheduler so fest. Thread 2 terminiert vor Thread 1. Thread 2 hinterlässt `x=11`. Dieser Wert wird in Thread 1 in beiden Fällen als Wert von `x` verwendet, so dass sich das Ergebnis 121 ergibt.

Nach dem Vorbild vorangehender Beispiele wollen wir nun in die beiden Threads je eine Unterbrechungsstelle einbauen. Vor jeden Lesezugriff auf die Variable `x` setzen wir deshalb eine `sleep`-Operation. Damit wir die Längen der Wartezeiten von außen beeinflussen können, verwenden wir die Parameter `a`, `b` und `c`.

```
(define conc02
  (lambda (a b c)
    (let ([x 10])
      (thread
       (lambda ()
         (set! x (* (begin (sleep a) x) (begin (sleep b) x)))))
      (thread
       (lambda ()
         (set! x (+ (begin (sleep c) x) 1))))
      (sleep (+ a b c 0.1))
      (printf "~s" x))))
```

Für `a=b=c=0` ergibt sich erwartungsgemäß das gleiche Ergebnis wie für `(conc01)`.

```
> (conc02 0 0 0)
121
```

Wenn wir den Zugriff auf `x` im zweiten Thread ein wenig verzögern, so dass zunächst der durch den ersten Thread erzeugte neue Wert von `x`, also `x=100`, vorliegt, so ergibt sich `101`.

```
> (conc02 0 0 0.1)
101
```

Nun suchen wir Argumente für `conc02`, so dass ein entsprechender Aufruf 110 ausgibt.

```
> (conc02 0 0.2 0.1)
110
```

101, 110 und 121 sind die einzigen möglichen Resultate von `conc02`. Würde man jedoch, wie in `conc03`, vor der Ausführung der Zuweisungen in Thread 1 und 2 zusätzlich je eine

Wartezeit einbauen, so ergeben sich zwei weitere Resultate für x.

```
(define conc03
  (lambda (a b c d e)
    (let ([x 10])
      (thread        ; Thread 1
       (lambda ()
         (let ([x1 (begin (sleep a) x)][x2 (begin (sleep b) x)])
           (printf "Thread1: x1=~s und x2=~s~n" x1 x2)
           (set! x (begin (sleep c) (* x1 x2))))))
      (thread        ; Thread 2
       (lambda ()
         (let ([xx (begin (sleep d) x)])
           (printf "Thread2: xx=~s~n" xx)
           (set! x (begin (sleep e) (+ xx 1))))))
      (sleep (+ a b c d e 0.1))
      (printf "x=~s~n" x))))
```

In Prozedur conc03 werden zwei Threads erzeugt und sofort gestartet. In Thread 1 werden die folgenden Aktionen sequentiell ausgeführt:

1. Warte a Sekunden.
2. Beschaffe den Wert von x.
3. Warte b Sekunden.
4. Beschaffe den Wert von x.
5. Warte c Sekunden.
6. Multipliziere die oben beschafften x-Werte.
7. Weise dieses Produkt der Variablen x zu.

Die Ausführungszeiten der jeweils betrachteten Aktion (Zugriff, Zuweisung, Addition, Multiplikation) werden hierbei als vernachlässigbar klein angesetzt. Dies gilt ebenso für Thread 2:

1. Warte d Sekunden.
2. Beschaffe den Wert von x.
3. Warte e Sekunden.
4. Addiere 1 zum x-Wert.
5. Weise diese Summe der Variablen x zu.

Wir gehen nun davon aus, dass beide Threads zeitlich nebeneinander bearbeitet werden. Thread 1 benötigt hierfür insgesamt a+b+c Sekunden, Thread 2 d+e Sekunden. Um ganz sicher zu gehen, dass die Druckanweisung am Prozedurende ausgeführt wird, nachdem die beiden Threads terminierten, wurde eine Wartezeit von `a+b+c+d+e+0.1` Sekunden vorgesehen.

Durch die Wahl entsprechender aktueller Parameter steuern wir nun die jeweiligen Zeitpunkte, an denen die zugehörigen Aktionen ausgeführt werden. Obwohl wir uns eigentlich nur für das jeweilige Ergebnis-`x` interessieren, folgen die Protokolle (Druck der jeweils verwendeten `x`-Werte) der Interpretation dieser Resultate.

```
> (conc03 0 .2 0 0 0.1)
Thread2: xx=10
Thread1: x1=10 und x2=11
x=110
```

In unserem Beispielaufruf wurden die Argumente so gewählt, dass zunächst von den beiden Threads genau je ein Zugriff auf `x=10` stattfindet: Wert von `xx` bzw. `x1`. Die mit `a` und `d` benannten Parameter erhalten den Wert `0`. Der Zugriff auf `x` in Thread 1 wird durch `b=0.2` verzögert und findet erst statt, nachdem `x` den neuen Wert `11` erhalten hat. Die Zuweisung in Thread 2 findet bereits nach `0.1` Sekunden statt. Unverzüglich nach der Beschaffung des Wertes (11) für den zweiten Faktor in Thread 1 wird die Zuweisung des Produktes (110) an `x` ausgeführt.

Aufgabe 9.2:
Experimentieren Sie weiter mit der Prozedur `conc03`. Wählen Sie die aktuellen Parameter so, dass alle möglichen Resultate, nämlich 11, 100, 101, 110 und 121, entstehen. Gegenüber `conc02` sind also 11 und 100 hinzugekommen. Machen Sie sich vollständig klar, weshalb das so ist.

Die Beeinflussung des Ergebnisses durch Vorgabe von Unterbrechungszeitintervallen kann im Allgemeinen nicht hingenommen werden. Deshalb macht die Nutzung gemeinsamer Ressourcen bestimmte Verabredungen über die Nicht-Unterbrechbarkeit von Aktionen, wenn sie denn einmal in Gang gekommen sind, notwendig.

Die bereits eingangs angedeuteten Probleme, die sich bei Nebenläufigkeit ergeben, lassen sich klassifizieren:

1. Leser/Schreiber-Problem

2. Erzeuger/Verbraucher-Problem

Die genannten Problemklassen werden in den beiden Folgeabschnitten vorgestellt.

9.3.2 Leser/Schreiber-Problem

Aus Abschn. 9.3.1 ist nun klar, weshalb parallel ausgeführte Prozeduren unterschiedliche Ergebnisse hervorbringen können. Prozedur `conc03` hat dies eindrucksvoll illustriert.

Ein wesentlich realitätsnäheres Beispiel soll nun deutlich machen, dass in bestimmten Zusammenhängen einige der prinzipiell möglichen Resultate unter allen Umständen auszuschließen sind. Wir betrachten ein Girokonto mit den Operationen „Einzahlen“ und „Abheben“. Außerdem kann man den jeweils aktuellen Kontostand erfragen. Die Prozedur **konto** folgt der in Kap. 7 eingeführten objektorientierten Programmierung und stellt praktisch einen Konto-Generator bereit.

```
(define <konto>
  (lambda ()
    (let ([stand 0])
      (let*
          ([gib-stand (lambda () stand)]
           [einzahlen
            (lambda (betrag)
              (sleep 0.3)
              (set! stand (+ stand betrag))
              (printf "Aktueller Stand: ~s Euro.~n" stand))]
           [abheben
            (lambda (betrag)
              (sleep 0.1)
              (cond
                [(> betrag stand)
                 (printf
                   "Auszahlung nicht moeglich! Es sind nur ~s Euro
                   verfuegbar.~n" stand)]
                [else
                 (set! stand (- stand betrag))
                 (printf
                   "Die Auszahlung war erfolgreich!
                   Aktueller Stand: ~s Euro.~n" stand)]))])
        (let
            ((dispatcher
              (lambda (messagename)
                (case messagename
                  [(einzahlen) einzahlen]
                  [(abheben) abheben]
                  [(kontostand) gib-stand]
                  (else
                   (error
                     '<konto>
                     "kann mit ~a nichts anfangen.~n" messagename))))))
          (lambda (messagename . args)
            (apply (dispatcher messagename) args)))))))
```

Auf die beiden sleep-Operationen, die in die Methodendefinitionen für einzahlen und

abheben eingebaut wurden, kommen wir weiter unten zurück. Wir erzeugen nun eine Instanz der Klasse **<konto>** und kommunizieren ein wenig:

```
> (define meinKonto (<konto>))
> (meinKonto 'abheben 239)
Auszahlung nicht moeglich! Es sind nur 0 Euro verfuegbar.
> (meinKonto 'einzahlen 300)
Aktueller Stand: 300 Euro.
> (meinKonto 'abheben 239)
Die Auszahlung war erfolgreich! Aktueller Stand: 61 Euro.
> (meinKonto 'abheben 239)
Auszahlung nicht moeglich! Es sind nur 61 Euro verfuegbar.
```

Der Dialog verläuft ganz nach unserer Erwartung.

Grundsätzlich spricht nichts dagegen, für Einzahlungs- und Abhebevorgänge zeitgleiche Kontozugriffe zuzulassen. In der heutigen vernetzten Bankwelt scheint das auch sehr realistisch zu sein, denn die genannten Vorgänge können an ganz verschiedenen Orten und zeitlich völlig unkoordiniert stattfinden. Schaut man jedoch etwas genauer hin, so ergibt sich ein sog. *Leser/Schreiber-Problem*. Wenn wir die Inanspruchnahme eines Dispositionskredits unter allen Umständen vermeiden wollen, darf es nicht dazu kommen, dass während eines (noch nicht abgeschlossenen) Einzahlungsvorgangs („Schreiber“) ein Geldbetrag abgehoben („Leser“) wird, der den aktuellen Kontostand übersteigt. Dies gilt auch dann, wenn der einzuzahlende Betrag für ein, bezogen auf die sich anschließende Auszahlung, ausreichendes Guthaben sorgen würde.

```
(define kontobewegung
  (lambda ()
    (thread (lambda () (meinKonto 'abheben 100)))
    (thread (lambda () (meinKonto 'einzahlen 300)))
    (sleep 0.5)))

(define meinKonto (<konto>))
> (kontobewegung)
Auszahlung nicht moeglich! Es sind nur 0 Euro verfuegbar.
Aktueller Stand: 300 Euro.
```

Man erhält das gleiche Resultat, wenn die Reihenfolge der beiden Thread-Erzeugungen (und Starts) in Prozedur **kontobewegung** verändert wird. Der Grund dafür sind die bei **sleep** angegebenen Unterbrechungszeiten. Würde man diese in der Klassendefinition[8] von **<konto>** so verändern, dass das Einzahlen vor dem Abheben stattfindet, ergäbe sich ein positives Ergebnis.

[8]Vergessen Sie grundsätzlich nicht, nach Veränderung einer Klassendefinition ein neues Objekt dieser Klasse zu instanziieren.

Aufgabe 9.3:
Erproben Sie dies. Stellen Sie am Ende der Experimente die oben angegebene Definition von `<konto>` wieder her.

Wie wird dieses Leser/Schreiber-Problem gelöst? Die Idee ist einfach: Wir müssen dafür sorgen, dass ein einmal begonnener Schreibvorgang (Einzahlen) solange nicht unterbrochen werden kann, bis seine Ausführung vollständig abgeschlossen ist. Dabei darf die Länge der den Rechenaufwand simulierenden Wartezeit (Unterbrechungszeit, `sleep`-Operation) keine Rolle spielen.

Man sagt auch, dass das betrachtete Objekt (`meinKonto`) für eine andere *serialisierte* Methode *gesperrt* ist. Ein *Monitor* überwacht den Objektzugriff durch Verwaltung einer *Sperre*. Die in Prozedur `kontobwegung-sync` mit sync „geschützten" Prozeduren bilden eine *Gruppe* sich gegenseitig nicht beeinflussender Prozeduren. Diese Prozeduren verhalten sich ansonsten genauso, wie die ursprünglichen.

```
(define kontobewegung-sync1
  (lambda ()
    (let ([sync (make-serializer)])
      (thread (sync (lambda () (meinKonto 'abheben 100))))
      (thread (sync (lambda () (meinKonto 'einzahlen 300))))
      (sleep 0.5))))
```

```
> (kontobewegung-sync1)
Aktueller Stand: 300 Euro.
Die Auszahlung war erfolgreich! Aktueller Stand: 200 Euro.
```

Von EDSGER WYBE DIJKSTRA (1930-2002) stammt das Konzept des *gegenseitigen Ausschlusses* (*mutual exclusion*) (1968). Es ist ein einfacher *Synchronisationsmechanismus*, der viel mit einer Ampelsteuerung zu tun hat: Ein *Mutex*[9] ist ein Objekt mit den Operationen „belegen" und „freigeben". Auf einen bereits belegten Mutex kann „belegen" solange nicht angewandt werden, bis er „freigegeben" wurde.

Bei der Implementation unseres Serialisierers mittels Mutex profitieren wir von den in DrScheme bereitstehenden *Semaphoren.* Ein Semaphore (Signalmast) besitzt einen internen Zähler, der nur natürliche Zahlen annehmen darf. Wenn dieser Zähler den Wert Null annimmt, so *blockiert* er die Ausführung eines Threads solange, bis ein anderer Thread den Zähler inkrementiert. Für jede Gruppe zu synchronisierender Threads benötigt man genau einen Semaphore.

```
(define make-serializer
  (lambda ()
    (let ([mutex (make-semaphore 1)]) ; fuer eine Thread-Gruppe
      (lambda (proc)
        (let ([serialized-proc
```

[9] Wir wählen diesen Namen zur Erinnerung an MUTual EXclusion.

```
        (lambda args
          (semaphore-wait mutex)      ; Mutex belegen
          (let ([val (apply proc args)]) ; Abarbeitung d. Proz.
            (semaphore-post mutex)    ; Mutex freigeben
            val))])
    serialized-proc)))))
```

Aufgabe 9.4:
Schlagen Sie die Sprachelemente **semaphore-wait** und **semaphore-post** im MzScheme-Manual nach, um die Prozedur **make-serializer** konzeptionell zu verstehen.

Aufgabe 9.5:
Serialisieren Sie die beiden Threads in conc02 und erklären Sie, weshalb für beliebige Argumente stets 121 ausgegeben wird.

Standardprobleme, die bei dieser Form der Ablaufsteuerung von Threads auftreten können, sind *Starvation* (Verhungern) und *Deadlock* (Verklemmung). Während im ersten Fall der betreffende Thread aufgrund seiner geringen Priorität permanent blockiert wird, entsteht eine Deadlock-Situation dadurch, dass sich mehrere gleichberechtigte Threads gegenseitig behindern und so deren Abarbeitungen verhindern.

Aufgabe 9.6:
Machen Sie sich in der Literatur sachkundig, was es in diesem Zusammenhang mit dem Philosophen-Problem auf sich hat.

9.3.3 Erzeuger/Verbraucher-Problem

In Abschn. 9.3.2 haben wir gesehen, wie man Threads, die wechselseitig nicht unterbrochen werden dürfen, serialisiert. Damit konnten die Leser/Schreiber-Probleme gelöst werden. Leider sind damit nicht alle Schwierigkeiten, die sich bei paralleler Verarbeitung von Threads ergeben können, beseitigt.

Sog. *Erzeuger/Verbraucher-Probleme* (producer/consumer problem) entstehen dadurch, dass (selbst ungestörte) Threads in „falscher“ Reihenfolge ausgeführt werden können. Beispielsweise sind die Einzahlungs- und Abhebevorgänge nicht voneinander unabhängig. Stets muss gewährleistet sein, dass bei einer Kontobewegung, die aus genau einem Ein- und genau einem Auszahlungsvorgang besteht, das Abheben nur dann zuerst stattfinden darf, wenn es das durch die Einzahlung bestimmte Guthaben gestattet. Wir werden sehen, dass diese Forderung nicht einfach bedeutet, dass das Auszahlen stets dem Einzahlen zeitlich folgt.

Wir vertauschen zunächst die Reihenfolge der beiden in **kontobewegung-sync1** serialisierten Threads, s. Abschn. 9.3.2. Das Ergebnis zeigt **kontobewegung-sync2**.

```
(define kontobewegung-sync2
  (lambda ()
    (let ([sync (make-serializer)])
      (thread (sync (lambda () (meinKonto 'einzahlen 300))))
      (thread (sync (lambda () (meinKonto 'abheben 100))))
      (sleep 0.5))))
```

Aufgrund der gewählten Implementationsform für `make-serializer` hat diese Vertauschung ein negatives Auszahlungsergebnis zur Folge.

```
> (kontobewegung-sync2)
Auszahlung nicht moeglich! Es sind nur 0 Euro verfuegbar.
Aktueller Stand: 300 Euro.
```

Im Gegensatz zu `kontobewegung-sync1` liefert `kontobewegung-sync2` nicht das erhoffte Resultat.

Eine nahe liegende (obgleich relativ schwache) Idee zur Lösung des Erzeuger/Verbraucher-Problems besteht darin, eine Serialisierung *von außen* fest vorzugeben. In unserem Konto-Beispiel bedeutet das: zuerst Einzahlen, danach Abheben.

```
(define kontobewegung-sync-block1
  (lambda ()
    (let ([sync (make-serializer)])
      (let ([th-abheben
              (thread (sync (lambda () (meinKonto 'abheben 100))))]
            [th-einzahlen
              (thread (sync (lambda () (meinKonto 'einzahlen 300))))])
        (thread-suspend th-abheben)
        (sleep 0.1)
        (thread-resume th-abheben)
        (sleep 0.5)))))
```

Nach Erzeugung und Start der beiden Threads wird der Abheben-Thread vorübergehend gestoppt (suspendiert). Dies geschieht mittels `thread-suspend`. Während der sich anschließenden Wartezeit von 0.1 Sekunden nimmt der Einzahlen-Thread seine Arbeit auf. Aufgrund der Serialisierung mit dem Abheben-Thread kann `th-einzahlen` auch dann nicht unterbrochen werden, nachdem `th-abheben` mit `thread-resume` reaktiviert wurde.

```
> (kontobewegung-sync-block1)
Aktueller Stand: 300 Euro.
Die Auszahlung war erfolgreich! Aktueller Stand: 200 Euro.
```

Wenn wir nun diese Prozedur kritisch bewerten, so müssen wir eingestehen, dass sie prinzipiell das zeitgleiche Eintreffen eines Einzahlungs- und Abhebe-Auftrags korrekt behandelt, letztlich jedoch *sequenzielle* Verarbeitung simuliert. Für bestimmte Fälle vergibt man sich die Vorteile paralleler Verarbeitung: Würde nämlich der vorhandene Betrag (ohne die aktuelle Einzahlung) ausreichen, um die Auszahlung zu bedienen, so hätte der Auszahlungsvorgang nicht blockiert werden müssen.

Ein solches Erzeuger/Verbraucher-Problem wird gelöst, indem die betreffenden Threads untereinander geeignet kommunizieren. Im Beispiel wird eine Entscheidung in Abhängigkeit vom aktuellen Kontostand und dem gewünschten Auszahlbetrag getroffen.

```
(define parallel-einz-abheb
  (lambda (einz abhe)
    (let* ([th-einzahlen
             (thread (lambda () (meinKonto 'einzahlen einz)))]
            [th-abheben
             (thread
              (lambda ()
                (if (< (meinKonto 'kontostand) abhe)
                    (thread-wait th-einzahlen))
                (meinKonto 'abheben abhe)))])
      (sleep 0.5))))
```

Nur bei Bedarf wird der aktuelle Thread (Abheben) mit `thread-wait` solange blockiert, bis der Einzahlen-Thread seine Arbeit vollständig getan hat. Die Serialisierung entfällt in diesem Beispiel, da die Prüfung der Auszahlungsfähigkeit das Leser/Schreiber-Problem beseitigt.

Vor Beginn des folgenden Dialogs beträgt das Kontoguthaben 300 Euro. Man erkennt, dass bei der ersten Aktion die Einzahlung Vorrang erhielt, bei den folgenden beiden hingegen die Auszahlung (vor der Einzahlung) nicht blockiert wurde.

```
> (parallel-einz-abheb 500 400)
Aktueller Stand: 800 Euro.
Die Auszahlung war erfolgreich! Aktueller Stand: 400 Euro.

> (parallel-einz-abheb 500 400)
Die Auszahlung war erfolgreich! Aktueller Stand: 0 Euro.
Aktueller Stand: 500 Euro.

> (parallel-einz-abheb 500 400)
Die Auszahlung war erfolgreich! Aktueller Stand: 100 Euro.
Aktueller Stand: 600 Euro.
```

In manchen Anwendungen kommt es vor, dass ein Thread auf einen anderen Thread warten muss, weil er einen bestimmten Wert für die Fortsetzung der Berechnung benötigt. Auch dabei ist eine Kommunikation zwischen den beteiligten Threads erforderlich. Für die Wertübergabe hält DrScheme Channels bereit. Damit befassen wir uns hier jedoch nicht näher.

9.4 Grafische Nutzerschnittstelle

Anwendungsprogramme werden für ganz verschiedene Wissensgebiete entwickelt. Die Personen, die auf diesen Gebieten entsprechende Kenntnisse besitzen, schlüpfen in die Rolle des Software-Benutzers. Sie sind vor allem an einer intuitiven Bedienung interessiert. Darunter versteht man eine grafische Schnittstelle, kurz: GUI für graphical user interface, die wie eine Schicht zwischen der Programmlogik und dem Anwender (Nutzer/user) liegt. Anstelle im Interaktionsfenster eine vorbereitete Scheme-Prozedur aufzurufen, geschieht dies in einem vorstrukturierten Eingabefenster, in dem dann auch die erwartete Antwort eingebaut wird.

Den Bezug dieses Themas zu der in diesem Kapitel behandelten Parallelverarbeitung nennen wir am Ende dieses Abschnitts.

Abb. 9.4 zeigt im linken Teil ein Fenster, das den Anwender zur Eingabe einer natürlichen Zahl auffordert. Der rechte Teil dieser Abbildung enthält das gleiche Fenster, allerdings mit der Eingabe 24, so dass als Ergebnis die zugehörige Fibonacci-Zahl 75025 eingefügt wird.

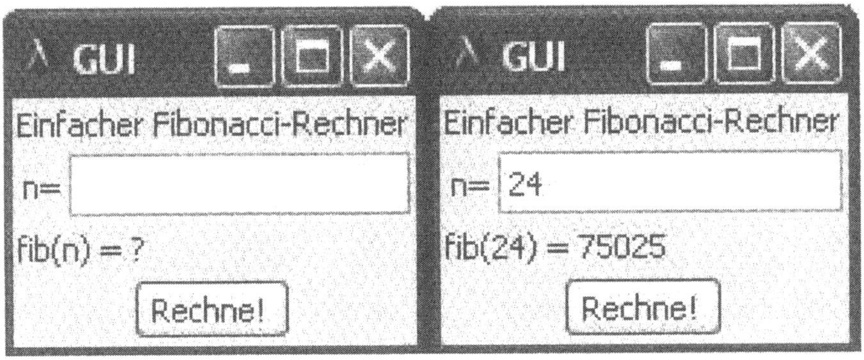

Abbildung 9.4: GUI zur Berechnung einer Fibonacci-Zahl

Unter Verwendung des Teachpacks **gui.ss** sind wir in DrScheme sehr schnell in der Lage, eine GUI, wie in Abb. 9.4 herzustellen. Beim GUI-Entwurf sind die folgenden Komponenten zu planen:

Model: Die dem Anwender abgewandte Seite, die die Programmlogik enthält. Im Beispiel sind dies die Prozedur zur Berechnung der Fibonacci-Zahl, die Reaktion auf das Drücken eines Knopfes, das Auswerten einer Texteingabe im entsprechenden Feld usw.

View: Die dem Anwender zugewandte Seite, die eine Oberfläche mit Texteingabefeldern, Textinfos, Knöpfen usw. bereithält. Im Beispiel ist dies ein Fenster, dessen Struktur und Aussehen in Abb. 9.4 zu sehen ist.

Control: Die Brücke zwischen View und Model.

Diese Architektur einer GUI-Anwendung folgt dem *MVC-Paradigma.* Eine strikte Trennung von Model, View und Control bietet den Vorteil einer voneinander unabhängigen Entwicklung und Veränderung dieser Komponenten. Während sich die eine Mitarbeitergruppe um die Entwicklung intuitiver Bedienoberflächen kümmert, erarbeitet die andere Gruppe die eigentliche Programmlogik. Die View-Komponente enthält keine der anzuzeigenden Daten. In der Model-Komponente kommen keine Darstellungsaktionen vor.

Im Folgenden wollen wir uns aus technischer Sicht eine GUI als ein Fenster vorstellen. Die Erzeugung des betrachteten Fensters führt zu dessen Darstellung auf dem Bildschirm. Ein solches Fenster verfügt dann automatisch über die gängige *Ereignisverarbeitung*, wie Verkleinern/Vergrößern, Verschieben, Schließen usw.

Bevor ein GUI-Fenster erzeugt werden kann, müssen auf ihm GUI-Elemente angeordnet werden. Hierzu stellen wir uns die Rechtecksfläche als Matrix-Raster vor. Es gibt also Zeilen und Spalten. Die hierfür gewählte (sehr einfache) Scheme-Repräsentation ist eine Liste (Zeileninhalte) aus Listen (Spalteninhalte).

```
(define win1
  (create-window
   (list
    (list (make-message "Einfacher Fibonacci-Rechner"))
    (list fib-arg)
    (list antwort)
    (list (make-button "Rechne!" resultat)))))
```

`win1` besteht aus vier Zeilen. In der ersten Zeile wurde eine Nachricht (für den Anwender) platziert. Die GUI-Elemente der zweiten und dritten Zeile sind noch zu definieren. In der vierten wurde ein Knopf mit der Aufschrift „Rechne!“ angebracht. Wird er gedrückt, beginnt die mit `resultat` benannte Prozedur zu arbeiten.

Insgesamt stellt unser Teachpack vier GUI-Elementtypen bereit: Nachrichten (message fields), Texteingabefelder (text fields), Auswahlmenüs (choice menues) und Knöpfe (buttons). Die Benennung eines GUI-Elements ist erforderlich, wenn dessen Wert im Verlauf der Interaktion mit dem Anwender verändert wird. Dies trifft beispielsweise auf Resultatausgaben zu. `fib-arg` und `antwort` sind Namen für solche GUI-Elemente.

```
(define fib-arg (make-text "n="))
(define antwort (make-message "fib(n) = ?"))
```

Durch Druck auf den „Rechne!“-Knopf wird die Prozedur `resultat` aufgerufen. Eine solche Prozedur zur Ereignisverarbeitung nimmt das eingetretene *Ereignis* (event) als Argument. Dieser Wert wird im Körper der Prozedur allerdings nicht weiter verwendet.

```
(define resultat
  (lambda (e)
    (draw-message
      antwort
      (let ([n (text-contents fib-arg)])
        (string-append "fib(" n ") = "
              (number->string (fib (string->number n))))))))
```

draw-message sorgt dafür, dass der Wert des let-Ausdrucks in das Nachrichtenfeld mit dem Namen antwort geschrieben wird. Im Gegensatz zu make-message wird also kein neues Feld erzeugt.

text-contents übernimmt den Wert eines Texteingabefeldes, also genau die Zeichenkette, die der Anwender dort eingetippt hat. Um sie als natürliche Zahl durch die Prozedur fib weiter zu verarbeiten, ist eine entsprechende Typkonvertierung erforderlich. Dies gilt auch für den „Rückweg“, d. h. für das Einfügen des natürlichzahligen Resultats in eine Antwortzeichenkette.

Aufgabe 9.7:
Beschaffen Sie die Prozedurdefinition fib und experimentieren Sie mit der hier exemplarisch betrachteten einfachen GUI.

Aufgabe 9.8:
Entwickeln Sie ein kleines GUI unter Verwendung des choice-GUI-Elements nach folgendem Beispiel.

```
(define choicelist (list "a" "bb" "ccc" "d"))
(define mychoice (make-choice choicelist))
(define choice (make-message ""))

(define tell-decision
  (lambda (e)
    (draw-message
     choice
     (string-append
      "Entschieden fuer "
      (list-ref choicelist (choice-index mychoice)) "."))))

(define win2
  (create-window
   (list
    (list choice)
    (list mychoice)
    (list (make-button "Los geht's!" tell-decision)))))
```

Wir konzentrieren uns nun noch einmal auf das kleine „Fibonacci-GUI". Für Eingaben n mit $30 \leq n$ stellt sich heraus, dass das GUI weitere Eingaben blockiert, weil es beispielsweise mit der Berechnung von `(fib 33)` noch nicht fertig ist. Nach den Betrachtungen zur Parallelverarbeitung sind wir nicht mehr bereit, derart mit sich selbst beschäftigte GUI zu akzeptieren. Natürlich können wir die zur Erledigung eines Berechnungsauftrags erforderliche Zeit nicht einfach reduzieren. Wir erwarten jedoch, dass weitere Aufträge angenommen und gleichberechtigt bearbeitet werden.

Im Beispiel bedeutet das: Wir machen aus der Prozedur, die die Fibonacci-Zahl ermittelt einen Thread.

```
(define resultat
  (lambda (e)
    (thread
     (lambda ()
       (draw-message
        antwort
        (let ([n (text-contents fib-arg)])
          (string-append
           "fib("
           n
           ") = "
           (number->string (fib (string->number n))))))))))
```

Alles andere bleibt unverändert. Nach Eingabe von $n = 33$ können wir nun beispielsweise $n = 5$ „dazwischen schieben". Die Fibonacci-Zahl von 5 wird sehr schnell ermittelt. Auf das Ergebnis für $n = 33$ muss man etwas länger warten.

Aufgabe 9.9:
Probieren Sie es aus! Ignorieren Sie die Systemmitteilungen im Interaktionsfenster.

Wie wir gesehen haben, benötigen GUI-Anwendungen Multithreading um nutzerfreundlich zu sein. Auch wenn die ausgelöste Aktion einen beachtlichen Arbeitsaufwand erfordert, wird unmittelbar nach dem Auslösen dieser Aktion erneute „Diskussionsbereitschaft des GUI" erwartet. Werden mehrere GUI gleichzeitig benutzt, wird ohne unser Zutun dafür gesorgt, dass jedes GUI einen eigenen Thread erhält.

10 Logikbasierte Programmierung

10.1 Fakten, Regeln, Fragen

Das Prinzip der *logikbasierten Programmierung*[1], kurz: LP, besteht darin, eine *Datenbasis* anzulegen und *Fragen* zu formulieren, die mit genau dieser Datenbasis und einer *eingebauten Suchstrategie* beantwortet werden können.

Obwohl Begriffe, wie Datenbasis und Anfragen, recht stark an die in Kap. 5 behandelten Datenbanken erinnern und in der Tat insbesondere zu relationalen Datenbanken Bezüge bestehen, gibt es eine deutliche Abgrenzung: Eine Datenbasis der LP enthält *Fakten* und *Regeln*, mit deren Hilfe der Programmierer den Wirklichkeitsausschnitt modelliert.

In einer Datenbasis könnte beispielsweise vermerkt sein, dass Adam und Alfred Männer sind. Die *Relation* oder das *Prädikat*[2] „Mann-sein" ist *einstellig* und charakterisiert folglich eine bestimmte *Eigenschaft* betrachteter Personen.

Relationen sind Arbeitsobjekte der Mathematik. In Kap. 5 haben wir diesen Grundbegriff bereits benötigt, s. Abschn. 5.2. Eine n-stellige Relation R ist eine Teilmenge aus $A_1 \times A_2 \times \ldots \times A_n$, wobei die A_i bestimmte Mengen sind. Die Elemente einer Relation sind also n-Tupel der Form $(x_1, x_2, \ldots, x_n)$ mit $x_i \in A_i$.

Um dies in DrScheme ausdrücken zu können, laden wir *Schelog*: `(load "schelog.scm")`. Damit steht uns (neben dem vollen Scheme[3]) eine Umgebung für LP zur Verfügung. Die in *Prolog*[4], dem Musterbeispiel für LP, enthaltenen Technologien sind in Schelog nachempfunden worden. Wie die folgende Definition o. g. Fakten zeigt, wurde Schelog syntaktisch erwartungsgemäß an Scheme angelehnt.

```
(define %mann ;/1
  (%rel ()
        [('max)][('hans)][('christian)][('martin)]))
```

Zur optischen Kennzeichnung beginnt jeder Relationsname mit einem Prozentzeichen, wie hier bei `%mann`. In der Definition (mit `define`) ergänzen wir in der ersten Zeile einen

[1]Synonym spricht man auch von logischer Programmierung oder Logikprogrammierung.

[2]Weshalb man hier die Begriffe Relation und Prädikat verwendet, wird in Abschn. 10.3 begründet. In der Definition der Termstruktur von Logikprogrammen wird dafür der Begriff *Funktor* verwendet.

[3]Hieraus ergeben sich hochinteressante Möglichkeiten des Zusammenwirkens der logikbasierten mit der funktionsorientierten Programmierung. Dies ist jedoch nicht Gegenstand dieses Textes.

[4]PROLOG ist ein Kunstwort, das aus PROgramming in LOGic abgeleitet wurde.

Kommentar, der in gängiger Prolog-Manier die Stelligkeit der Relation angibt. **%mann** ist einstellig.

`%rel` erwartet als erstes Argument die Liste aller *logischen Variablen*, die in den folgenden Argumenten verwendet werden. In unserem Beispiel ist diese Liste leer. Details zur Gestalt der in eckigen Klammern stehenden Argumente von `%rel` werden weiter unten nachgereicht.

In der einstelligen Relation **%mann** stehen also die Elemente `max`, `hans`, `christian` und `martin`. Dies sind zunächst die einzigen Fakten in der Datenbasis. Zur Rückkopplung wollen wir danach fragen[5]: „Ist Hans ein Mann?"

```
> (%which () (%mann 'hans))
()
```

Die Schelog-Antwort ist recht mager aber positiv, denn `()` bedeutet *true*. `#f` steht für *failure* (Misserfolg), wie in der Antwort auf die folgende Frage:

```
> (%which () (%mann 'uwe))
#f
```

LP geht von einer *closed world assumption* aus. D. h., dass alle Informationen, die nicht in der Datenbasis stehen bzw. nicht durch ein noch zu beschreibendes Verfahren aus ihr herausgeholt werden können, als falsch oder nicht zutreffend angesehen werden. Anders ausgedrückt: Das *Beweisziel* (*Goal*) kann nicht erfüllt werden. Der entsprechende Versuch scheitert.

Aufgabe 10.1:
Definieren Sie eine einstellige Relation `%frau` nach dem Vorbild von **%mann** mit den Elementen `hedwig`, `christine` und `doris`.

Das Repetieren von Fakten ist auf den ersten Blick nicht sehr spannend. Schließlich fragt man nach Informationen, die man vorher in die Datenbasis hineingesteckt hat. Anwendungen aus dem Bereich des *Information retrieval*, also den Informationssystemen aller Art, belegen jedoch, dass dieser Eindruck höchstens auf Elementarbeispiele zutrifft.

Für unser Beispiel wollen wir noch eine konjunktive und eine disjunktive Frage stellen:

```
> (%which () (%and (%mann 'max)(%mann 'hans)))
()
> (%which () (%or (%mann 'max)(%mann 'uwe)))
()
```

Andererseits ist es auch möglich, nach den in der Datenbasis eingetragenen Männern zu fragen. Hierzu muss man eine logische Variable in die Frage einbauen. Das Ergebnis, also der Name eines Mannes, wird im Prozess der Beantwortung der Frage an diese Variable gebunden.

[5] Dies geschieht wie üblich im Interaktionsfenster.

```
> (%which (x) (%mann x))
((x max))
```

Auch dann, wenn es mehrere Möglichkeiten zur Erfüllung des Beweisziels gibt, wird nur genau *eine* richtige Antwort gegeben. Bei Interesse an weiteren Belegungen der Variablen, die das Ziel beweisen, schiebt man `(%more)` solange nach, bis ein *Misserfolg* (*failure*) das Ende passender Belegungsmöglichkeiten signalisiert.

```
> (%more)
((x hans))
> (%more)
((x christian))
> (%more)
((x martin))
> (%more)
#f
```

Wir ergänzen nun die zweistellige Relation `%verheiratet`.

```
(define %verheiratet ;/2
  (%rel ()
        [('max 'hedwig)]
        [('hans 'christine)]
        [('christian 'doris)]))
```

Aufgabe 10.2:
Formulieren Sie eine Schelog-Frage nach der Gattin von Christian. Testen Sie Christian auf Bigamie.

Die Interpretation des folgenden Dialogs führt zu einem merkwürdigen Widerspruch.

```
> (%which () (%verheiratet 'hans 'christine))
()
> (%which () (%verheiratet 'christine 'hans))
#f
```

Sind Christine und Hans nun miteinander verheiratet oder sind sie es nicht? Natürlich lautet die Antwort „Ja“ und auch die Ursache für das unerwünschte Antwortverhalten von Schelog ist schnell gefunden: In der Definition der Relation `%verheiratet` steht `'hans` vor `'christine`. Also ist nur die Frage mit genau dieser Reihenfolge erfolgreich und die andere nicht.

Eine erste Idee für eine Reparatur besteht darin, die Zeile `['christine 'hans]` in der Definition von `%verheiratet` hinzuzufügen. Dies müsste dann allerdings für alle in dieser Relation enthaltenen Ehepaare ebenfalls ergänzt werden, was die Datenbasis äußerst redundant[6] werden ließe.

[6]Redundanz bedeutet hier, dass in der Datenbasis Fakten enthalten sind, die – wie wir gleich sehen

Eine wesentlich bessere Idee besteht darin, geeignet auszudrücken, dass `%verheiratet` eine symmetrische Relation ist. Hierfür sind Fakten nicht ausreichend. Wir setzen eine *Regel* (rule) ein, die als Relation `%verheiratet2` definiert wird. Die logischen Variablen sind `x` und `y`. Die letzten beiden Zeilen in `%verheiratet2` besagen, dass `(%verheiratet2 x y)` erfolgreich ist, wenn `(%verheiratet x y)` bzw. `(%verheiratet y x)` bewiesen werden kann. Die Reihenfolge der beiden Argumente bestimmt die Reihenfolge, in der die eingebaute Suchprozedur das Beweisziel zu erfüllen versucht. Wenn bereits die (von oben her) erste Regel, nämlich „`(%verheiratet2 x y)`, wenn `(%verheiratet x y)`" erfolgreich ist, wird die zweite nicht angewandt, falls dies nicht durch `%more` in der oben beschriebenen Weise nachträglich forciert wird. Die Relation `%verheiratet2` definiert also eine Disjunktion zweier Regeln.

```
(define %verheiratet2 ;/2
  (%rel (x y)
        [(x y) (%verheiratet x y)]
        [(x y) (%verheiratet y x)]))
```

Nun gelingt der Beweis für die Eheschließung von Christine und Hans unabhängig von der Reihenfolge der Nennung ihrer Vornamen in der Frage.

```
> (%which () (%verheiratet2 'christine 'hans))
()
```

Wenn wir die Fakten aus `%verheiratet` und die Regeln aus `%verheiratet2` zusammenführen, so ergibt sich eine rekursive Relation `%verheiratet3`.

```
(define %verheiratet3 ;/2
  (%rel (x y)
        [('max 'hedwig)]
        [('hans 'christine)]
        [('christian 'doris)]
        [(x y) (%verheiratet3 y x)]))

> (%which () (%verheiratet3 'hans 'christine))
()
> (%which () (%verheiratet3 'christine 'hans))
()
```

10.2 Aufbau und Interpretation von Regeln

Wie wir an obigem einfachen Beispiel gesehen haben, dienen Regeln zur *impliziten Darstellung von Wissen*. Sie bewahren die Datenbasis vor der Überhäufung mit ableitbaren

werden – indirekt mittels Regeln definiert werden könnten. Nur in wenigen Fällen ist es sinnvoll, eine Datenbasis mit eigentlich ableitbaren Fakten aufzublähen.

Fakten. Dieser Grundsatz wird bei der Konstruktion einer Daten- oder – wie man manchmal auch sagt – Wissensbasis konsequent angewandt.

Die in den Regeln enthaltenen logischen Variablen sind allquantifiziert, d. h. dass die formulierten Regeln für beliebige Belegungen durch Werte aus den entsprechenden Grundbereichen gelten. Dies wollen wir an einem typischen Beispiel illustrieren. Hierfür erweitern wir unsere bisherige Datenbasis um die einige Relationen. Außerdem wird die aus der Lösung einer Übungsaufgabe stammende Relation `%frau` erwartet.

```
(define %elternteil ;/2
  (%rel ()
        [('hedwig 'hans)]  ; Hedwig ist ein Elternteil von Hans
        [('max 'hans)]
        [('hedwig 'heinz)]
        [('max 'heinz)]
        [('hans 'christian)]
        [('christine 'christian)]
        [('christian 'martin)]
        [('doris 'martin)]))

(define %mutter ;/2
  (%rel (x y)
        [(x y) (%elternteil x y) (%frau x)]))
```

Die *Versprachlichung* einer zweistelligen Relation ist naheliegend: „X ist die Mutter von Y, wenn X ein Elternteil von Y ist *und* wenn X eine Frau ist.“

Diese Form der Interpretation einer Regel abstrahiert völlig von der Art und Weise der Beweisführung. Sie erinnert uns an den deskriptiven Charakter von Prozedurdefinitionen in der funktionsorientierten Programmierung. Dort wurde der Funktionswert (oft sogar rekursiv) beschrieben, ohne die Art und Weise seiner Erzeugung direkt auszudrücken. In der LP wird mit Regeln etwas deklariert. Man spricht von *deklarative*r *Semantik.*

```
> (%which (x y) (%mutter x y))
((x hedwig) (y hans))
> (%more)
((x hedwig) (y heinz))
> (%more)
((x christine) (y christian))
> (%more)
((x doris) (y martin))
> (%more)
#f
```

Um ein Beweisziel, wie `(%which (x y) (%mutter x y))` zu erfüllen, ist es also notwendig, alle Teilziele der Konjunktion zu beweisen. Dies geschieht mit Hilfe eines eingebauten Verfahrens unter Verwendung der bereits vorgenommenen Variablenbindungen.

Betrachtungen, die die algorithmische Seite der Beweisführung in den Mittelpunkt stellen, stützen sich auf die *prozedurale Semantik* eines Schelog-Programms.

Aufgabe 10.3:
Definieren Sie eine zweistellige Relation `%vater` nach dem Vorbild von `%mutter`.

Wenn man sich lediglich dafür interessiert, ob ein bestimmter Herr auch Vater eines Kindes ist, genügt die Verwendung einer *anonymen Variablen* `(_)` in der Definition der einstelligen `%ist-Vater`-Relation (Eigenschaft).

```
(define %ist-vater ;/1
  (%rel (x)
        [(x) (%elternteil x (_)) (%mann x)]))
```

Der Beweisprozess erzeugt für `(_)` irgendeine bisher nicht existierende Variable, deren Wertbindung für uns nicht von Interesse ist.

```
> (%which (papa) (%ist-vater papa))
((papa max))
> (%more)
((papa max))
> (%more)
((papa hans))
> (%more)
((papa christian))
> (%more)
#f
```

Die Definition einer `%kind`-Relation stützt sich erwartungsgemäß auf die Relationen `%mutter` und `%vater`. Dabei weisen wir noch einmal explizit darauf hin, dass man beispielsweise mit der `%mutter`-Relation die Kinder einer bestimmten Frau erfragen kann. Im Gegensatz zu funktionsorientierten Sprachen gibt es also keine Eingabe/Ausgabe-Situation, die wir dort üblicherweise mit Trichterbilder dargestellt haben. Man spricht von *Bidirektionalität* oder *Ein-/Ausgabe-Umkehr*.

Die `%kind`-Relation fasst die beiden offensichtlichen Regeln wie folgt zusammen.

```
(define %kind ;/2
  (%rel (x y)
        [(x y) (%mutter y x)]
        [(x y) (%vater y x)]))
```

```
> (%which (kind mutter-oder-vater) (%kind kind mutter-oder-vater))
((kind hans) (mutter-oder-vater hedwig))
> (%more)
((kind heinz) (mutter-oder-vater hedwig))
> (%more)
```

```
((kind christian) (mutter-oder-vater christine))
> (%more)
((kind martin) (mutter-oder-vater doris))
> (%more)
((kind hans) (mutter-oder-vater max))
> (%more)
((kind heinz) (mutter-oder-vater max))
> (%more)
((kind christian) (mutter-oder-vater hans))
> (%more)
((kind martin) (mutter-oder-vater christian))
> (%more)
#f
```

Abschließend wollen wir der Wissensbasis unseren Großvater-Begriff vermitteln. Dafür geben wir im Folgenden drei Fassungen an:

verbal: X ist Großvater von Y, wenn X der Vater von Z und Z der Vater von Y sind.

formalisiert: $\underbrace{grossvater(X,Y)}_{\texttt{Regelkopf}} \; :- \; \underbrace{vater(X,Z),\, vater(Z,Y)}_{\texttt{Regelkörper}}.$

Schelog:
```
(define %grossvater
   (%rel (x y z) [(x y) (%vater x z)(%vater z y)]))
```

Aufgabe 10.4:
Fragen Sie nach dem Namen des Großvaters von Christian. Gibt es weitere Großväter von Christian, die sich aus unserer Wissensbasis ermitteln lassen?

Natürlich kann man die Linie von den Enkeln und Kindern über die Eltern und Großeltern verallgemeinern, so dass sämtliche Elternteil-Beziehungen eines Stammbaumes durch eine einzige Relation `%ahne` erfasst werden.

```
(define %ahne  ;/2
  (%rel (x y z)
        [(x y) (%elternteil x y)]
        [(x y) (%elternteil z y) (%ahne x z)]))
```

Man kann nun mehrere vernünftige Fragen stellen: Wie heißen Martins Vorfahren?

```
> (%which (x) (%ahne x 'martin))
((x christian))
> (%more)
((x doris))
> (%more)
((x hans))
> (%more)
```

```
((x christine))
> (%more)
((x hedwig))
> (%more)
((x max))
> (%more)
#f
```

Man kann auch eine vollständige „Ahnenforschung“ betreiben:

```
> (%which (x y) (%ahne x y))
((x hedwig) (y hans))
> (%more)
((x max) (y hans))
> (%more)
((x hedwig) (y heinz))
> (%more)
((x max) (y heinz))
> (%more)
((x hans) (y christian))
> (%more)
((x christine) (y christian))
> (%more)
((x christian) (y martin))
> (%more)
((x doris) (y martin))
> (%more)
((x hedwig) (y christian))
> (%more)
((x max) (y christian))
> (%more)
((x hans) (y martin))
> (%more)
((x christine) (y martin))
> (%more)
((x hedwig) (y martin))
> (%more)
((x max) (y martin))
> (%more)
#f
```

10.3 Theoretische Grundlagen

Auch in der formalisierten Form der *grossvater*-Regel im Beispiel aus Abschn. 10.2 lässt sich der folgende strukturelle Aufbau erkennen:

$$A\ :-B_1, B_2, \ldots, B_n,\ n \geq 0.$$

Fakten, Regeln und Fragen sind HORN-*Klauseln*, kurz Klauseln genannt. Ein Fakt ist eine spezielle Regel der obigen Form für $n = 0$.

Die HORN-*Klausel-Logik* ist eine der theoretischen Wurzeln der LP. Sie beruht auf dem *Prädikatenkalkül 1. Stufe*, kurz: PK 1. Aus der Sicht des PK 1 lassen sich Klauseln ebenfalls darstellen:

$B_1 \wedge B_2 \wedge \ldots \wedge B_n$	$\Rightarrow$	A	Regeln
$true$	$\Rightarrow$	A	Fakten
$C_1 \wedge C_2 \wedge \ldots \wedge C_m$			Fragen

Während die theoretische Fundierung dieses Paradigmas Spezialveranstaltungen vorbehalten ist, setzen wir hier das Studium der zugrunde liegenden konzeptionellen Ideen fort. Diese bestimmen die Denkweise beim Programmieren mit Sprachen dieses Typs.

Ein wichtiger Unterschied der LP zur funktionsorientierten Denkweise besteht in der grundlegenden Zielstellung im Umgang mit Relationen. Anstelle bestimmte Argumente einer prozeduralen Vorschrift zu unterwerfen, um Ausgabewerte zu produzieren, geht es hier um die Erfüllung von Beweiszielen.

Den Beweisvorgang wollen wir nun etwas genauer beleuchten. Für die angegebene Frage, die – wie oben ausgeführt – in Klauselform vorliegt, wird zunächst ein passender Regelkopf in der Datenbasis gesucht. Von Bedeutung ist das Wort „passend". Dies wird in der Theorie durch Festlegungen zur *Termstruktur* definiert. Unter einem *Term* wollen wir eine Konstante, eine Variable oder eine Liste der Form

$$(Funktor\, Term_1\, Term_2 \ldots Term_n)$$

verstehen, wobei *Funktor* für den Namen der Relation (des Prädikats) steht. Wir kommentieren das Verfahren an einem Beispiel aus Abschn. 10.2.

```
> (%which (mutter-oder-vater) (%kind 'christian mutter-oder-vater))
((mutter-oder-vater christine))
```

Gesucht wird eine Klausel der Form `(%kind 'christian mutter-oder-vater)`. Die logische Variable ist hier `mutter-oder-vater`. Die Datenbasis wird von oben nach unten durchsucht, so dass als erster passender Term `(%kind x y)` gefunden wird. Man sagt nun, dass diese beiden Terme passend gemacht werden, falls dies möglich ist. Dies hört sich zunächst nach einem Mustervergleich, d. h. *Pattern matching*, an. In der Tat passen die Funktoren `%kind` und die Variablen-Paarungen `'christian` mit `x` und `mutter-oder-vater` mit `y` zusammen. Dabei finden genau die durch diese Paarungen ausgedrückten Wertbindungen statt, wobei es keine Rolle spielt, in welcher Reihenfolge die Elemente eines Paares genannt werden. Hierin drückt sich die Überlegenheit dieses Verfahrens gegenüber der aus imperativen Sprachen bekannten Wertzuweisung aus, wobei stets der rechte Wert an die Variable auf der linken Seite der Zuweisung gebunden wird.

Dieser deutlich über Pattern matching hinausgehende Prozess wird *Unifikation* (unification) genannt. Die Ermittlung des *allgemeinsten Unifikators* ist ein (prinzipiell gelöstes) Kernproblem der logikbasierten Programmierung. Man hat also die richtige Erwartung an LP-Literatur, wenn man dort die Angabe eines Unifikationsalgorithmus' vermutet. In Schelog steht eine Implementation dieses Verfahrens mit `%=` zur Verfügung[7].

Die durch Unifikation des Beweisziels mit der zuerst gefundenen Klausel hergestellte Wertbindung kann dazu führen, dass das betrachtete Goal zunächst nicht erfüllt ist. In diesem Fall wird versucht, eine ggf. vorhandene alternative Regel anzuwenden, um

[7] Auch in Scheme steht der Schemeinterpreter (`eval`) explizit zur Verfügung.

damit eine andere Unifikation herbeizuführen. Das gleiche gilt für die in den Definitionen enthaltenen Klauseln, die gemäß prozeduraler Semantik als Subgoals dienen usw.

Das Zurückkehren zu einem früheren Verzweigungspunkt und der Versuch von dort eine (noch vorhandene) Fortsetzungsalternative auszuwählen, ist der Kern des Beweisprozesses. Man spricht von *Backtracking.* Erst wenn es keine Alternative mehr gibt, liefert die Beweismaschine eine Misserfolgsmeldung.

Das erste subgoal in unserem Beispiel ist `(%mutter mutter-oder-vater 'christian)`. Dies führt lt. Definition von `%mutter` zu
`(%elternteil mutter-oder-vater/x 'christian/y)` und
`(%frau mutter-oder-vater/x)`,
wobei die hier eingetragenen Paarungen entstehen. Beide Ziele müssen nun bewiesen werden. Die durch `%elternteil`-Term erzwungene Unifikation führt zu der Paarung `x/'hans`, so dass das neue Beweisziel nun `(%frau 'hans)` lautet. Der damit verbundene Misserfolg kann innerhalb der `%frau`-Relation nicht behoben werden. Backtracking führt nun zurück zu einem alternativen `%elternteil`-Fakt und damit zu `x/'christine`, mit Erfolg für `(%frau 'christine)`. Nun müssen alle durch Unifikation hergestellten Paarungen zurückverfolgt werden, so dass schließlich `(mutter-oder-vater christine))` ausgegeben wird.

Leider ist die beschriebene Suchstrategie nach dem Backtrack-Verfahren sehr ineffizient, was von der heutigen auf Performance ausgerichteten Programmierwelt nicht akzeptiert wird. Natürlich arbeitet man an Modifikationen und kann schon einige Erfolge vorweisen.

Darüber hinaus kann der hier nicht im Detail vorgestellte Unifikationsprozess dazu führen, dass eine bestimmte Variable mit einem Term unifiziert wird, der diese Variable selbst enthält. Dadurch kann es also passieren, dass die Suche nach einem Unifikator nicht terminiert. Abhilfe schafft eine Prüfung (*occur check*), die ihrerseits viel Zeit kosten würde, wenn man sie in jedem Unifikationsschritt einbeziehen würde. Deshalb ist sie im Allg. ausgeschaltet, was in sehr seltenen Fällen zu dem genannten Problem führen kann.

10.4 Weitere Beispiele

10.4.1 Listen und Head-Tail-Separator

Ebenso wie in funktionsorientierten Sprachen sind *Listen* in LP eine grundlegende Datenstruktur. Während Scheme die Operatoren `car` und `cdr` bereithält, um auf das erste Element einer Liste bzw. deren Restliste (ohne das erste Element) zuzugreifen, verwenden LP-Sprachen einen sog. *Head-Tail-Separator.* Semantisch wird im Grunde das Gleiche bewirkt, nämlich die Aufspaltung einer Liste in Kopf (head) und Rest (Schwanz, tail). Die entsprechende Wertbindung findet jedoch durch Unifikation statt. Aufgrund der für LP charakteristischen Ein-/Ausgabe-Umkehr kann der Head-Tail-Separator auch zur Konstruktion einer Liste aus den beiden genannten Bestandteilen eingesetzt werden.

In Schelog benötigen wir kein neues Sprachelement für den Head-Tail-Separator. Es wird einfach das aus Scheme bekannte `cons` zur Listenkonstruktion verwendet.

`%member` ist ein gutes Einführungsbeispiel. `(%member x xs)` ist bewiesen, wenn `x` in `xs` vorkommt. Es handelt sich um eine zweistellige Relation mit folgender deskriptiver Semantik. `(%member x xs)` ist bewiesen, wenn `x` entweder das erste Element der betrachteten Liste `xs` ist, oder in der Restliste ohne das erste Element vorkommt. Dies führt unmittelbar zu der folgenden Definition:

```
(define %member ;/2
  (%rel (x y xs ys)
        [(x (cons x xs))]
        [(x (cons y ys)) (%member x ys)]))

> (%which () (%member 'b '(a b c d)))
()
> (%which (x) (%member x '(a b c d)))
((x a))
> (%more)
((x b))
```

Eine ebenso typische Operation ist das Entfernen des ersten Vorkommens eines Elements aus einer Liste. Dabei soll auch der Fall, dass ein Element aus einer leeren Liste zu streichen ist, beweisbar sein, d. h. `(%delete 'a '() '())` ist erfolgreich.

```
(define %delete ;/3
  (%rel (x y ls rs)
        [(x '() '())]
        [(x (cons x ls) ls)]
        [(x (cons y ls) (cons y rs)) (%delete x ls rs)]))

> (%which (ls) (%delete 'b '(a b c d) ls))
((ls (a c d)))
> (%which (ls) (%delete 'b '(a c c d) ls))
#f
> (%which (ls) (%delete 'b '() ls))
((ls ()))
> (%which (ls) (%delete 'b '(a b c b) ls))
((ls (a c b)))
```

Aufgabe 10.5:
Interpretieren Sie die Definition der Relation `%delete` und entwickeln Sie eine Relation `%delete*`, die sämtliche Vorkommen eines Elements aus einer Liste entfernt.

10.4.2 Kognitive Effizienz

Eine besondere Leistungsfähigkeit dieses Paradigmas drückt sich darin aus, dass semantisch sehr anspruchsvolle Programme mit ganz wenig Schelog-Code implementiert werden können. Man nennt das *kognitiv effizient*, was soviel wie „da steckt viel Geist in wenigen Programmzeilen“ bedeutet. Dies spricht zum einen für das Paradigma und zum anderen für die Qualifikation des Programmierenden, mit dieser Denkweise wohlvertraut zu sein.

Ein überzeugendes Beispiel für kognitive Effizienz ist die LP-Implementierung der Permutation. Dabei geht es nicht – wie in der Kombinatorik – um die Ermittlung der Anzahl der Permutationen einer gegebenen endlichen Menge, sondern um die Erzeugung dieser Mengen selbst.

Sei $M = \{a, b, c\}$ eine gegebene endliche Menge. Dann sind genau die Mengen $\{a, b, c\}$, $\{a, c, b\}$, $\{b, a, c\}$, $\{b, c, a\}$, $\{c, a, b\}$ und $\{c, b, a\}$ Permutationen von M.

Wie im Zusammenhang mit rekursiven Prozeduren in Scheme eingeübt, gibt es auch hier einen Basisfall, nämlich `(%perm '() '())`. Die leere Menge ist eine Permutation der leeren Menge. Der allgemeine Fall lässt sich folgendermaßen beschreiben: $P = \{x_1\} \cup P'$ ist eine Permutation von $\{x_1, x_2, x_3, \ldots, x_n\}$, wenn P' eine Permutation von $\{x_2, x_3, \ldots, x_n\}$ ist.

```
(define %perm ;/2
  (%rel (ls ls1 h t)
        [('() '())]
        [(ls (cons h t)) (%delete h ls ls1)(%perm ls1 t)]))

> (%which () (%perm '() '()))
()
> (%which (xs) (%perm '(a b c) xs))
((xs (a b c)))
> (%more)
((xs (a c b)))
> (%more)
((xs (b a c)))
> (%more)
((xs (b c a)))
> (%more)
((xs (c a b)))
> (%more)
((xs (c b a)))
> (%more)
#f
```

`%bag-of` eröffnet die Möglichkeit, sämtliche Belegungen, die das Goal beweisen, als „Ergebnismenge“ zusammenzufassen.

```
> (%which (ys) (%let (xs) (%bag-of xs (%perm '(a b c) xs) ys)))
((ys ((a b c) (a c b) (b a c) (b c a) (c a b) (c b a))))
```

10.4.3 Zahlentheoretische Funktionen und memoizing

Im Allg. verfügen moderne Programmiersysteme über sehr effiziente Operationen mit Zahlen verschiedenen Typs. Um darauf in LP-Sprachen zurückgreifen zu können, bedarf es der (imperativen) Wertzuweisung. Hierfür ist auch in Schelog das Prädikat `%is` vorhanden. Der Preis für diese effiziente Arithmetik ist die Aufgabe der Bidirektionalität der darauf aufbauenden Relationen, wie das folgende kleine Beispiel zeigt.

```
> (%which (x) (%is x (+ 2 5)))
((x 7))
> (%which (x) (%is 7 (+ x 5)))
#f
> (%which (x) (%is 7 (+ 2 x)))
#f
```

Wir definieren eine zweistellige Relation `%lsum` für die Summe der Elemente einer Zahlenliste. Dabei wenden wir wieder das eingeübte rekursive Denken an, beschreiben einen Elementarfall und einen allgemeinen Fall.

```
(define %lsum ;/2
  (%rel (x ls s s1)
        [('() 0)]
        [((cons x ls) s) (%lsum ls s1)(%is s (+ x s1))]))

> (%which () (%lsum '(1 2 3) 6))
()
> (%which (r) (%lsum '(1 2 3) r))
((r 6))
```

Nach diesen Vorbereitungen sollte es keine Schwierigkeiten bereiten, die folgende Definition der `%fak`-Relation zur Berechnung der Fakultät einer gegebenen natürlichen Zahl zu verstehen.

```
(define %fak ;/2
  (%rel (n n! n-1 n-1!)
        [(0 1)]
        [(n n!) (%is n-1 (- n 1)) (%fak n-1 n-1!) (%is n! (* n n-1!))]))

> (%which (n!) (%fak 10 n!))
((n! 3628800))
```

Darin sind `n!`, `n-1` und `n-1!` (aussagekräftige) Variablennamen, nicht etwa Rechenausdrücke.

Auch wenn 10! = 3628800 von Schelog mühelos berechnet werden kann, so kann es für sehr große n zu spürbaren Rechenzeiten kommen. Von daher ist es sinnvoll, bereits berechnete Funktionswerte als Fakten in die Datenbasis aufzunehmen. Man nennt dies *Memoizing*. Es erinnert uns an diesbezügliche Ausführungen in Abschn. 2.5.6. Mit jeder Berechnung einer Fakultät wird der entsprechende Fakt als $n - n!$–Paar vorn in der Datenbasis eingefügt, damit nicht etwa die rekursive Regel aus **%fak** zuerst aktiviert wird.

Die Beispiele[8]

```
> (let ((res 24)) (eval '(%assert-a %fak () ((4 ,res)))))
> (%which (c) (%fak 4 c))
((c 24))
> (let ((res 9999)) (eval '(%assert %fak () ((3 ,res)))))
> (%which (c) (%fak 3 c))
((c 6))
```

lassen sich verallgemeinern

```
> (let ((res (cadar (%which (c) (%fak 8 c)))))
    (eval '(%assert-a %fak () ((3 ,res)))))
```

und in folgender Definition ausdrücken.

```
(define fak-log-mem
  (lambda (n)
    (let ([res (cadar (%which (c) (%fak n c)))])
      (eval '(%assert-a %fak () ((,n ,res))))
      res)))
```

Man beachte, dass es sich hier nicht um eine Schelog-Relation handelt. **fak-log-mem** ist eine „klassische" Scheme-Prozedur. Logikbasierte und funktionsorientierte Programmierung können hier kombiniert werden, was zu sehr interessanten, hier jedoch nicht näher untersuchten Synergien führen kann.

Aufgabe 10.6:
Hangeln Sie sich in 50er Schritten bis zu `(fak-log-mem 350)` und führen Sie danach `(fak-log-mem 400)` zweimal hintereinander aus. Beobachten Sie die jeweils erforderliche Rechenzeit. Unterlassen Sie es auf jeden Fall, `(fak-log-mem 400)` ohne memoizing direkt aufzurufen!

---

[8] `%assert` fügt Klauseln an das Ende einer Relationsdefinition an, `%assert-a` am Anfang. Nach erneutem **execute** gibt es diese Ergänzungen jedoch nicht mehr.

Der Vorteil des Memoizings für die Fakultätsbestimmung tritt nur dann zutage, wenn wirklich mehrere Berechnungen stattfinden, so wie dies in obiger Aufgabe gefordert wurde. Bei den im Folgenden (wieder einmal) betrachteten Fibonacci-Zahlen kann sogar jede aktuelle Rechnung von Memoizing profitieren, denn zur Berechnung der n-ten Fibonacci-Zahl sind sämtliche Fibonacci-Zahlen von 0 bis einschließlich $n - 1$ erforderlich. Die Rekursion führt dazu, dass diese Zahlen sogar mehrfach berechnet werden müssen, was einen gigantischen Aufwand verursacht.

`%fib` folgt zunächst der klassischen Definition.

```
(define %fib ;/2
  (%rel (n n1 n2 r r1 r2)
        [(0 1)]
        [(1 1)]
        [(n r)
         (%is n1 (- n 1)) (%is n2 (- n 2))
         (%fib n1 r1) (%fib n2 r2)
         (%is r (+ r1 r2))]))

> (%which (c) (%fib 5 c))
((c 8))
> (%which (r) (%fib 16 r))
((r 1597))
```

Die zweite Berechnung beansprucht (in Abhängigkeit von den konkreten Ressourcen) einige Sekunden. Dies gilt auch bei wiederholter Ausführung.

Die Scheme Prozedur `fib-m` berechnet alle Fibonacci-Zahlen für $0, 1, 2, \ldots, n$ und ergänzt die Ergebnisse in geeigneter Form am Anfang der Definition von `%fib`. Dann gilt: „Ergebnisabruf geht vor Berechnung“, was sich durch Geschwindigkeitszuwachs deutlich bemerkbar macht.

```
(define fib-m
  (lambda (n)
    (do ([i 0 (+ i 1)]) [(> i n) (cadar (%which (c) (%fib n c)))]
      (let ([res (cadar (%which (c) (%fib i c)))])
        (eval `(%assert-a %fib () ((,i ,res))))))))

> (fib-m 16)
1597
> (%which (r) (%fib 16 r))
((r 1597))
```

10.4.4 Typische Anwendung: Puzzles

Als Vertreter einer typischen Anwendungsklasse der LP betrachten wir ein Färbungsproblem. Dabei ist eine in Teilgebiete gegliederte Fläche gegeben. Die einzelnen Teilflächen sind nun so mit jeweils einer Farbe einzufärben, dass keine zwei gleichfarbigen Gebiete eine gemeinsame Grenze haben. Es stehen nur die drei Farben rot, gelb und blau zur Verfügung, s. Abb. 10.1. Sofort ist klar, dass Farbe 1 und Farbe 3 gleich sind.

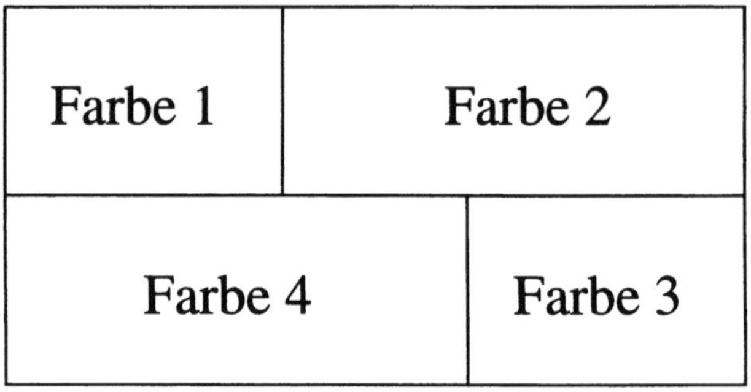

Abbildung 10.1: Drei Farben für vier Gebiete

Die folgende Lösung ist offensichtlich:

```
(define %farbe ;/1
  (%rel ()
        [('rot)]
        [('gelb)]
        [('blau)]))

(define %einfaerbung ;/4
  (%rel (f1 f2 f3 f4)
        [(f1 f2 f3 f4) (%farbe f1)(%farbe f2)(%farbe f3)(%farbe f4)
                       (%/= f1 f2)(%/= f1 f4)(%/= f2 f4)
                       (%/= f2 f3)(%/= f3 f4)]))
```

In `%einfaerbung` wird `%/=` erstmals verwendet. `(%/= A B)` ist erfolgreich, wenn A und B nicht unifizierbar sind. Es ergeben sich sechs mögliche Einfärbungen, die die obige Forderung erfüllen.

```
> (%which (a b c d) (%einfaerbung a b c d))
((a rot) (b gelb) (c rot) (d blau))
> (%more)
((a rot) (b blau) (c rot) (d gelb))
> (%more)
((a gelb) (b rot) (c gelb) (d blau))
> (%more)
```

```
((a gelb) (b blau) (c gelb) (d rot))
> (%more)
((a blau) (b rot) (c blau) (d gelb))
> (%more)
((a blau) (b gelb) (c blau) (d rot))
> (%more)
#f
```

Aufgabe 10.7:
Entwickeln Sie eine LP-Lösung für das in Abb. 10.2 gezeigte Färbungsproblem. Dabei handelt es sich um eine 5-stellige Relation: `[(f1 f2 f3 f4 f5) ...]`. Beachten Sie, dass hier ebenfalls nur drei Farben verwendet werden dürfen.

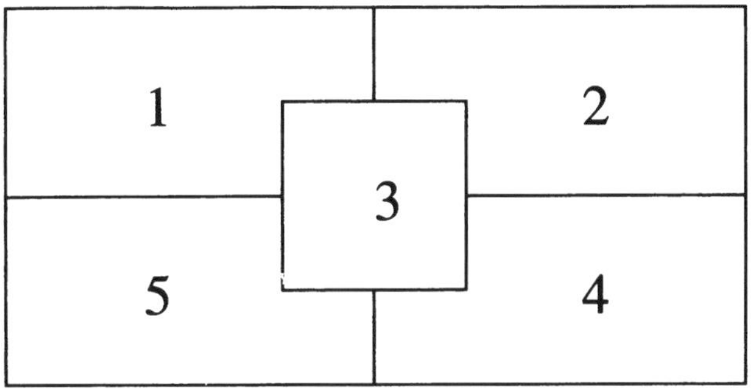

Abbildung 10.2: Drei Farben für fünf Gebiete

10.5 Eingriff in die Beweisstrategie – der Cut

LP kann auch in Anwendungen der numerischen Mathematik interessante Beschreibungen liefern. Wir illustrieren das am Beispiel der iterativen Quadratwurzelberechnung nach der Halbierungsmethode.

Aufgrund der Einbuße der Ein-/Ausgabe-Umkehr kann die folgende Relation `%quadrat` nicht zielführend sein.

```
(define %quadrat ;/2
  (%rel (x y)
        [(x y) (%is y (* x x))]))

> (%which () (%quadrat 3 9))
()
> (%which (x) (%quadrat 3 x)))
```

```
((x 9))
> (%which (x) (%quadrat x 9))
#f
```

Die deskriptive Fassung der Halbierungsmethode führt zu einer rekursiven Definition. Wir interessieren uns für $a \leq \sqrt{x} < b$, mit $x > 0$. In der Mitte des $[a, b]$-Intervalls liegt $\frac{a+b}{2}$. Wenn wir das Startintervall $[0, x]$ wählen, können wir sicher sein, dass ein beliebiges x darin enthalten ist.

Falls die Intervallbreite kleiner ist als eine vorgegebene Schranke wie z. B. 0.0000001, sind wir fertig und das Ergebnis ist $\sqrt{x} \approx a \approx b$. Anderenfalls ist zu prüfen, ob $x \leq (\frac{a+b}{2})^2$. Ist dies der Fall, so verwendet das dann zu beweisende Subgoal das Intervall $[a, \frac{a+b}{2}]$, anderenfalls $[\frac{a+b}{2}, b]$. Die Relation `%qw` verbessert die Nutzerschnittstelle.

```
(define %wurzel ;/4
  (%rel (x a b diff h hq r)
        [(x a b r)
         (%is diff (abs (- a b))) (%< diff 0.0000001) (%is r a)]
        [(x a b r) (%is h (/ (+ a b) 2)) (%quadrat h hq) (%<= x hq)
                   (%wurzel x a h r)]
        [(x a b r) (%is h (/ (+ a b) 2)) (%quadrat h hq)
                   (%wurzel x h b r)]))

(define %qw ;/2
  (%rel (x y)
        [(x y) (%wurzel x 0 x y)]))

> (%which (r) (%qw 16 r))
((r 3 16777215/16777216))
> (%which (r) (%qw 16.0 r))
((r 3.9999999403953552))
> (%more)
((r 3.9999999701976776))
> (%more)
((r 3.999999985098839))
> (%more)
((r 3.9999999925494194))
```

Mit `%more` findet man weitere Lösungen. Wie ist das zu erklären? Obwohl der Beweis des angegebenen Ziels bereits erfolgreich war, wird mit `%more` eine weitere Bindung erzwungen. Dies ist in der letzten Zeile von `%wurzel` durchaus möglich, aber aus sachlichen Gründen unerwünscht.

Um dies zu verhindern, greifen wir in die eingebaute Backtrack-Suchstrategie ein. Dies geschieht mit Hilfe eines sog. *Cuts*. In Prolog und auch in Schelog schreibt man dafür ein Ausrufezeichen. Es wirkt wie eine Falltür: Hat man sich einmal für den Weg durch diese Tür entschieden, gibt es keinen Weg zurück[9]. Wenn wir den Cut also an das Ende der vorletzten Zeile in `%wurzel` stellen, so wirken diese und die folgende zusammen wie eine Alternative.

```
(define %wurzel ;/4
  (%rel (x a b diff h hq r)
        [(x a b r)
         (%is diff (abs (- a b))) (%< diff 0.0000001) (%is r a)]
        [(x a b r) (%is h (/ (+ a b) 2)) (%quadrat h hq) (%<= x hq)
                   (%wurzel x a h r) !]
        [(x a b r) (%is h (/ (+ a b) 2)) (%quadrat h hq)
                   (%wurzel x h b r)]))
> (%which (r) (%qw 16.0 r))
((r 3.9999999403953552))
> (%more)
#f
```

Man kann dies auch in einem kleineren Beispiel studieren, um den Effekt des Cuts ganz deutlich herauszuarbeiten.

```
(define %if-then-else ;/3
  (%rel (i t e)
        [(i t e) i t]
        [(i t e) e]))

> (%which (r) (%if-then-else (%< 1 0) (%is r 'then) (%is r 'else)))
((r else))
> (%more)
#f
> (%which (r) (%if-then-else (%< 1 3) (%is r 'then) (%is r 'else)))
((r then))
> (%more)
((r else))
```

Die erzwungene Reunifikation generiert eine Scheinlösung. Um zu verhindern, dass die eigentliche `else`-Zeile verwendet wird und Backtracking stattfindet, platzieren wir den Cut direkt nach der `if`-Prüfung. Entscheidet sich das Verfahren nun für den `then`-Ausdruck, was im positiven Fall tatsächlich geschieht, so gibt es kein Zurück mehr.

```
(define %if-then-else ;/3
  (%rel (i t e)
        [(i t e) i ! t]
        [(i t e) e]))
```

[9] Die nach dem Cut folgenden Teile eines potenziellen Beweisbaumes werden also abgeschnitten.

```
> (%which (r) (%if-then-else (%< 1 3) (%is r 'then) (%is r 'else)))
((r then))
> (%more)
#f
```

Aufgabe 10.8:
Korrigieren Sie die folgende Definition von `%not` durch Ergänzung eines Cuts an der richtigen Stelle.

```
(define %not ;/1 FEHLERHAFT
  (%rel (g)
        [(g) g %fail]
        [(g) %true]))

> (%which () (%not (%< 3 1)))
()
> (%which () (%not (%< 3 7)))  ; liefert falsche Antwort
()
```

`%not` und `%if-then-else` sind Metaprädikate, die grundsätzlich im Widerspruch zum PK 1 stehen. Wie man damit in der LP und in Prolog umgeht, erfahren Sie in einem entsprechenden Spezialkurs.

Aufgabe 10.9:
Verbessern Sie die Definitionen der Prädikate `%member` und `%delete` aus Abschn. 10.4.1, indem Sie an der jeweils richtigen Stelle einen Cut einfügen. Experimentieren Sie vor und nach diesen Maßnahmen mit (`%more`).

Literaturverzeichnis

[1] Aho, Alfred V.; Ullman Jeffrey D.:
Foundation of Computer Science, C edition. – New York: Computer Science Press, 1995.

[2] Aho, Alfred V.; Ullman Jeffrey D.:
Informatik: Datenstrukturen und Konzepte der Abstraktion.– Bonn: Intern. Thomson Publ., 1996.

[3] Bengel, Günther:
Verteilte Systeme. 2. überarb. u. erw. Aufl. – Braunschweig/Wiesbaden: Vieweg & Sohn, 2002.

[4] Betounes, David; Redfern, Mylan:
Mathematical Computing: An Introduction to Programming Using Maple.– New York: Springer, 2002.

[5] Bird, Richard; Oege, DeMoor:
Algebra of Programming. – Hertfordshire: Prentice Hall, 1997.

[6] Bird, Richard; Wadler, Philip:
Einführung in die funktionale Programmierung. – München: Hanser, 1992.

[7] Budd, Timothy A.:
Multiparadigm Programming in Leda. – Reading: Addison-Wesley, 1995.

[8] Clark, Chris:
Programmieren in Miranda.– München: Prentice Hall, 1996.

[9] Dybvig, R. Kent:
The Scheme Programming Language. – Upper Saddle River, NJ: Prentice Hall, 2nd. edition, 1996.

[10] Dybvig, R. Kent:
Chez Scheme. – `http://www.scheme.com/`.

[11] Ernst, Hartmut:
Grundlagen und Konzepte der Informatik. – Braunschweig, Wiesbaden: Vieweg, 2000.

[12] Felleisen, Matthias:
DrScheme. – `http://www.drscheme.org/`, 2004.

[13] Felleisen, Matthias; Findler, Robert B.; Flatt, Matthew; Krishnamurthi, Shriram:
How to design programs: an introduction to programming and computing. – Cambridge (MA): The MIT Press, 2001.

[14] Field, Anthony J.; Harrison, Peter G.:
Functional Programming. – Wokingham: Addison-Wesley, 1988.

[15] Friedman, Daniel P. and Matthias Felleisen:
The Seasoned Schemer. – Cambridge: The MIT Press, 1996.

[16] Friedman, Daniel P.; Wand, Mitchell; Haynes, Christopher T.:
Essentials of Programming Languages. 5th ed. – Cambridge: The MIT Press, 1994.

[17] Friedman, Daniel P.; Wand, Mitchell; Haynes, Christopher T.:
Essentials of Programming Languages. 2nd ed. – Cambridge: The MIT Press, 2001.

[18] Geske, Ulrich:
Programmieren mit Prolog. – Berlin: Akademie-Verlag, 1988.

[19] Ghezzi, Carlo; Mehdi, Jazayeri:
Programming language concepts. 3rd ed. – New York: John Wiley & Sons, 1998.

[20] Göhner, Hartmut; Hafenbrak, Bernd:
Arbeitsbuch PROLOG. – Bonn: Dümmler, 1991.

[21] Goos, Gerhard:
Vorlesungen über Informatik; Bd. 1: Grundlagen und funktionales Programmieren. 2. Aufl. – Berlin: Springer, 1997.

[22] Graham, Paul:
Advanced Techniques for Common Lisp. – Englewood Cliffs: Prentice Hall, 1994

[23] Grillmeyer, Oliver:
Exploring Computer Science with Scheme. – New York: Springer, 1998.

[24] Gumm, H.-P.; Sommer, M.
Einführung in die Informatik. 5. Aufl. – München, Wien: Oldenbourg Verlag, 2002.

[25] Hailperin, Max; Kaiser, Barbara; Knight, Karl:
Concrete Abstractions: An Introduction to Computer Science Using Scheme. – Pacific Grove: Thomson, 1999.

[26] Hauser, Tobias; Löwer, Ulrich M.:
Web Services: Die Standards. – Bonn: Galileo Computing, 2004.

[27] Hinze, Ralf:
Einführung in die Programmierung mit Miranda. – Stuttgart: Teubner, 1992.

[28] Holland, Gerhard:
Problemlösen mit micro-PROLOG. – Stuttgart: Teubner, 1986.

[29] Horn, C.; Kerner, I.O.; Forbrig, P.
Lehr- und Übungsbuch Informatik: Grundlagen und Überblick. 3. Aufl. – Leipzig: Fachbuchverlag, 2003.

[30] Jones, Robin; Maynard, Clive; Stewart, Ian:
The Art of LISP Programming. – London: Springer, 1989.

[31] Klaeren, Herbert; Sperber, Michael:
Vom Problem zum Programm: Architektur und Bedeutung von Computerprogrammen. 3. Aufl. – Stuttgart: Teubner, 2001.

[32] Kredel, Heinz; Yoshida, Akitoshi:
Thread- und Netzwerk-Programmierung mit Java. – Heidelberg: dpunkt-Verlag, 1999.

[33] Laurent, Simon St.; Johnston, Joe; Dumbill, Edd:
Programming Web Services with XML-RPC. – Sebastopol: O'Reilly & Associates, 2001.

[34] Li, Liwu:
Java: data structures and programming. – Berlin, Heidelberg: Springer, 1998.

[35] Loogen, Rita:
Integration funktionaler und logischer Programmiersprachen: Semantik und Implementierung. – München: Oldenbourg, 1995.

[36] Louden, Kenneth C.:
Programmiersprachen: Grundlagen, Konzepte, Entwurf. – Bonn: Thomson Publishing, 1994

[37] Oechsle, Rainer:
Parallele Programmierung mit Java Threads. – Leipzig: Fachbuchverlag, 2001.

[38] Magee, Jeff; Kramer, Jeff:
Concurrency: State Models and Java Programs. – Chichester: John Wiley & Sons, 1999.

[39] Manis, Vincent S.; Little, James J.:
The Schematics of Computation. – Englewood Cliffs: Prentice Hall, 1995.

[40] Meyer, Bertrand:
Introduction to the Theory of Programming Languages. – Hertfordshire: Prentice Hall, 1990.

[41] Norvig, Peter:
Paradigms of Artificial Intelligence Programming: Case Studies in Common Lisp. – San Francisco: Morgan Kaufmann, 1992.

[42] Pearce, Jon:
Programming and Metaprogramming in Scheme. – New York: Springer, 1998.

[43] Pepper, Peter:
Funktionale Programmierung in OPAL, ML, HASKELL und GOFER. – Berlin: Springer, 1999.

[44] Pratt, Terrence; Zelkowitz, Marvin:
Programmiersprachen: Design und Implementierung. – München: Prentice Hall, 1997.

[45] Priese, Lutz; Wimmel, Harro:
Theoretische Informatik – Petri-Netze. – Berlin, Heidelberg: Springer, 2003.

[46] Queinnec, Christian:
Lisp in Small Pieces. – Cambridge: University Press, 1996.

[47] Ratz, Dietmar; Scheffler, Jens; Seese, Detlef; Wiesenberger, Jan:
Grundkurs Programmieren in Java (Band 2): Programmierung kommerzieller Systeme. – München, Wien: Hanser, 2003.

[48] Rechenberg, Peter; Pomberger, Gustav:
Informatik-Handbuch. – München, Wien: Hanser, 1997.

[49] Rowe, Glenn:
An Introduction to data structures and algorithms with Java.– Hertfordshire: Prentice Hall, 1998.

[50] Schicker, E.:
Datenbanken und SQL. – Stuttgart: Teubner, 1996.

[51] Sethi, Ravi:
Programming Languages: Concepts and Constructs. 2nd ed. – Reading: Addison-Wesley, 1996.

[52] Sitaram, Dorai:
Programming in Schelog. –
`http://www.ccs.neu.edu/home/dorai/schelog/schelog.html`.

[53] Smith, Jerry D.:
An Introduction to Scheme. – Englewood Cliffs: Prentice Hall, 1988.

[54] Snell, James; Tidwell, Doug; Kulchenko, Pavel:
Programming Web Services with SOAP. – Sebastopol: O'Reilly & Associates, 2002.

[55] Stansifer, Ryan:
Theorie und Entwicklung von Programmiersprachen. – München: Prentice Hall, 1995.

[56] Stark, Richard W.:
LISP, Lore, and Logic: An Algebraic View of LISP Programming, Foundations, and Applications. – New York: Springer, 1989.

[57] Steiner, R.:
Grundkurs Relationale Datenbanken. 5. Aufl. – Braunschweig/Wiesbaden: Vieweg Verlag, 2003.

[58] Sterling, Leon; Shapiro, Ehud:
The Art of Prolog: Advanced Programming Techniques. 2nd ed. – Cambridge: The MIT Press, 1994.

[59] Wagenknecht, Christian:
Rekursion: Ein didaktischer Zugang mit Funktionen. – Bonn: Dümmler, 1994.

[60] Wagenknecht, Christian:
Algorithmen und Komplexität. – Leipzig: Fachbuchverlag, 2003.

[61] Wielemaker, Jan:
SWI-Prolog: `http://www.swi-prolog.org/`.

[62] Winston, Patrick Henry; Horn, Berthold Klaus Paul:
LISP. 3rd ed. – Reading: Addison-Wesley, 1989.

[63] Yasdi, Ramin:
Logik und Programmieren in Logik. – München: Prentice Hall, 1995.

Sachverzeichnis

Teubner Lehrbücher: einfach clever

Goll/Weiß/Müller

JAVA als erste Programmiersprache

Vom Einsteiger zum Profi

3., durchges. u. erw. Aufl. 2001. XII, 880 S. Geb. € 36,00 ISBN 3-519-22642-1

Grundbegriffe der Programmierung - Einführung in die Programmiersprache Java - Lexikalische Konventionen - Einfache Beispielprogramme - Datentypen und Variablen - Ausdrücke und Operatoren - Kontrollstrukturen - Blöcke und Methoden - Klassen und Objekte - Vererbung und Polymorphie - Pakete - Ausnahmebehandlung/Exception Handling - Schnittstellen - Geschachtelte Klassen - Ein-/Ausgabe und Streams - Collections - Threads - Die Architektur der virtuellen Maschine - Das Java Native Interface - Applets - Oberflächenprogrammierung mit Swing - Sicherheit in Java - Beans - Servlets - Netzwerkprogrammierung mit Sockets - Remote Method Invocation - JDBC

Goll/Bröckl/Dausmann

C als erste Programmiersprache

Vom Einsteiger zum Profi

4., überarb. und erw. Aufl. 2003. XII, 554 S. mit CD-ROM. Geb. € 24,90 ISBN 3-519-32999-9

Grundbegriffe der Programmierung - Einführung in die Programmiersprache C - Lexikalische Konventionen - Erste Beispielprogramme - Datentypen und Variablen - Einführung in Pointer und Arrays - Anweisungen, Ausdrücke und Operatoren - Kontrollstrukturen - Blöcke und Funktionen - Fortgeschrittene Pointertechnik - Strukturen, Unionen und Bitfelder - Komplizierte Datentypen, eigene Typnamen und Eindeutigkeit von Namen - Speicherung von Daten in Dateisystemen - Ein- und Ausgabe - Speicherklassen - Übergabeparameter und Rückgabewert eines Programms - Dynamische Speicherzuweisung, Listen und Bäume - Interne Suchverfahren - Präprozessor

Stand Juli 2004.
Änderungen vorbehalten.
Erhältlich im Buchhandel
oder beim Verlag.

Teubner

B. G. Teubner Verlag
Abraham-Lincoln-Straße 46
65189 Wiesbaden
Fax 0611.7878-400
www.teubner.de

3332670R00166

Printed in Germany
by Amazon Distribution
GmbH, Leipzig